BAZON BROCK
Eine schwere Entdeutschung

Der Widerruf des 20. Jahrhunderts ist die Zukunft Europas

Schwabe Verlag

Germany:
Zero Points

Ist Deutschland doch noch nicht verloren?

Vorwort

»Was ist des Deutschen Vaterland?« Wer oder was sind die Deutschen? Was ist ihre behauptete Identität? Die politisch-sozial-kulturelle Bewegung der »Identitären« gibt auf diese Fragen gerade keine Antwort, denn eine Identität zu behaupten, verlangt das Wissen um die Unterschiedenheit von anderen. Wer als Deutscher sich z.B. von einem Russen unterscheiden will, muss wissen, was die russische Identität auszeichnet. Und zu wissen, heißt zu würdigen. Eine eigene, je spezifische Identität zu behaupten, ist also nur sinnvoll durch die Würdigung anderer Identitäten. Das aber lässt die Behauptung von Einmaligkeit, ja von Überlegenheit einer Gruppe, einer Familie, eines Verbandes, einer Nation nicht zu. Obwohl der Lauf der Geschichte jede Vormachtstellung der deutschen Kultur vor anderen Kulturen als haltlos bewiesen hat, verlangen nicht nur identitätspolitisch fixierte Kräfte immer erneut die Anerkennung einer Sonderstellung der Deutschen. Aber die angenommene Sonderstellung endete stets in Trümmern – zum einen, weil sie der Konkurrenz »identitärer« Programme anderer Nationen unterlag; zum anderen, weil in der Weltgeschichte noch nie auf längere Sicht die Durchsetzung eines Einmaligkeitsanspruchs erfolgreich war.

Dennoch ist den Deutschen auch heutzutage nichts so selbstverständlich wie die Annahme, Deutschland gehöre in die Spitzengruppe der Weltgesellschaften. Man sieht sich immer noch als technologisch sonderbegabt und infolgedessen als Meister des Exports. Aber schon seit 15 Jahren geht es mit Deutschland in den internationalen Rankings rapide bergab. In gegenwärtigen Untersuchungen zur Zukunftsfähigkeit von Gesellschaften rangiert das Land nicht einmal mehr unter den ersten 20. Deutsche Könnerschaft erweist sich vor allem darin, auf derartige Zumutungen der Verschiebung in der Weltpolitik nicht zu reagieren, geschweige denn die Selbstbespiegelung des deutschen Gemüts in verbindliche Anerkennung der eigenen Beschränktheiten zu überführen.

Universitätsgebäude sind Bauschrott, Schulhäuser versifft, Autobahnbrücken kaputt, die öffentliche Verwaltung hinterm Mond, die Bundesbahn ruiniert, die Bankenregulierung eine Bürgerverhöhnung, die Bundeswehr außer Gebrauch, Krankenhäuser bankrott: ein fabelhaftes Resultat von 25 Jahren deutscher Politik, die die Bundesrepublik nur allzugern als Idealstaat unter den weltweit sichtbaren Staatsbankrotten/ *failed states* sieht.

Das muttihafte Walten der ehmaligen Kanzlerin Merkel erzeugte die Zuversicht, dass sich die Veränderungen in der Weltpolitik nicht auf die Position Deutschlands auswirken könnten. Selbst Störungen der Zukunftsgewissheit wie durch die Flüchtlingsmassen vom Herbst 2015 wurden schnell beruhigt durch die realitätsblinde Behauptung, ein derartiges Chaos werde sich nie wieder ereignen. Im Übrigen beweise der Wunsch von Millionen, nach Deutschland zu kommen, die Beliebtheit des Landes in der Welt, sodass sich schon durch diesen Beweisgang jegliche Irritation des Selbstwertgefühls der Deutschen unterdrücken ließ.

Auch als die Unterhaltungsindustrie mit dem jährlich stattfindenden European Song Contest immer häufiger die Jurorenansage unüberhörbar machte: »Germany: Zero Points«, und selbst im Sport der Verdacht auf Bestechung und Bestechlichkeit nicht mehr zu behübschen war, glaubte man trotzdem noch, diesen Einbruch des Ernstfalls in das Spiel als irrelevant abtun zu dürfen. Man redete sich mit der Selbsttäuschungsformel »Wir schaffen das« ein, die Wiederaufnahme unter die ernstzunehmenden Bewerber des Song Contests sei jederzeit möglich und dass der Leistungsabfall der deutschen Profi-Kicker die Voraussetzung für zukünftige Aufstiege böte. Gerade diese gemütszerreißende Diskrepanz zwischen Selbstwahrnehmung und tatsächlichem Versagen bedroht Gesellschaft und Staat.

Na, und?

Man darf doch wohl annehmen, dass Individuen wie Kollektive sich umso mehr in ihrer Selbsteinschätzung überhöhen, je konkreter sie ihre eigene Ohnmacht erfahren. Die Deutschen machten immer schon außerordentlichen Gebrauch von dieser Entlastungsstrategie. Als durch die Konsequenzen des Dreißigjährigen Krieges für die deutschen Kleinstaaten und ihre Bewohner jede Hoffnung zerstob, es etwa mit Franzosen, Engländern, Spaniern oder Portugiesen, ja selbst mit Niederländern oder Belgiern im Erwerb irdischer Macht aufnehmen zu können, kaprizierten sie sich darauf, eine Großmacht im Reich des Geistes zu werden. Als Helden in der Sphäre des Dichtens und Denkens, vor allem aber in der der Musik, fühlten sie sich doch den Koofmichs der materiellen Güter haushoch überlegen. Der Spott, den die wahren Weltkönner auf das deutsche Wolkenkuckucksheim häuften, schien schnell widerlegt, als der Ideenreichtum der Deutschen durch das Ernst-, also das Wörtlichnehmen der großen Gedanken in der Technologieentwicklung weltwirksam wurde. Seit den 1870er Jahren erreichte die deutsche Industrie tatsächlich Weltgeltung, die sie aber schon 1914 dazu verführte, auch Weltmacht werden zu wollen. Die Wirtschaftsführer glaubten dafür Regieanweisungen bedeutender Musiker und Dichter im Format Bayreuths nutzen zu dürfen. Denn was nützen großartige Ideen der Weltverwandlung auf der Bühne, wenn die Kunden des Spektakels nicht auch mitspielen dürfen (fragte der von Heinrich Mann genauestens charakterisierte *Untertan*)?

Politik als große Opernregie wurde Markenzeichen deutscher Weltmission, in der sich jeder einen Platz an der Sonne sichern konnte, der bereit war, bedingungslos mitzuspielen. Der Gröwaz, der größte Wagnerkenner aller Zeiten, liefert bis heute die Rechtfertigung für Untergänge als imposante Götterdämmerungen – überzeugend verwirklicht von 1939 bis 1945 im Weltformat. Und ab 1951 erweisen so gut wie alle deutschen Machtprätendenten durch ihre Teilnahme an den Wagnerfestspielen wieder der Gültigkeit des Verfahrens ihre Reverenz. Je unbedarfter, desto überzeugender, wie schließlich Frau Merkel bewies. Der peinliche Höhepunkt war die Verleihung des höchsten bundesrepublikanischen Ordens an die Frau, die bedenkenlos stolz vor der Öffentlichkeit bekannte, immer schon gewusst zu haben, dass Putin »Europa zerstören will«[1] und die dennoch Deutschland von Putins Machtwillen abhängig machte. Merkels ruchloser Optimismus führte zum Bruch ihres Amtseids, dessen Folgen nun in der Enttäuschung des Vertrauens der Bevölkerung in die Führungsfiguren wahrgenommen werden.

Darf man, muss man, um sich in dieser Situation zu orientieren, auf die Erfahrungen der Deutschen zurückgreifen, als sie nach den Weltkriegen von 1918 und 1945 den Verlust jeglicher Selbstgewissheiten zu verkraften hatten oder 1935 durch die Nürnberger Rassengesetze den bürgerlichen Humanismus aufgaben oder 1948 die deutsche Einheit in der Gründung zweier deutscher Staaten verloren?

Als gegenwärtig bedeutendste Wagnerkenner und Regisseure im internationalen Format gaben sich Putin und sein Parteigänger Prigoschin im russisch-ukrainischen Krieg zu erkennen. Ganz dezidiert war die ideologische Ausrichtung der beiden in der Namensgebung ihrer Privatarmee als Wagner-Truppe zu erkennen. Sie inszenierten auf den ukrainischen Schlachtfeldern ein Wagnerfestival, das die Bedeutung von Bayreuth weit in den Schatten stellte. Ganz offensichtlich ging es darum, den Bezug zu deutschen und amerikanischen Vorbildern als Motivationsverstärkung sichtbar werden zu lassen.

Francis Ford Coppola hatte in seinem Monumentalwerk »Apocalypse Now« in einer Sequenz, die die Herzen der Wagnerianer höher schlagen ließ, als es je in Bayreuth möglich war, eine Hubschrauberstaffel Angriffe auf Vietnamesen fliegen lassen – unter exzessiver Stimulierung durch Einsatz der genialen Wagner-Musik aus der »Walküre«.

Hitler hatte schon mit dem »Unternehmen Walküre« Wagner als größten Programmatiker für das Dritte Reich, ja schlechthin für Deutschland zu ehren gewusst. Wagners »Parsifal« lieferte den nationalsozialistischen Rassegesetzen von 1935 das Konzept der Blutreinheit des Ariertums, an das heute noch z.B. von der AFD im Widerstand gegen die Durchmischung der Bevölkerung appelliert wird.

Auch zu Kaiser Wilhelms Zeiten lag schon der Gedanke nahe, Wagners Opern als reales Weltgeschehen mit dezenten Hinweisen auf die Ideologie des großen Musikmythologen zu etablieren – beispielsweise als Festungsanlage »Siegfriedlinie« gegen die Kräfte des europäischen Westens im Ersten Weltkrieg.

Aber nicht nur ambitionierte Politgrößen in der Rolle von Heilsbringern würdigen mehr denn je die deutsche Ideologie Richard Wagners, sondern auch ehrgeizige Künstler setzen auf sein Konzept der Rettung durch Zerstörung. So hat der französische Wagnerhymniker Pierre Boulez durch die Aufforderung, alle Opernhäuser zu sprengen, dafür sorgen wollen, dass Wagners Ingenium nicht mehr aufs Theater beschränkt werden darf, sondern auch »im realen Leben« der Menschen wirksam wird durch die Erzwingung der Einheit von Menschlichem und Göttlichem, von Zeitlichkeit und Ewigkeit, von Diesseits und Jenseits.

Einen ganz eigentümlichen Typus heutiger Wagnerbehuldigung bietet Frau Ministerin Roth. Einerseits protestiert sie in Kassel vehement gegen antisemitische Äußerungen von Künstlern, um andererseits anschließend in festlicher Pelle nach Bayreuth zu pilgern und dort dem Radikalsten aller deutschen Antisemiten zu huldigen. Zu verstehen ist das nur, wenn man voraussetzt, dass Frau Roth jegliche historische Kenntnisse zum Werkschaffen Wagners fehlen. Derartige Ahnungslosigkeit durch mangelnde Bildung kennzeichnet einen großen Teil heutiger linker, grüner, roter und schwarzer Positionäre.

Summa:

Die willentliche, intentionale Rebarbarisierung ist leider kein einzigartiger Unfall deutscher Geschichte. Wäre sie das, bräuchte man das Wissen um die Bedrohung nicht ständig wachzuhalten. Offenbar zwingt die innere Dynamik von Machtregimes, totalitär zu werden, alle Gesellschaften wenigstens einmal, hoffentlich nur einmal das Schicksal Deutschlands selber durchzustehen. Das ist ja bereits unübersehbar.

Der deutschen Ideologie wird heute weltweit auch von kleineren Potentaten gehuldigt – in einem Ausmaß, dass demokratisch, liberal und rechtstaatlich verfasste Gesellschaften weltweit nur noch eine rare Minderheit sind.

Was tun? Wir Deutschen jedenfalls sollten das deutsche
20. Jahrhundert widerrufen und die von Nietzsche formulierte
Aufgabe einer schweren Entdeutschung auf uns nehmen
(siehe Seite 38 ff. in diesem Band).

Bazon Brock im September 2023

„Gut deutsch sein heißt sich entdeutschen. – Das, w
man bis jetzt eingesehen hat, nur der Unterschied
Bleibendes (und auch dies nicht in einem strengen Si
rakter so wenig verpflichtend für Den, welcher an d
arbeitet. Erwägt man zum Beispiel was Alles schon
ist deutsch? sofort durch die Gegenfrage verbessern
practisch, gerade durch Überwindung seiner deutsche
und wächst, so sprengt es jedesmal den Gürtel, der i
verkümmert es, so schliesst sich ein neuer Gürtel um
ein Gefängnis herum, dessen Mauern immer wachse
daß es versteinern will, und ganz und gar Monumen
das Ägypterthum war. Der also, welcher den Deuts
mehr aus dem, was deutsch ist, hinauswachse. Die U
der Tüchtigen u

Friedrich Nietzsche, Menschliches, Allz

die nationalen Unterschiede findet, ist viel mehr, als
ener Culturstufen und zum geringsten Theile etwas
shalb ist alles Argumentiren aus dem National-Cha-
haffung der Überzeugungen, das heißt an der Cultur
gewesen ist, so wird man die theoretische Frage: was
t jetzt deutsch?" – und jeder gute Deutsche wird sie
chaften, lösen. Wenn nämlich ein Volk vorwärts geht
ahin sein nationales Ansehen gab: bleibt es bestehen,
ele; die immer härter werdende Kruste baut gleichsam
in Volk also sehr viel Festes, so ist dies ein Beweis,
möchte: wie es von einem bestimmten Zeitpuncte an
l will, mag für seinen Theil zusehen, wie er immer
zum Undeutschen ist deshalb immer das Kennzeichen
olkes gewesen."

gliches. Ein Buch für freie Geister, 1879

»Heran, heran zum wilden Furientanze! Noch lebt und blüht der Molch! Drauf, Bruder, drauf, mit Büchse, Schwert und Lanze, drauf, drauf mit Gift und Dolch! Was Völkerrecht? Was sich der Nacht verpfändet, ist reife Höllensaat. Wo ist das Recht, das nicht der Hund geschändet mit Mord und mit Verrat? Sühnt Blut mit Blut! Was Waffen trägt, schlagt nieder! 's ist alles Schurkenbrut! Denkt unseres Schwurs, denkt der verratenen Brüder, und sauft euch satt in Blut! Und wenn sie winselnd auf den Knien liegen und zitternd um Gnade schreien, laßt nicht des Mitleids feige Stimme siegen, stoßt ohn' Erbarmen drein! Und rühmen sie, daß Blut von deutschen Helden in ihren Adern rinnt: die können nicht des Landes Söhne gelten, die seine Teufel sind. Ha, welche Lust, wenn an dem Lanzenkopfe ein Schurkenherz zerbebt und das Gehirn aus dem gespaltnen Kopfe am blutigen Schwerte klebt! Welch Ohrenschmaus, wenn wir beim Siegesrufen, von Pulverdampf umqualmt, sie winseln hören, von der Rosse Hufen auf deutschem Grund zermalmt! Gott ist mit uns! Der Hölle Nebel weichen; hinauf, du Stern, hinauf! Wir türmen dir die Hügel ihrer Leichen zur Pyramide auf. Dann brennt sie an! Und streut es in die Lüfte, was nicht die Flamme fraß. Damit kein Grab das deutsche Land vergifte mit überrhein'schem Aas!«

Theodor Körner, »*Lied von der Rache*«, 1806: deutscher Heroismus der Befreiung. Ewiges Vorbild in aller Welt bis auf den heutigen Tag.

»Nun aber, wann der Dämon ... kein Wo und Wann zu seiner Bergung unter uns mehr aufzufinden vermag ..., wird es auch – keinen Juden mehr geben.

Uns Deutschen könnte, gerade aus der Veranlassung der gegenwärtigen, nur eben unter uns widerum denkbar gewesenen Bewegung, diese grosse Lösung eher als jeder anderen Nation ermöglicht sein, sobald wir ohne Scheu, bis auf das innerste Mark unsers Bestehens, das ›Erkenne-dich-selbst!‹, durchführten. Dass wir, dringen wir hiermit nur tief genug vor, nach der Ueberwindung aller falschen Scham, die letzte Erkenntniss nicht zu scheuen haben würden, sollte mit dem Voranstehenden dem Ahnungsvollen angedeutet sein.«

Richard Wagner, *Ausführungen zu ›Religion und Kunst.‹ ›Erkenne dich selbst.‹*«, 1881

Mahnung

Nun schweige nur jeder von seinem Leid
Und noch so großer Not!
Sind wir nicht alle zum Opfer bereit
Und zum Tod?

Eins steht groß in den Himmel gebrannt:
Alles darf untergehn!
Deutschland, unser Kinder- und Vaterland,
Deutschland muß bestehn.

Will Vesper, »*Der deutsche Krieg im deutschen Gedicht*«, 1915

»›Was ich wissen möchte‹, bemerkte von Teutleben, ›das ist, ob die Jugend anderer Völker auch so auf dem Stroh liegt und sich mit den Problemen und Antinomien plagt.‹

›Kaum‹, antwortete Deutschlin wegwerfend. ›Die haben es alle geistig viel einfacher und bequemer.‹

›Die russische revolutionäre Jugend‹, meinte Arzt, ›sollte man ausnehmen. Da gibt es, wenn ich nicht irre, eine unermüdliche diskursive Angeregtheit und verdammt viel dialektische Spannung.‹

›Die Russen‹, sagte Deutschlin sentenziös, ›haben Tiefe, aber keine Form. Die im Westen Form, aber keine Tiefe. Beides zusammen haben nur wir Deutsche.‹«

»Die deutsche Jugend repräsentiert, eben als Jugend, den Volksgeist selbst, den deutschen Geist, der jung ist und zukunftsvoll, – unreif, wenn man will, aber was will das besagen! Die deutschen Taten geschahen immer aus einer gewissen gewaltigen Unreife, und nicht umsonst sind wir das Volk der Reformation. Die war ein Werk der Unreife doch auch. Reif war der florentinische Renaissance-Bürger, der vorm Kirchgang zu seiner Frau sagte: ›Also, machen wir dem populären Irrtum unsere Reverenz!‹ Aber Luther war unreif genug, Volk genug, deutsches Volk genug, den neuen, gereinigten Glauben zu bringen. Wo bliebe die Welt auch, wenn Reife das letzte Wort wäre. Wir werden ihr in unserer Unreife noch manche Erneuerung, manche Revolution bescheren.«

Thomas Mann, *Doktor Faustus*, 1947

»Alle Schwestern werden Brüder«, der neunmonatige Mutterbauch ragt ins Berliner Olympiastadion Ende Mai 1936. Einige Tage später Niederkunft in Stolp. Bazon Brock wird Deutscher.

»Mater dolorosa«, eine deutsche Heldengebärerin. Das Baby signalisiert mit emporgestreckten Fingern bereits die Verpflichtung der Mutter auf die Erziehung eines Heroen. Mutter und Kind werden ihrerseits umfangen von den Flügeln des Staats- und Wappentiers der Deutschen, dem Adler, also dem ursprünglichen Assistenztier des Gottes Zeus, heute Vater Staat.

Gemälde von Thomas Wachweger, 1984.

Die erzwungene Entdeutschung als unvermeidliche Enttäuschung

Marschall Schukow von Wassili Nikolajewitsch Jakowlew, 1946. Das Original hängt in der Moskauer Tretjakow-Galerie.

Schukow fällt vom Ross

Das Historiengemälde von Wassili Jakowlew huldigt dem militärischen Genius des Sieges der Sowjetunion über Deutschland. Die Ikonographie des Gemäldes ist eindeutig: Vor dem Hintergrund des brennenden Berlin – ausdrücklich sind Gedächtniskirche und Brandenburger Tor hervorgehoben – führt Marschall Schukow auf einem Schimmel, der sich über deutschen Feld- und Parteizeichen und Fahnen, den Trophäen des Sieges, aufbäumt, eine Parade an.

Diese Siegesparade fand nicht in Berlin, sondern am 24. Juni 1945 in Moskau statt. Zunächst war daran gedacht, ältester historiographischer Tradition gemäß, Stalin auf dem Schimmel der Parade über den Roten Platz voranreiten zu lassen, die dann Lenin in seinem Mausoleum abgenommen hätte. Möglicherweise wäre es zu Irritationen gekommen, wenn auf der Tribüne des Mausoleums nur der Staatspräsident, Mitglieder des Politbüros und der Regierung gestanden hätten, weil dann sie und nicht Stalin als Adressaten der Huldigung hätten gelten können. Auch hier bietet der Geist der Geschichte eine Pointe, die noch so begabte Historiker nicht besser hätten erfinden können. Stalins Tochter Swetlana berichtet, dass er bei der Übung am Vortage der Parade schmerzlich erfuhr, nicht das Format zu haben, mit einem solch edlen Ross fertig zu werden. Er musste also dem trainierteren und potenteren Schukow die Rolle überlassen. Schukow genoss die Demonstration seiner nicht nur physisch gemeinten Überlegenheit während der Parade zu offensichtlich, als dass Stalin sich das hätte gefallen lassen können, zumal, wie Jakowlew überaus deutlich macht, Schukow durchaus in das Imaginationsschema des auf seinem Rosse zum Himmel aufsteigenden Religionsstifters Mohammed hineinpasste und somit möglicherweise in der Öffentlichkeit als der wahre Stifter der sowjetischen Siegesbestimmung und Siegeskraft hätte gelten können. Stalin holte Schukow vom hohen Ross, indem er ihn als Provinzkommandeur nach Fernost verbannte.[2]

Die zertrümmerten und in den Staub getretenen Hoheitszeichen Nazi-Deutschlands, über die Schukow sich als Sieger erhebt, manifestieren einen Aspekt der »Entdeutschung« nach 1945. Ein weiterer wurde als Entnazifizierung historisches Faktum; sie scheiterte bekanntlich an dem bemerkenswerten Bekenntnis von Millionen der Otto-Normaldeutschen, überhaupt keine Nazis gewesen zu sein. Nur wenn jemand Nazi gewesen war und das auch bekannte, konnte er logischerweise entnazifiziert werden. Für diese Gruppe steht beispielhaft Hans Globke, der Staatssekretär im Bundeskanzleramt unter Konrad Adenauer. Globke hatte 1935 immerhin an der Formulierung der »Parzifal-Gesetze« zur Reinhaltung des deutschen Blutes entscheidend mitgewirkt (mit Bezug zu Disraelis Schöpfung des Kontrafakts »Rassereinheit«). Adenauer war der Überzeugung, dass gerade diejenigen verlässliche Mitarbeiter einer demokratisch legitimierten und kontrollierten Regierung werden könnten, die ihre einstmals üblichen Irrtümer eingesehen und deren Folgen glaubwürdig bereut hatten.

Zum politischen Kampfbegriff wurde Entdeutschung durch die Gewohnheit von Siegern, aus gewonnenen Territorien die Angehörigen besiegter Völker zu vertreiben oder auszusiedeln (Entdeutschung Westpreußens nach 1921, Entdeutschung Schlesiens, Ostpreußens und von Hinterpommern nach 1947).

Begründet hat das Konzept der Entdeutschung, so weit wir wissen, Friedrich Nietzsche, um damit seinen Widerstand gegen das antisemitische Pathos von Bayreuth und Berlin, von Wagner und Hofprediger Stoecker zu bekunden. Nietzsche bereitete damit eine Beurteilung der deutschen Entwicklung nach 1871/72 (Reichsgründung und Bayreuth-Gründung) vor, die erst gegenwärtig, also weit jenseits von Nietzsches Erwartungshorizont, verstanden wird und die wir unter dem Titel »Widerruf des 20. Jahrhunderts« ansprechen.

Die im Namen der »heil'gen deutschen Kunst« von Wagner und im Namen der deutschen Weltgeltungsmission von Wilhelm II. durchgesetzte Entfesselung der Deutschen führte in historischer Sicht zur weitestgehenden Zerschlagung von Reich, Nation, Volk und Land – jedenfalls in der Gestalt, die man zum Ende des 19. Jahrhunderts mit so überwältigender Evidenz glaubte errungen zu haben, dass daraus der Anspruch auf Weltgeltung abgeleitet werden konnte. Dass der Versuch radikaler Durchsetzung eines Machtanspruchs zum vollständigen Verlust der Machtmittel führt, wird den Mächtigen der Welt nicht zuletzt durch Propheten, Dramatiker und Historiker seit über eintausend Jahren vorgeführt. Hingegen blieb die Frage unentschieden, ob es gelingen kann, nach der Selbstzerstörung der Macht durch Allmachtswahnsinn wieder in die Ausgangslage zurückzukehren. Für die Deutschen nach 1989 heißt das zu fragen, ob es eine Chance gebe, nach der faschistischen Diskreditierung des Deutschen in allen Sphären des menschlichen Daseins an das vorwagnerische und vorwilhelminische Deutschland in all seinen kulturell-religiösen, künstlerisch-wissenschaftlichen, politischen und sozialen Potentialen anzuschließen. Aber woran anknüpfen? Etwa an die Dekaden von 1813 bis zur Entlassung Bismarcks, mit Zensurregime, blutig/unblutig gescheiterten Freiheitsbewegungen wie 1848/49, mit Landflucht und Bildung städtischen Proletariats unter heute unvorstellbaren Lebensbedingungen? Wäre die Entdeutschungsorgie, die gerade im Namen der heiligsten deutschen Güter gerechtfertigt wurde, nicht entstanden, wenn schon 1866 und nicht erst 1938 die großdeutsche Vereinigung mit Österreich erfolgt wäre? Was wäre zu erwarten gewesen, wenn nicht Herzl mit den Mitteln deutscher Großpathetiken aus Musik, Philosophie und Dichtung das zionistische Projekt maßgeblich bestimmt hätte, sondern etwa der Wiener Rabbiner Bloch, dem der Musiker Felix Mendelssohn-Bartholdy und der Aufklärer Moses Mendelssohn wichtiger waren als Wagner und die Titanen Ranke, Treitschke und Mommsen?

Es gibt aber auch die gut begründete Auffassung, dass nach 1945 nicht nachhaltig mit dem Machtwahn im Namen der Weltgeltung des Deutschtums gebrochen worden ist. Entdeutschung wäre dann immer noch erst fällig als eine Befreiung (im Sinne Nietzsches) von der Suggestivität eines wörtlich verstandenen »Deutschland über alles«, das durch Verweis auf in Deutschland erbrachte wissenschaftliche, künstlerische, technologische und sportliche Leistungen gestützt wurde.

Dass ein programmatisches Bemühen um Entdeutschung ins Gegenteil umschlagen kann, beweisen nicht zuletzt die Millionen deutscher Nachkriegstouristen, die ganz gegen die Gewohnheit des altdeutschen Auftrumpfens (»hier wird deutsch gesprochen, Eisbein und Bier serviert«) alles daransetzen, nicht als Deutsche identifiziert zu werden. Deutsche reisen in der ganzen Welt umher und üben sich darin, andere zu sein, als sie sind. Im Ausland täuschen sie gerne das Beherrschen von Fremdsprachen vor, um sich den Anschein des Weltläufigen zu geben. Durch dieses Verhalten, dem Stottern auf Italienisch, Spanisch und Englisch, erscheinen sie den Einheimischen erst recht als das, was sie eben sind, nämlich Deutsche, die unbedingt ihr Deutschsein abschütteln wollen – heute vornehmlich unter dem Vorwand, sich der Globalisierung anpassen zu müssen. Es gibt nichts Lächerlicheres als deutsche Wissenschaftler, in erster Linie Germanisten, Soziologen, Philosophen, Kunsthistoriker, die stolz auf den Gebrauch ihrer Muttersprache, das heißt auf zwei Drittel ihrer Denk- und Ausdruckskapazität, verzichten, um Anpassung an eingebildete Internationalität zu demonstrieren.

Schwere Entdeutschung bedeutet aber auch umso lohnendere Enttäuschung. Mit ihr kann es gelingen, sich von Identitätspolitik und Kulturkrampferei zu befreien – zugunsten von Weltbürgertum und universaler Zivilisierung der Menschheit. Zur schweren Entdeutschung in diesem Sinne wird unser Bemühen, wenn wir anerkennen, dass auch die aufgeklärtesten Zeitgenossen als Sozialisten, Humanisten oder Universalisten genauso wie die glücklich den Kulturen und Religionen entlaufenen Künstler und Wissenschaftler grundsätzlich und für ihre gesamte Lebenszeit kulturalistisch und religiös geprägt bleiben.

Niemand kann seiner Muttersprache, seiner Enkulturation, von der Kleinfamilie über den Stamm bis zur Ethnie und zur Religionszugehörigkeit, entgehen. Man kann nur lernen, mit dieser Grunddisposition umzugehen angesichts der Tatsache, dass es sehr viele unterschiedlich kulturell-ethnisch-religiös-sprachlich geprägte Individuen wie Gruppen von Menschen gibt. Eine schwere Entdeutschung hieße dann nicht, seine Prägung als Deutscher zu verleugnen, zu missachten oder zu verlernen. Wie es sinnlos ist, Europäer sein zu wollen, ohne etwa als Bulgare, Brite oder Belgier geboren zu sein und wie es sinnlos ist, Weltbürger sein zu wollen, ohne etwa dem arabischen oder dem chinesischen Kulturkreis, geschweige denn dem der Bantus anzugehören, bleibt es auch vergeblich, sich zu entdeutschen, ohne Deutscher zu sein und zu bleiben. Das zeigten vor allem die Zwangsentdeutschten, die etwa als Juden in den USA oder in Tel Aviv die höchsten Standards des Deutschseins repräsentierten, welche in Deutschland selbst gerade im Namen der Durchsetzung des Deutschtums zerstört worden waren. Den besten Beleg für derartige Zusammenhänge bietet die explosionsartige Entfaltung der Wissenschaften, seit ihre Repräsentanten gerade angesichts der allen gemeinsamen Untersuchungsgegenstände in ihrer jeweiligen Muttersprache zu denken und zu veröffentlichen begannen. Wie das Lateinische als Universalsprache des Mittelalters und der Frühen Neuzeit sich gerade dem Machtanspruch und der Machtentfaltung Roms, also des *katholikos*, verdankte (und nicht etwa der Idee freien Zugangs zu den Heilsgütern), so ist auch die angebliche Universalsprache Englisch Ausdruck der Begierde, der mächtigsten Agglomeration von Verfügung über Wissen anzugehören (und nicht etwa Einladung an jedermann, an der Nutzung des Wissens teilzuhaben). Dafür ist unübersehbarer Beweis, dass jede halbwegs Profit versprechende Erkenntnis durch Patentierung und ähnliche Verfahren gerade der Allgemeinheit entzogen wird. Über diese Beraubung darf dann die ganze Welt im touristischen Minimalenglisch lamentieren.

Zivilisation versus Kultur

Die Geschichte der Deutschen seit den Freiheitskriegen, das heißt seit dem Kampf gegen die napoleonische Unterwerfung Europas, wurde im wesentlichen durch die radikale Konfrontation von zivilisatorisch gemeinter Universalisierung und kulturalistisch behaupteter Regionalisierung bestimmt. Beide Kräfte waren den Deutschen aus teuer erkauften Erfahrungen und den sie begleitenden kollektiven Traumatisierungen Schrecken und Hoffnung zugleich. Für die kulturalistisch-religiöse Auseinandersetzung zwischen Protestanten und Katholiken stand der Dreißigjährige Krieg; die heilende friedensstiftende Kraft transreligiöser und transkultureller Ordnungen riefen die Deutschen in schwärmerischen Erinnerungen an das mittelalterliche Kaisertum zwischen Otto dem Großen und Friedrich II. von Hohenstaufen an. In praktischer Demonstration führten ihnen aber der Humanismus Kants und das Weltbürgertum Goethes vor Augen, wie eine wünschenswerte Zivilisation jenseits religiöser Bekenntnisse und kulturellen Provinzialismus' aussehen könnte. Es ist eine geschichtliche Tragödie, dass die Deutschen (vor allem im Verein mit den Russen) ausgerechnet gegen die Durchsetzung der napoleonischen Vision einer zivilisierten Welt auf der Basis des Gesetzeswerkes *Code Napoléon* nicht nur patriotische, sondern chauvinistische, auf jeden Fall kulturalistische Kräfte mobilisierten. Die Chimäre eines Nationalstaats deutscher Kultur und Zunge wurde mit den grauenhaftesten, weil so entmenschlichenden Kennzeichnungen des französischen Gegners gemästet, wie man sie erst nach 1933 gegenüber den Juden wieder zu äußern wagte.[3] 1806 dichtete der Nationalheld Karl Theodor Körner:

»Heran, heran zum wilden Furientanze! Noch lebt und blüht der Molch! Drauf, Bruder, drauf, mit Büchse, Schwert und Lanze, drauf, drauf mit Gift und Dolch! Was Völkerrecht? Was sich der Nacht verpfändet, ist reife Höl-

lensaat. Wo ist das Recht, das nicht der Hund geschändet mit Mord und mit Verrat? Sühnt Blut mit Blut! Was Waffen trägt, schlagt nieder! 's ist alles Schurkenbrut! Denkt unseres Schwurs, denkt der verratenen Brüder, und sauft euch satt in Blut! Und wenn sie winselnd auf den Knien liegen und zitternd um Gnade schreien, laßt nicht des Mitleids feige Stimme siegen, stoßt ohn' Erbarmen drein! Und rühmen sie, daß Blut von deutschen Helden in ihren Adern rinnt: die können nicht des Landes Söhne gelten, die seine Teufel sind. Ha, welche Lust, wenn an dem Lanzenkopfe ein Schurkenherz zerbebt und das Gehirn aus dem gespaltnen Kopfe am blutigen Schwerte klebt! Welch Ohrenschmaus, wenn wir beim Siegesrufen, von Pulverdampf umqualmt, sie winseln hören, von der Rosse Hufen auf deutschem Grund zermalmt! Gott ist mit uns! Der Hölle Nebel weichen; hinauf, du Stern, hinauf! Wir türmen dir die Hügel ihrer Leichen zur Pyramide auf. Dann brennt sie an! Und streut es in die Lüfte, was nicht die Flamme fraß. Damit kein Grab das deutsche Land vergifte mit überrhein'schem Aas!«

Von dieser Aufforderung, aus patriotischer Pflicht das Recht zu missachten, kein Pardon zu gewähren, Schädel zu zertrümmern, bis das Gehirn an der eigenen Waffe klebt, und die Leichen der Feinde im großen Brandopfer spurlos zu beseitigen, hat sich Deutschland als Kulturvolk bis 1945 nicht wieder erholt. Der Weg zur zivilisatorischen Mäßigung oder gar Umorientierung war verschlossen, weil für die zivilisatorischen Kräfte zumal seit 1789 die französische Nation stand, der man als »Erbfeind« nicht eingestehen durfte, Deutschland selbst gern zu einer von Wissenschaften und Künsten, von Technologie und Medizin, von extrem leistungsfähiger Verwaltung und beispielhafter Infrastruktur getragenen Zivilisation entwickeln zu wollen. Man war gezwungen, um der Erbfeindschaft willen auf dem Gegenbild berserkerhafter germanischer Kraftmeierei von kulturellen Ansprüchen zu beharren, die welteinmalig seien. Die Franzosen vernahmen dieses kulturalistische Pathos mit Fassungslosigkeit. Die Konstellation »Wagner, Richard Strauß, Nietzsche,

Wilhelm II. – das roch ihnen nach neronischen Möglichkeiten«, wie Romain Rolland die zivilisierte Welt wissen ließ. Und Wilhelm II. bestätigte zum Anfang des 20. Jahrhunderts mit seinem Auftrag an das deutsche Militär, sich in China aufzuführen wie es die Hunnen – im Mittelalter der Schrecken der Völker – getan hatten, die schlimmsten Befürchtungen. Der kaiserlichen Verpflichtung zur Barbarisierung als Kulturpflicht folgte dann mindestens die Hälfte der Deutschen, wenn auch im heiligen Schauder.

Für die Spaltung der Deutschen in die Mehrheit national-religiöser Kulturkämpfer und die kleinere Gruppe der Verfechter einer universalen Zivilisierung der Kulturen stand auf höchstem intellektuellen und literarischen Niveau die Konfrontation der Brüder Thomas und Heinrich Mann.

Thomas Mann veröffentlichte gleich nach dem Ende des Ersten Weltkriegs seine *Betrachtungen eines Unpolitischen*, an denen er während der vier Kriegsjahre geschrieben hatte. Zugleich erschien Heinrich Manns Roman *Der Untertan*, mit dem er bereits vor Ausbruch des Krieges die wilhelminische Barbarei so zutreffend analysiert und dargestellt hatte, wie das erst nach dem Kriege allgemein verstanden werden konnte. Die Positionen der beiden Brüder wurden denn auch als die prinzipielle Unversöhnbarkeit von Zivilisationsliteraten und Kulturkämpfern behauptet. Thomas Mann hatte die charakterliche Stärke und geistige Größe, 1923 die Unhaltbarkeit seiner Position nach dem Gebaren der Deutschen im Ersten Weltkrieg einzugestehen. Bis zum Ende seiner Tage vertrat er den Primat einer universalen Zivilisation gegenüber allen wie auch immer begründeten kulturalistischen, religiös-fundamentalistischen oder politisch-totalitären Regimes.

1923 begann dann Hitler mit der Abfassung von *Mein Kampf*, einer genauer nicht denkbaren Parallele zu den *Betrachtungen eines Unpolitischen* – allerdings geschrieben von einem Illiteraten, der seiner Überwältigung durch wagnerianische Musik- und Bühneneindrücke nichts entgegenzusetzen hatte als ein wenig, allerdings bemühte Karl-May-Lektüre.[4]

Heinrich Manns Romane fragen nach dem Gelingen der Säkularisierung und dem Scheitern der Zivilisierung der Kulturen. Er erkennt als einer der ersten, dass die fundamentalistischen Kulturalisten das Regime in Deutschland übernommen hatten und die Errungenschaften der über fast zweihundert Jahre hart umkämpften Aufklärungsbewegung peu à peu zerschlagen wurden. Doch was trägt das bei, um heute einen aufgeklärten, das heißt der Zivilisierung verpflichteten Europäer zu definieren?

Die Grundlage der Entdeutschung ist das Verständnis der Aufklärung durch Enttäuschung aus dem 18. Jahrhundert. Aufklärung heißt, Menschen aus ihren Vorurteilen und Befangenheiten hinauszuführen, sie also von ihrer permanenten Selbsttäuschung zu lösen. Jemandem aber seine Täuschbarkeit klarzumachen, heißt, ihn grundlegend zu enttäuschen. Die unvermeidliche Enttäuschung prägt den Geist der Moderne als Aufklärung. Aufklärung verlangt also nach der Fähigkeit, Enttäuschung zu ertragen, und nicht nach Wechsel dogmatischer Verbindlichkeiten, Renegatentum oder Bekehrungsglück.

Entdeutschung als Enttäuschung verstehen wir generell im Sinne des aufklärenden Umgangs mit Ideologien und ihrer Steigerungsform der Erzwingungsstrategien des Absoluten. Sie ist damit eine der wichtigsten Techniken für die Zivilisierung der Kulturen.

1. Wir sind nur Europäer, wenn wir das Prinzip »Einheit aus Verschiedenheit« anerkennen. Nur durch die Anerkennung der Unterschiede zwischen den nationalen Kulturstaaten kann sich ihre Einheit entwickeln. Ein ›guter Europäer‹ versteht es, die Charakteristika von konkurrierenden Kulturen zueinander in Beziehung zu setzen und sie damit in ihrer Einmaligkeit anzuerkennen. Dazu muss er sich zuerst auf seine eigene, ihn überschreitende Kultur einlassen.[5]

2. Wer die Ideologiegeschichte gut studiert hat, kann nur zu der Einsicht kommen, dass ein echter Zivilisationsheld auch ein echter Selbstfesselungskünstler sein muss. Nach dem Vorbild von Odysseus gilt es, sich an den Mast binden zu lassen und sich und den Anderen die Ohren zu verstopfen, um den Sirenen der verschiedensten Fundamentalismen wie Ideologien zu trotzen. Jeder Selbstfesselungskünstler wird erkennen, dass kulturelle Aktivitäten immer am Maßstab des Nichtgeschehenden, weil aktiv Unterlassenen, auszurichten sind. Wichtigstes Beispiel dafür ist das zuerst erfolgreich von den Schweizern praktizierte »Theorem vom verbotenen Ernstfall«. Daraus folgt, dass in die Geschichtsschreibung und in die politische Prospektion auch jene Ereignisse als bestimmend, großartig oder folgenreich aufzunehmen sind, die nicht geschahen, weil man sie verhinderte. Die Geschichte dessen, was nicht geschah, die Geschichte des Verhinderns, des Unterlassens oder des Nichttuns gilt es, in politischer, sozialer und vor allem kultureller Hinsicht zu entwickeln.

3. Letztbegründungen gelten nicht mehr aus der Behauptung von göttlicher Offenbarung oder definitivem Wissen. Beispiele für legitimierte Behauptungen sind die Ergebnisse wissenschaftlicher Experimente, da diese sich jederzeit wiederholen lassen. Zur Sicherung der als wissenschaftlich verbreiteten Ergebnisse ist Rechtsstaatlichkeit unabdingbar. Strategien der Überprüfung von Aussagen müssen zudem dem Verfahren der Reflexivität unterworfen sein. Das bedeutet, dass sie im Selbst-

bezüglichkeitsverfahren den Kriterien ausgesetzt werden, die sie anderen gegenüber in Anschlag bringen. Aussagenansprüche gelten also als Hypothesen, die durch den Versuch der Widerlegung erprobt werden müssen. Man arbeitet also mit der Falsifizierbarkeit von Hypothesen (Popper) und geht dabei von der prinzipiellen Unzulänglichkeit von Behauptungen aus, die deswegen immerfort überprüft und modifiziert werden müssen.

4. Wer fundamentalistische, dogmatische und totalitäre Durchsetzung von religiös-kulturalistischen Wahrheiten vermeiden will, muss als Europäer allen Kulturen und Religionen seinen Respekt erweisen. Das gelingt nur durch Musealisierung, weil gerade im Museum die Möglichkeit geboten wird, einzelne, ja singuläre Leistungen von Kulturen und Religionen durch den Vergleich mit anderen herauszuarbeiten und anzuerkennen, und zwar selbst dann, wenn diese kulturell-religiösen Zeugnisse auf bereits untergegangene Gesellschaften verweisen.[6]

5. Im Umgang mit Kunstwerken und besonders mit Fakes als Beispielen der gelungenen Fälschung kann man lernen, sich selbst zu ent-täuschen – das ist grundlegend für die jederzeit nötige Fähigkeit zur Entdeutschung.

6. Der *entdeutschte,* also *enttäuschte* Europäer, der sich die Kulturkämpfe gezähmt im Museum vergegenwärtigt, hat die Chance, Einsicht in die innerweltliche Transzendenz zu erlangen. Er beherrscht die Kunst des Unterlassens und kann mithilfe kleiner Gaben aus dem musealisierten Depot der Kulturgeschichte dem unweigerlichen eigenen Ende mit dem Einverständnis des »etruskischen Lächelns« entgegensehen. Daraus erwächst ihm sogar die Möglichkeit, den Tod zu überwinden, denn er erkennt: in der Sensation des Normalen, in der ewigen Wiederholung des Alltäglichen, in der Vervollkommnung durch die Einsicht in die eigene Unvollkommenheit, im Anerkanntwerden durch ein zugewandtes Gegenüber liegt das Glück als Vorschein der Unendlichkeit in der Endlichkeit.

Werner Büttner, »Deutscher Geist«, 1983

Bei erwachsenen Zeugen darf sich der Tatrichter die nötige Sachkunde zur Beurteilung der Glaubwürdigkeit nur dann nicht zutrauen, wenn die Beweislage wegen vorliegender Besonderheiten besonders schwierig ist. BGH, 14. 1. 1982, 1 StR 640/81

Die straffreie Lebensführung eines Täters darf nicht mit der Begründung als Milderungsgrund unberücksichtigt bleiben, Straffreiheit sei kein Verdienst, sondern eine Selbstverständlichkeit. BGH, 26. 5. 1982, 3 StR 110/81

Preußische Tarnkappe

Eisernes Kreuz nach Schinkel

Handgranate

Nietzsche-Taschenbuchausgabe

Kochgeschirr

Leitz-Ordner

4711 Kölnisch Wasser

Kulturbeutel

Aspirin

GG, Art. 33, 4, 5

Mercedes-Stern

Volkswagen

Mainzelmännchen

Meister Proper

Was Deutschsein

Tote Themen

Die Deutschen sind nach allgemeiner Auffassung nicht eben bekannt dafür, dass sie einen besonders sicheren Umgang mit dem besäßen, was Engländer, Franzosen, Amerikaner und Russen für die Wirklichkeit halten und worüber sich die Deutschen oft genug erhaben fühlen. Als Merk- und Denkmal für die »Balken im eignen Auge« (Matthäus 7,3), für die Blindheit bei der Sicht auf die Chimäre der »deutschen Identität« in Abgrenzung vom American way of life, von Britishness, von *latinità* und *la douce France* sind im Memorialtheater im Rahmen des Action Teaching »Lustmarsch durchs Theoriegelände« 2006 zwei Pfähle errichtet worden.[7]

einstmals bedeutete

Thementotems sind an Pfählen, Latten oder Pinnwänden aufgereihte theoretische Objekte der Erinnerungskunst. Sie verweisen auf das, was wir vergessen müssen, um uns erinnern zu können, und was wir erinnern müssen, um es vergessen zu können. Sie wirken durch Paradoxalität, wie schon Kant wusste. Kant erinnerte sich täglich anhand eines Memos, dass er unbedingt seinen Diener, den er hinausgeworfen hatte und alsbald vermisste, vergessen müsse.

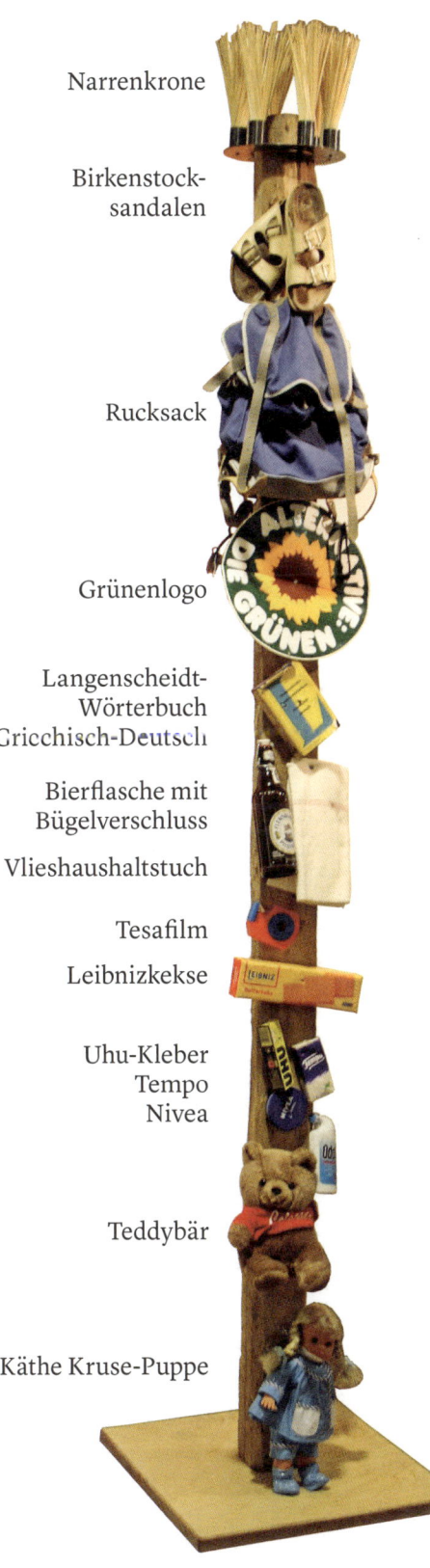

Narrenkrone

Birkenstocksandalen

Rucksack

Grünenlogo

Langenscheidt-Wörterbuch Griechisch-Deutsch

Bierflasche mit Bügelverschluss

Vlieshaushaltstuch

Tesafilm

Leibnizkekse

Uhu-Kleber
Tempo
Nivea

Teddybär

Käthe Kruse-Puppe

Spiritualität und Ökonomie:
Von Narren und Wandervögeln

Wenn die Deutschen, gerade um Europäer und Weltbürger zu werden, den größten Wert darauf legen müssen, sich zu entdeutschen, sollten sie doch wohl ein wenig detaillierter wissen, was Deutschsein einmal bedeutet hat.[8]

Das lässt sich am besten anhand von Objekten zeigen, die als »typisch deutsch« im Gebrauch waren und sind. Beginnen wir mit der Narrenkrone aus Stroh. Diese Kopfbedeckung sollte zum einen den Narren signalisieren, der, unter dem Schutz seiner Selbstdenunziation als närrisch, freie Meinungsäußerung für sich reklamierte.

Wer aber mit seinen »strohdummen« Hanswurstiaden oder Eulenspiegeleien zu weit gegangen oder zu vorlaut gewesen war und die Wahrheiten der guten Bürger Lügen gestraft hatte, dem wurde das Stroh über dem Kopf angezündet.

Wenn ein Narr seinen Mitmenschen auf seinen Buchstabenglauben respektive Wortwörtlichkeitswahn hingewiesen hatte, musste er oft genug stiften gehen. Auf der Flucht trug der in die Heimatlosigkeit Getriebene sinnvollerweise leichte Fußbekleidung (»the German birkenstock«).

Er ist stets der typische Angehörige einer Nation ewiger Wanderer, der mit einem Rucksack auf dem Rücken, darin alles, was er besitzt – *omnia mea mecum porto* –, wanderlustig unterwegs ist, selbst wenn er eigentlich flüchtet. Das geht schon seit tausend Jahren so; die Gestalt des deutschen Narren, des deutschen Romantikers, des deutschen Taugenichts, des deutschen Wandervogels wandelte sich zum deutschen Grünen, einer vielgeschmähten und dennoch nachgeahmten Gestalt in Europa.

Vom *Parzival* des Wolfram von Eschenbach (Anfang des 13. Jahrhunderts) über die Besatzung des *Narrenschiffs* von Sebastian Brant (Ende des 15. Jahrhunderts), den *Simplicius Simplicissimus* von Grimmelshausen (Mitte des 17. Jahrhunderts), den Goethe'schen *Werther* (1774) bis zu Eichendorffs *Taugenichts* (1826) und zur Gründung der Wandervogelbewegung (1896) gibt es schier endlose Ausprägungen des Deutschen auf seinem Wege durch die Welt zur Blauen Blume, zu den Müttern, zu den Bergeshöhen, zum Licht. Der Startschuss für die Öko-Bewegung in Europa, zu Recht für typisch deutsch gehalten, fiel schon zum Ende des Dreißigjährigen Krieges als Befehl zur Aufforstung nach den Verwüstungen.

Der Deutsche als ein spiritueller *viator mundi*, als mit Jesuslatschen bewehrter Weltenwanderer, irrte wie Juden und Zigeuner heimatlos durch die Welt. Er hatte nicht wie Franzosen oder Engländer eine Nation, oft genug nicht einmal eine feste Heimstatt. Wer ihn heute von außen beobachtet, glaubt ihn abwechselnd auf der Flucht vor und auf der Suche nach einem politisch korrekten Begriff des Deutschseins in allliebendem Verständnis für die Sorgen der ganzen Welt, weil er sich sündenstolz darauf festgelegt hat, alles Elend sei schließlich von Deutschen verursacht. »Was ist des Deutschen Vaterland?« lautet die alte Frage von Ernst Moritz Arndt. Und in Heinrich Heines *Die romantische Schule* heißt es, die Deutschen seien vornehmlich ein »wanderndes Volk, Vagabunden, Soldaten, fahrende Schüler oder Handwerksburschen« auf der Suche nach dem Gral gewesen. Der parzifaleske Weltenwanderer wird heute aber in Büchern wie Dan Browns *Da Vinci Code* zum Agenten der *quester legend*, dieser großen Geschichte des Menschen als Grals-, Sinn- und Wahrheitssucher.[9]

Der Inbegriff des Wahrheitssuchers ist der Narr, der Außenseiter. Franzosen, Engländer, Italiener identifizieren parallel verlaufende Stränge in ihrer Tradition: *Le fou, the fool* und *il buffone* sind großartige Gestalten westlicher Spiritualität, deren phantasievolle Strategie der Verstellung die reine Naivität des Gutgläubigen sein könnte. Sie setzen ihre gespielte Narretei, den höheren Blödsinn, ernste Scherze als Er-

Strohdumm, aber leicht entflammbar: die deutsche Heldenkrone.

Der Deutsche als Weltenwanderer, immer schon grün unter dem Rucksack.

Auf der ewigen Wanderschaft durch die Natur bot jedes Vergissmeinnicht dem Deutschen Gelegenheit, seine besondere spirituelle Orientierungskraft unter Beweis zu stellen. Solchermaßen auf der Suche nach der »Blauen Blume« frühzeitig zu einem typischen grünen Spinner geworden, legte er sich mit Novalis' *Heinrich von Ofterdingen* oder Goethes *Werther* ins Gras. Wo Angehörige anderer Nationen sich ekelten, suhlte sich der Deutsche laut Goethes Wertherbriefen in Auen und feierte im Geruch frischer Kuhfladen seine *unio mystica* mit Mutter Natur.[10]

kenntnisinstrumente und kritische Korrektive zu allen kulturalistischen Gewissheiten ein. Durch die Erklärung »Was ich sage, ist sowieso alles Blödsinn, ihr braucht es nicht ernst zu nehmen«, formuliert der geisteskräftige Narr ein autonomes Urteil über die Welt.

Der deutsche Narr musste sich als armer Schlucker und Pilger stets anderen Menschen verständlich machen, nach dem Weg fragen, und hatte deshalb frühzeitig Langenscheidts Taschenwörterbuch, das erste seiner Art, dabei. Des Weiteren transportierte er in seinem Rucksack eine wiederverschließbare Flasche, meist mit Bier gefüllt, das nach dem deutschen Reinheitsgebot von 1516 gebraut war. Das Prinzip gründlicher Reinheit und Rationalität berücksichtigte der ewige Wanderer ohnehin, musste er doch auf kleinsten Raum seine gesamte Existenz organisieren. Solch eine Lebensform lässt die fixe Idee entstehen, auf der Flucht stets Autarkie bewahren zu wollen. Diesem Verlangen entsprechen bestimmte Produkterfindungen, die weltweit Synonyme für das Deutsch-

Pflege deine Grenzen

Mit dem TET-Keks
in die Ewigkeit

sein geworden sind: Uhu-Alleskleber, Tesa-Film, Tempo-Taschentuch, Nivea, Odol und Leibniz-Keks in entsprechend gestalteter Verpackung.

Der Unternehmer Hermann Bahlsen bestand ab 1904 darauf, alle Verpackungen seines Leibniz-Butterkekses mit dem TET-Zeichen für Langzeitnutzung zu versehen und alle Mauern und Schornsteine auf seinem Fabrikgelände in Hannover als Pharaonenbauten auszuweisen, indem er diese markanten Punkte seiner Fabrik ebenfalls mit dem weithin sichtbaren TET-Mal kennzeichnete. TET ist das ägyptische Hoheitszeichen für Ewigkeitsmanagement.[11] Was als Grabbeigabe tauglich war, den Pharao in die Ewigkeit zu begleiten, wurde als TET gekennzeichnet und war gerade gut genug, den deutschen Wanderer zum Heil mit nichtverderblichen Nahrungsmitteln auszustatten. Der Leibniz-Keks ist demonstratives Zeichen der Unabhängigkeit von den Bedingungen der Endlichkeit. Mit diesem Unsterblichkeitskeks hat man vorgesorgt.

Er schmeckt zwar wie gebackener Wüstensand, ist aber ausgesprochen nahrhaft. Endlich wusste man Marie Antoinettes Frage zu beantworten, warum die Leute, die kein Brot hatten, nicht einfach Kuchen äßen. In Deutschland bevorzugen sie jedenfalls zu Recht in vernünftiger Wahl den Leibniz-Keks. Das ist eine Botschaft aus Hannover zwischen der Monadologie von Leibniz, dem größten Gelehrten, den die Stadt je beherbergte, und Kurt Schwitters' Reklame-Dadaismus, dem schönsten Wahrzeichen Hannovers. Wie Schwitters' »Anna Blume« ist der Leibniz-Keks von vorne wie von hinten gleichermaßen ein Genuss zu ewiger Lust.

Das eingefleischte Autonomiebestreben des Deutschen, der auf der Flucht jederzeit mit Bordmitteln bedrohliche Schäden beheben können muss, spürt man noch heute, wenn er den heimischen Herd (= *oikos*) glaubt verlassen zu müssen. Und das geschieht unter Deutschen so häufig wie in keinem anderen Volk. Die Deutschen sind unbestrittene Weltmeister des Tourismus. Wenn sie ein Fluchtfahrzeug kaufen, Wohnwagen oder Caravan genannt, verlangen sie im Unterschied zu den zivilisierten Engländern oder Franzosen vom Verkäufer eine komplette Ausrüstung mit Werkzeugen für jeden Eventualfall. Zu diesem Autonomiestreben unter Reinheitsgebot selbst in der kleinsten Hütte trug die ehemalige DDR ihre fabelhafteste Erfindung bei, das perfekte Reinigungsvlies.

Beseelte Technik: Rationalität und Animismus

Eine zweite charakteristische Kopfbedeckung der Deutschen ist die wilhelminische Pickelhaube, eine Art militärischer Version der Tarnkappe des Nibelungen, die einem Totenschädel aufgesetzt wurde.

Es ist eine verhüllende Enthüllung besonderer Klasse, dass deutsche Krieger von den Zeiten der Freiheitskriege bis ins Dritte Reich ausgerechnet das Emblem des Totenschädels trugen. Soldaten führen immer

Preußische Tarnkappe

nur ein Leben zum Tode, oh Heidegger! Das ist der Grund, weshalb sie den Denkern stets voraus waren und selbst deutsche Philosophen den Ernstfall des Krieges nicht in ihr Nachdenken über die Welt aufnahmen. Der mit Pickelhaube bewehrte Soldat ist der Inbegriff der kulturellen Todes- und Tötungsbereitschaft. Das Lützow'sche Freikorps (1813) führte das Totenschädelemblem zum Zeichen unbedingten Opferwillens im Namen des Befreiungskampfes und des deutschen Widerstands gegen Napoleon ein. Später bediente sich die SS ebenfalls dieser Emblematik, ein weiteres Indiz, um die Deutschen in den Augen der anderen Nationen als mörderische Krieger und todessüchtige Kanonenhelden erscheinen zu lassen.

Doch historisch verhielt es sich genau umgekehrt: Dank ihrer hochgradig entwickelten Rationalität kamen die Militärs zu dem Ergebnis, dass man gerade dann strikte Regeln vorgeben muss, wenn es um die berufliche Bestimmung von Soldaten zum Töten und Getötet-Werden geht. So entstand das Prinzip des gehegten Krieges. Seither durften auch Feinde, die zu Gegnern geadelt worden waren, nicht mehr willkürlich getötet werden; es wurde zwischen Kombattanten und Nichtkombattanten unterschieden und Regeln für den Umgang mit Kriegsgefangenen, Verwundeten, Zivilisten, Schiffbrüchigen, Spionen festgelegt. Supranationale Regelwerke und zwischenstaatliche Abkommen wie die Genfer Konvention (1864) und die Haager Landkriegsordnung (1899) sind große zivilisatorische Modelle, wie sie heute von der UNO mit dem Höhepunkt allgemein geltenden Völker- und Menschenrechts (1948) repräsentiert werden.

Den Militärs, die hochrational Waffen und Bürokratien entwickelten, verdanken wir, wie Friedrich Kittler auf einzigartige Weise gezeigt hat, die Entwicklung nicht nur im Waffendesign, sondern auch im Bereich der Gerätschaften des Lebens wie dem deutschen Kochgeschirr. Der blecherne Fressnapf demonstriert, zu welchen ausgezeichneten gestalterischen Definitionen das Militär in der Lage ist; dennoch sind Waffen niemals bei Design-Wettbewerben um die »Gute Form« prämiert worden, obschon sie eigentlich im höchsten Maße dem Anspruch auf vollendete Funktionalität und gelungene Formgebung entsprechen.[12] Auch Orden wurden als Design nie prämiert, nicht einmal das Eiserne Kreuz, das im Übrigen von dem preußischen Großmeister aller Gestaltungsprozesse Karl Friedrich Schinkel höchstpersönlich entworfen worden war.

Zur Feldausrüstung der Soldaten, also auch der deutschen, zählte die Weltorientierung gewährende Literatur im Tornister. Raumsparen-

Sprengkraft:
Nietzsche im Schützengraben

54

de Kleinstformate von Büchern Hölderlins, Nietzsches oder Rilkes wurden als feldtaugliches Gut in riesiger Zahl an die Soldaten verteilt.

Zu literaturreifer Tragik steigerte sich der Gebrauch solcher geistiger Waffen, wenn sich etwa Kämpfer gegenübertraten, die die gleichen Bücher mitführten. Die einen griffen im Namen des Nietzsche'schen Heldenradikalismus an, die anderen verteidigten den deutschen Geist, wie ihn Hölderlin oder Rilke in die Welt getragen hatten.

Wurden deutsche Soldaten im Kampf verwundet, verabreichte man ihnen das Allheilmittel Aspirin – übrigens in Wuppertal-Elberfeld erfunden, wo der Färbermeister Bayer die Chemieindustrie in die Welt gesetzt hat. Diesem Nibelungenlandstrich entstammen so großartige Erfindungen wie die der Kranken- und Sozialversicherung, siebzig Jahre, bevor Bismarck sie formulieren ließ, der bekanntlich dem Rest der Welt damit weit vorausgeeilt war.

Kochgeschirr, Leitz-Ordner,
Kulturbeutel – Insignien deutschen
Weltmachtstrebens

Eine weitere berühmte Erfindung aus diesem Kontext ist der deutsche Kulturbeutel. Psychologisch höchst interessant ist, dass die Soldaten gerade im Bewusstsein der von ihnen verlangten Opferbereitschaft eine in hohem Maße ritualisierte Selbstwahrnehmung entwickelten. Vor dem möglicherweise todbringenden Kampf wuschen und rasierten sie sich noch einmal, putzten die Zähne, gurgelten mit Odol, benetzten sich mit 4711 Kölnisch Wasser und zogen sich sauber an. Auffällig ist die Übereinstimmung mit gewissen Reinigungsritualen, die Selbstmordattentäter durchführen, wenn sie beschließen, sich mit einer Bombe in die Luft zu sprengen. Der Kulturbeutel sollte auf Grund seiner physische wie psychische Stabilität gewährenden Kraft und zivilisierenden Wirkung eher »Zivilisationsbeutel« heißen!

Dem Militärwesen verdanken wir die hochgradige Rationalität der Verwaltung. Eine einzigartige designerische Konsequenz ist der Leitz-Ordner, der zwischen zwei Deckeln auf kleinstem Raum das Größte bewirkt und im Übrigen das bestgestaltete und markanteste Loch der Welt aufweist. Mit seiner Hilfe wurde die Organisationsfähigkeit und Planbarkeit von Operationen gesteigert, so dass auch wirtschaftliche Feldzüge und Abwehrschlachten effizienter bestritten werden konnten.

Die technisch-zivilisatorische Rationalität des Militärs steht in enger Verbindung mit dem Animismus. Gerade die Soldaten verwandeln technische Prozesse zurück in seelische. Sie wissen, ein Gewehr in der Hand zu halten, ist das eine, ein anderes aber, über die psychische Stabilität zu verfügen, den Feind herankommen zu lassen und erst zu schießen, wenn der Effekt garantiert ist. Dies verlangt Kräfte, die mit dem animistischen Potential in Verbindung stehen. Soldaten machen ihre Waffe zur Braut, bemalen ihre Fahrzeuge mit Haigebissen, Schlangen und Tigern. Der Bomberpilot sitzt nicht in einem Düsenjäger, sondern gleichsam auf den Schwingen eines Adlers. Der Panzerfahrer lenkt nicht einen Tank, sondern steuert mit einem Leoparden durchs Gelände. Analog hierzu wirkt bis heute nicht die chemische Formel des Putzmittels, sondern

Meister Proper. Es kommt nicht von Bayer aus Leverkusen, was den Reinigungseffekt garantiert, es ist vielmehr der Geist aus der Flasche, der als Weißer Riese gegen Mief und Gilb wirken soll.

Der gigantische Erfolg des VW-Käfers geht vornehmlich auf das Konto animistischer Potentiale. Und der Mercedes-Stern feierte in der Nachkriegszeit weltweit Triumphe des Automobilbaus, was selbst Erwin Panofsky (ich sah in ihm immer schon einen wahren »Pan-of-sky«) zu einer Analyse der Stern-Ikonographie bewegte.

Animismus – größte Wirkkraft auf Erden

In ihren Haushalten entwickeln die Deutschen ein besonderes Verhältnis zu animistisch beseelten Wesen. Ob Kölner Heinzelmännchen oder Fernseh-Mainzelmännchen, immer trifft man auf das Verlangen, kleine Wichte und Kobolde als Wunscherfüller einzusetzen. Märchenhafterweise werden diese Gnome nur zur Befriedigung edler Bedürfnisse eingesetzt! Sie helfen im Haushalt der »guten«, aber überlasteten Hausfrau, die der eigentliche Inbegriff kalkülhaften Planens sein muss. Sie hat die sprichwörtliche »Deutsche Gemütlichkeit« zu garantieren, was heißt, eine saubere, heitere Atmosphäre zu schaffen, wo durch Melitta-Filter rinnendes stadtwerkgeprüftes Trinkwasser dem heimkehrenden Angestellten als Kaffee entgegenduftet, während die Kinder mit Käthe Kruse-Puppen spielen, also bereits soziale Formationen einstudieren.

Kinderarbeiter sind die Urbilder der Heinzelmännchen. Als die seit Nibelungenzeiten im Kreise Siegburg betriebenen Bergwerke wegen Erschöpfung der abbaubaren Erzadern schließen mussten, strömten die arbeitslosen Kleinmenschen, die allein für die Arbeit in den engen Schächten geeignet waren, in die nächste größere Stadt, also Köln. Dort schämte man sich in seiner ostentativen christlichen Mildtätigkeit, die armen Kleinen offen auszubeuten. Man verfiel auf den Gewissen mit Tatkraft verbindenden Gedanken, die kleinwüchsigen Illegalen dann eben in der Nacht einzusetzen und damit den Kontrollblicken zu entziehen.

Innerhalb dieser äußerlichen, zum Teil buchstäblich »fabelhaften« Zuschreibungsmerkmale kann jede einzelne Entäußerung des Deutschseins bewertet werden. Es bildet sich aus der besonderen Mischung von Rationalität und Animismus in Militär und Verwaltung einerseits wie romantischer Wandersucht und Autonomiestreben in Wirtschaft und Gesellschaft andererseits. Letztere Position ergibt zusammengefasst den Gemütlichkeitsmief in altdeutschen Wirtsstuben – erstere vereinen sich zur singulären Gestalt des expressionistischen Paragraphenreiters. Heute sind das die erlass- und vorschriftengläubigen Öko-Fundis und die qualmenden Party-Griller auf den vermüllten Liegewiesen der städtischen Naherholungsgebiete.

Eine auffällige Besonderheit in der Ausprägung von Deutschsein sei noch erwähnt. Zwar haben deutsche Generalstäbler ganz entscheidend zur Entwicklung des modernen strategischen Denkens beigetragen, aber es im Zweiten Weltkrieg selbst nicht berücksichtigt. Dass Hitler nach der Verabschiedung von Brauchitschs die Strategen zugunsten kindischer Erwartung von Hauruck-Siegen entmachtete, war nur folgerichtig, denn strategisch zu denken ist nur für den sinnvoll, der nicht deshalb zu siegen glaubt, weil er sich für den Stärkeren hält, sondern der mit den noch Stärkeren zu rechnen versteht. Strategen fragen sich, was zu tun sei, wenn die Durchsetzung des eigenen Willens nicht gelingt. Erst die Militärs und nicht schon die Lehrer des richtigen Lebens haben darüber nachgedacht, wie man durch Scheitern klug wird, nämlich durch das Scheitern Formen des Gelingens erreicht, also nicht nur folgenreich, sondern erfolgreich scheitert. Dieses strategische Denken führten die aus Krieg und Gefangenschaft ins Zivilleben zurückkehrenden jungen Obersten als Anwärter auf hohe Posten in die deutsche Nachkriegswirtschaft ein. Ihr strategisches Vermögen als Unternehmer und Manager ließ schon zehn Jahre nach Kriegsende die Wirtschaft des geschlagenen Deutschlands in den Augen der überanstrengten Sieger wie einen Gewinner des Krieges aussehen.

I

Der Widerruf des 20. Jahrhunderts ist die Zukunft Europas

Selbstfesselungskünstler gegen Selbstverwirklichungsbohème

Deutsche Selbstverwirklichungsanlage 1904. Die Wohnung als »Weltort der Seele« nach Carl Hentze.[1] Hier die nachgestellte Dachkammer von Ludwig Derleth in München, Destouchestaße 1.

Ludgwig Derleth (1870-1948), mystisch getragener Gotteskrieger und geistiger Zögling des Großdichters Stefan George, gestaltete am Karfreitag 1904 seine Dachkammer zu einem Versammlungsort um, an dem sich bei Kerzenlicht eine Schar von George-Jüngern und anderen persönlich eingeladenen Münchnern einfand. Auch Thomas Mann war unter den etwa zwölf extravaganten Geistesdienern, die zu Teilnehmern einer feierlichen Séance wurden; heute würde man »Performance« sagen. In seiner Novelle »Beim Propheten« (1904) schildert Mann erinnerungsgenau, wie sich die effektvolle Einrichtung auf die Besucher auswirkte und was sich in der Bohèmebehausung Derleths – karikaturhaft »Daniel Zur Höhe« genannt – im 4. Stockwerk der Destouchestraße 1 zutrug:[2]

»Er liebte es, die Arme über der Brust zu kreuzen oder eine Hand napoleonisch im Busen zu bergen, und seine Dichterträume galten einer in blutigen Feldzügen dem reinen Geiste unterworfenen, von ihm in Schrecken und hohen Züchten gehaltenen Welt, wie er es in seinem, ich glaube, einzigen Werk, den schon vor dem Kriege auf Büttenpapier erschienenen ›Proklamationen‹ beschrieben hatte, einem lyrisch-rhetorischen Ausbruch schwelgerischen Terrorismus', dem man erhebliche Wortgewalt zugestehen mußte. Der Signatar dieser Proklamationen war eine Wesenheit namens christus imperator maximus, eine kommandierende Energie, die todbereite Truppen zur Unterwerfung des Erdballs warb, tagesbefehlartige Botschaften erließ, genießerisch-unerbittliche Bedingungen stipulierte, Armut und Keuschheit ausrief und sich nicht genugtun konnte in der hämmernden, mit der Faust aufgeschlagenen Forderung frag- und grenzenlosen Gehorsams. ›Soldaten!‹ schloß die Dichtung, ›ich überliefere euch zur Plünderung – die Welt!‹«[3]

Das Ambiente dieser Wohnstätte eines Propheten schildert Thomas Mann wiederum im 34. Kapitel des *Doktor Faustus*. Meines Erachtens stellt dieser Roman die wichtigste und umfassendste Entstehungs- und Wirkungsgeschichte der »Deutschen Ideologie« dar.[4]

Darin fungiert ein Komponist namens Adrian Leverkühn als Träger der deutschen Weltrettungsmission (à la Wagner und Schönberg).⁵ Der Erzähler Serenus Zeitblom schreibt die Biographie Leverkühns während der Phase des Zweiten Weltkriegs, in der der Untergang Deutschascherns unabweislich sichtbar wird. Die Frage, die Thomas Mann dabei bewegt, lautete, ob mit der Zerstörung des deutschen Reiches auch jene bürgerliche Welt und die ihrer Künstler zwangsläufig mit untergehen wird, die das Schaffen Leverkühns bestimmte. Die Antworten versuchte Thomas Mann in Radioansprachen an die deutschen Hörer oder in Einflussnahmen auf amerikanische Politik wirksam werden zu lassen, das heißt, auf die notwendig werdende Nachkriegspolitik der Alliierten, aber vor allem der USA auszurichten. So eindeutig er die Kontinuität der Entwicklung und Wirkung deutscher Ideologie aus dem Mittelalter über Luther, Grimmelshausen, die Faust-Mythologie, die schwarze Romantik eines E.T.A Hoffmann und Wagner bis zu den Konservativen Revolutionären bekannte, bestand er doch darauf, Lebensschicksal und künstlerische Arbeit Leverkühns nicht als bloße Illustration der Ideologiegeschichte zu präsentieren, sondern gleichzeitig als einen Versuch darzustellen, sich von diesem weltanschaulichen Druck zu befreien. Kam er, so fragte man 1945, damit weiter als die Zeitgenossen der inneren Emigration, die sich einredeten, sie könnten den Teufel mit dem Beelzebub vertreiben?

Fasching und Faschismus

Im Münchner Stadtteil Schwabing war durch das Zusammentreffen von alteingesessener Landbevölkerung und hinzugezogenen armen Künstlern eine Art von animistisch-neuheidnischer Kultur entstanden, die sich als permanenter Fasching des Lebens darstellte. Karneval und Fasching waren ja sehr ernst zu nehmende Auffassungen vom Leben in fi-

An den Wänden der Derleth'schen Selbstverwirklichungsanlage fällt bei einem der Portraitierten die zur Schau gestellte Pose und Mimik auf, die an berühmte Darstellungen Dantes, Goethes oder Wagners erinnert. Der Fotografierte ist der Großdichter Stefan George, der seinen Bezugsgrößen entsprechend Wirkung zu erzielen versuchte.

Das berühmte Kap. 34 in Thomas Manns *Doktor Faustus* zitiert das Zahlenquadrat aus Dürers »Melencolia«. Wie immer man die Zahlen horizontal, vertikal oder diagonal addiert, sie ergeben immer die Summe 34.

xierten Sozialstrukturen. Die alten Römer feierten Saturnalien, in denen die Weltverhältnisse auf den Kopf gestellt wurden. Die Herren wurden zu Sklaven, die Sklaven zu Herren auf Zeit: ein riskantes Manöver der Entlastung vom Druck sozialer Verhältnisse.

In München, dieser »Stadt von Volk und Jugend« (Stefan George), wurde der Fasching ganz bewusst unter kultur- und zeitgeschichtlichen Aspekten interpretiert. Auch in der Kölner und der Mainzer Tradition des wilden närrischen Treibens hatte der Karneval eine sehr ernsthafte Dimension, etwa als eine politikhistorische Reaktion auf die napoleonische beziehungsweise die preußische Besetzung der Rheinlande, als subversive Aktion also. Warum aber hat man derlei Treiben geduldet?[6]

Ein großer Bonvivant wie Hermann Göring lebte gleichsam im permanenten Karneval. Er trug das ganze Jahr über »Kostüm« und damit das Karnevalsmotto zur Schau, dass der Humor der Stuhlgang der Seele sei. Beschäftigt sich nun ein Volk zynisch, humorvoll und kritisch mit den Herren und anderen Mächtigen wie Managern, Chefärzten, Politikern, so handelt es sich offensichtlich auch um eine Form der Anerkennung der Überlegenheit dieser Mächte, weshalb Karneval/Fasching stets das Wohlwollen der Verhöhnten genießen durfte. In Köln und Mainz entwickelte man die Fähigkeit, Themen so vorzutragen, dass sie selbst von konservativsten Zensoren nicht als Anlass für strafrechtliche Verfolgung gewertet werden konnten. Das gelang durch raffinierteste, mit sichtlichen Übertreibungen arbeitende Deformation aller Eindeutigkeiten. Äußerte man sich uneindeutig, so konnte der Zensor nichts unternehmen, wollte er nicht selbst die Insulte formulieren, die er den Karnevalisten anzulasten hätte.

In Schwabing entwickelte sich ein Milieu, das die Faschingsideologie nutzte, um äußerst ernsthafte Themen durchzuexerzieren. Trat beispielsweise ein Dichter in dem Bewusstsein auf, nicht nur von den Musen geküsst, sondern das sprechende Organ der Offenbarung zu sein, so konnte er faschingshaft-übertreibend dergleichen getrost vortragen.

Diese Schwabinger Experimentierwerkstatt der »ernsten Scherze« (Goethe), des ernsten Faschings nannte man »Wahnmoching«.[7]

Dort erprobte man die Anwendung der verschiedensten Visionen und Prätentionen von Dichtern und deren Gefolgschaft. Junge Leute spielten auf Maskenbällen Weltverbesserer und Welteroberer. Denker errichteten Weltanschauungen wie Marktweiber ihre Buden.

Der von Thomas Mann beschriebene, in der Aura Georges sich sonnende Ludwig Derleth versuchte sich ebenfalls in der experimentellen Errichtung von Gedankengebäuden oder Ideologien. Er phantasierte sich als großen Weltenbrandleger und Strafgerichtsautorität höchsten und heiligsten Ranges. So fordert er in seinen »Proklamationen« von 1904:

»... die Waffen unserer Strategie sind nicht in Fleisch und Blut, sondern mit Gewalt gerüstet von Gott zur Niederwerfung jeglichen Widerstandes, zermalmend die Menschenmeinung und jede Menschenhöhe, die sich auflehnt über die göttliche Wissenschaft, und gefangen nehmend alles Menschensinnen und Gedenken in den Gehorsam des Christ und in Bereitschaft stehend vor Gericht zu stellen jede Gehorsamsverweigerung ...«[8]

In Thomas Manns Schilderung werden die von Derleth stammenden pathetischen Kriegserklärungen und Welteroberungskommandos allerdings von einem Jünger des Dichters verlesen, der eigens für die »Proklamationen« aus der Schweiz anreist, um hinter einer Gipssäule stehend Aufrufe herauszuschmettern.

Von der Schwabinger Bohème weiß man auch aus den Tatsachenberichten der Mitverfasserin des »Schwabinger Beobachters«, der Gräfin Franziska zu Reventlow. Sie unterhielt mit allen Hauptbeteiligten, vom Großphilosophen über Politiker bis hin zu Dichtern, intime Verhältnisse. Die von Ludwig Klages als »heidnische Heilige« bezeichnete Fanny Reventlow floh vor der wahntrunkenen Schwabinger Gesellschaft 1910 in die Schweiz auf den oberhalb von Ascona gelegenen Monte Verità.

Dort hat sie einen romanhaften Bericht über die Wahnmochinger Selbstentfesselungsanstalt geschrieben. In *Herrn Dames Aufzeichnungen oder Begebenheiten aus einem merkwürdigen Stadtteil* (München 1913) stellt sie karikaturhaft die gesamte Entwicklung »Schwabylons« (Friedrich Podszus) und der »Wahnmochingerei« seiner führenden Persönlichkeiten dar. Dazu gehörte vor allem der ehemalige Kreis der sogenannten »Enormen« beziehungsweise »Kosmiker« um Karl Wolfskehl (»Hofmann«), Stefan George (»der Meister«), Ludwig Klages (»Hallwig«), Alfred Schuler (»Delius«), Oskar A. H. Schmitz (»Adrian Oskar«) und Paul Stern (»Sendt«).

Unter den »Enormitäten« Wahnmochings herrschte die allgemein verbreitete Überzeugung, im Werke Richard Wagners den Schlüssel für die Zukunft zu besitzen. In den Augen dieser Propheten der ersten und letzten Dinge galt Wagner als der Stifter einer neuen Religion, in deren Zentrum eine theologische Entdeckung ersten Ranges stand: Jesus Christus war vom Makel seines Jüdisch-Seins zu »erlösen«. Gegen Ende des 2. Akts von Wagners Oper »Parsifal« singen alle gemeinsam im Angesicht des Grals weihetrunken die Forderung: »Höchsten Heiles Wunder! Erlösung dem Erlöser!«

Damit war eine der wichtigsten Erfindungen der Moderne, die Methode der Selbstbezüglichkeit, angesprochen. Das aus der antiken Dialektik stammende Prinzip der Reflexivität ist neben Wagners »Erlösung dem Erlöser« auch in anderen wichtigen Grundkonzeptionen der Moderne wie etwa Lenins Diktum »Erziehung der Erzieher« oder in Martin Heideggers

---

Abbildung rechte Seite: Richard Wagner nannte sein Bayreuther Haus »Wahnfried«, an der Fassade um den Zusatz ergänzt: »wo mein Wähnen Frieden fand«. Damit wird ein Bezug zum kleinbürgerlichen Wohnzimmer, dem Rückzugsraum vor den Drangsalen des Lebens, geboten, den B. J. Blume im Foto seines »Wahnzimmers« bearbeitet. Wahnfried plus Wohnzimmer gleich Wahnzimmer.

»Führung der Führer« weiterentwickelt worden. Die Innovation Wagners war die Stiftung einer neuen Religion, in der nicht mehr ein jüdischer, sondern ein arisch-blonder Christus im Zentrum stand.[9]

Die Konzeption von Wagners letzter Oper »Parsifal« und die damit einhergehenden programmatischen Welterlösungspläne begleitend, schreibt die Komponistengattin Cosima seit dem 1. Januar 1869 an einem Tagebuch. Die ersten Sätze jeder Tagebucheintragung gelten dem Bericht über den Verlauf der jeweils zurückliegenden Nacht: »R. träumte, ich sei in Tränen und umarmte ihn, weil er krank sei.« Oder: »R. träumte wiederum einmal die Gedanken, welche eine schlaflose Nacht mir eingab.« »R. erzählt mir, er habe bis halb zwei auf mich gewartet!« »R. träumte von einem vollständigen Bruch zwischen uns.« »R. immer nachts gestört.« »Von halb vier an schlief R. nicht mehr und hatte Verdauungsbelästigungen.« »R. hatte eine gute Nacht, das heißt, er stand nur einmal auf.« Oder: »R. träumte einen schlimmen Traum, er sah sich von Juden umgeben, die zu Gewürm wurden und ihm in die Köperöffnungen wie schlimme schleimige Urtiere krochen.« Täglich berichtet sie über den Fortgang seines Welterlösungsprogramms. Cosimas wenig rühmliche Rolle wird es sein, die antisemitische Haltung ihres Mannes Richard in den zu Beginn der 1920er Jahre entstehenden Kreis um Houston Stewart Chamberlain und Adolf Hitler einzubringen und damit einen Beitrag zu dem von beiden Herren propagierten Erlösungskonzept, der politisch wie religiös motivierten Rassen- und Judenfrage, zu leisten; Cosima war es, die Chamberlain die Lektüre von Arthur Gobineaus Rassenlehre *Essai sur l'Inégalité des Races Humaines / Essay über die Ungleichheit der Menschenrassen* (1853) anempfahl. Sie hat damit einen grundlegenden Anstoß zu einer die Wissenschaft nachäffenden Diskussion über die Degeneriertheit der Rassen – im Anschluss an Wagners »Erlösung dem Erlöser«-Konzept – gegeben.

Die britische Blaupause für das deutsche Wolkenkuckucksheim als Zuchtanstalt

Allerdings sollte Wagners Entwurf nicht ohne Blick auf historische Parallelerscheinungen bewertet werden. Er hat als Deutscher seine Vorstellungen parallel zu einem englischen Literaten namens Benjamin Disraeli entwickelt, der eine Schlüsselrolle bei der Weiterentwicklung des Britischen Empire gespielt hat.[10]

Im Britischen Empire und im Deutschen Reich stellte man sich im 19. Jahrhundert die Frage, wie Annahmen der Rassenlehre beziehungsweise der Rassenmythologie wirksam werden könnten. Die Zuchtideen von Deutschen im Hinblick auf Reinrassigkeit waren ideologisch zum größten Teil dem Rassebegriff von Disraeli entliehen. Als deutsche Zutat fügte man noch die Mendel'schen Gesetze und die Ergebnisse der Versuche von Justus Liebig hinzu, so dass man von einem allgemein vorhandenen Bewusstsein im Hinblick auf Optimierungsstrategien sprechen darf. Wenn mit künstlichen Mitteln die Ertragsfähigkeit in Landwirtschaft und Viehzucht zu steigern ist, so folgerte man damals, ist es auch die Sache der Naturwissenschaft, die Vorstellung von der Veredelung des Menschen zu einem Übermenschen zu entwickeln und die Bedingung der Möglichkeit dieser Veredelung zu ergründen. Schon allein deswegen waren die Naturwissenschaftler die größten Ideologen. Nicht ein Parteifunktionär hat etwa den Begriff der »verjudeten Physik« erfunden; als Kampfbegriff hat ihn Philipp Lenard, ein Nobelpreisträger für Experimentalphysik, vorgetragen, mit dem die Rassenreinheitsvorstellungen im Bereich der Wissenschaften nach 1933 durchgesetzt worden sind.

Seite 74-75: R. wie Richard. Die Anfangszeilen jedes Eintrags aus Cosima Wagners 𝕿𝖆𝖌𝖊𝖇𝖚𝖈𝖍.

doch war sie nur von lächerlichen Träumen gestört, keinen bösen. R. hatte
doch ein Mal einen beängstigenden Traum von mir. R. hatte eine gute Nac
e eine gute Nacht. R. wachte mit einem lauten Schrei auf. R. schlief erträg
um 5 Uhr schon auf. R. hatte eine gute Nacht, ach! R. hatte eine gute Na
Nacht und las in der Broschüre von Freund W. über die Sprache. R. hatte
ungestörte Nacht, aber brachte er es dazu, nicht aufzustehen. R. stand um
ne gute Nacht. Nur einmal wachte R. auf von einem gespenstischen Traum
glich. R. hat nicht schlecht geschlafen. R. hatte eine ruhige Nacht. R. hatte
t und erzählt mir den Traum. R. hatte eine gute Nacht. R. hatte eine gute
ef gut und arbeitet. R. schlief gut. Schöner Morgen, R. nach einer guten N
t. R. hatte eine gute Nacht. Nun hatte aber R. eine schlimme Nacht, dreim
d nahm etwas ein, was ihm, wie er sagte, half. Er hatte eine gute Nacht. R.
R. schlief gut. R. hatte eine üble Nacht, stand zweimal auf. Keine gute Nacl
gute Nacht. Er ruhte sanft und gut. R. schlief gut. R. hatte eine gute Nac
e Ruhe. R.'s Nacht war nicht gut! Eine noch schlimmere Nacht, fast keinen
hts, ist aber zufrieden mit seiner Nacht. R. hat erträglich geschlafen. R. ha
t. R. hatte eine gute Nacht. R. hatte eine gute Nacht. R. hat gut geschlafe
atte eine ganz schlechte Nacht, mußte dreimal aufstehen. R. stand einmal
hte Nacht! R. hatte eine gute Nacht. R. mußte einmal nachts aufstehen. R
räglich Nacht. R. hat gut geschlafen. R. hat gut geschlafen. R. hatte eine
etwas beunruhigt die Nacht. R. hatte eine erträgliche Nacht. R. etwas unr
lafen. R. hat gut geruht. Ein Mal um vier Uhr war er auf, doch ist er nicht
te Nacht. R. hatte eine gute Nacht. R. hat gut geruht. R. war einmal auf,
R. hatte eine etwas bessere Nacht. R. hatte eine gute Nacht. R. hatte ein
tz des Ärgers eine gute Nacht. R. hatte eine gute Nacht. R. hatte eine gute
e eine gute Nacht. R. wacht mit Kopfschmerzen auf. R. hatte eine gute Nac
te Nacht. R.$_{74}$ stand einmal auf, doch klagt er nicht. R. hat nicht gut geschla
ht will R. gern auffahren. R. hat gut geruht, doch hustet er immer. R. hat
Gute Nacht für R. Nach einer guten Nacht blickt heiter R. noch im Bett
acht. R. hatte eine gute Nacht. R. hatte eine gute Nacht. R. hatte eine lei

ne nicht ganz gute Nacht. R. hatte keine gute Nacht! R. hatte eine bessere
te eine ganz convenable Nacht«, erwidert R. in Friedrich II. Stil. R. hatte
tte eine gute Nacht. R. hatte eine gute Nacht; er arbeitet. R.'s Nacht war
gar nicht ermüdet durch den langen Spaziergang. R. hatte eine gute Nacht.
Nacht. R. träumte, daß ich seine Schwester sei und er auf meine Ehre zu w
nachts wiederum auf und ward unruhig. R. besser geschlafen. Ein gewaltige
kt durch einen lästigen Traum. R. stand einmal auf, ist aber doch nicht unz
erträgliche Nacht. R. bekam der seltene Fall, abends auszugehen, sehr gut, e
ruhte gut und arbeitet. R. hat gut geruht und begibt sich zur Arbeit. Mit ein
atte eine erträgliche Nacht. R. hat gut geschlafen. Unruhige Nacht! R. bal
auf. R. schlief gut. R. hatte eine unruhige Nacht. R. hatte eine gute Nach
ute Nacht. R. hatte eine etwas unruhige Nacht. R. hatte eine nicht ganz gu
Sehr gute Nacht, heiteres Aufwachen. Gute Nacht, doch aber Müdigkeit für
te eine gute Nacht. Die Nacht war für R. etwas gestört. R. hatte eine gute
cht sehr gute Nacht für R. R. war einmal wieder auf! R. hatte eine erträg
lecht geschlafen, klagt aber über Beklemmungen auf der Brust. R. hatte eine
einen wilden Traum von mir. R. schlief gut, träumte aber wiederum, daß i
R. hatte keine gute Nacht. R.'s Nacht war gut. R. schlief gut. R. hatte ei
e Nacht von drei bis vier Uhr auf. R. hatte eine gute Nacht. R. hatte eine b
R. hat gut geschlafen. R. hatte eine gute Nacht. R. hatte eine sehr unruh
cht. R. hatte eine gute Nacht, aber doch immer dieselben Brustbeklemmunge
. hat gut geschlafen. R. schlief nur bis gegen vier Uhr wohl, dann ward er
nicht unzufrieden mit seiner Nacht. R. hatte eine gute Nacht. R. hatte kein
t. R. hatte einen trüben Traum. R. hatte eine gute Nacht. R. hatte eine g
träumte von einer Gefahr. R. schlief wohl. R. hatte eine üble Nacht. Leide
diese Nacht zweimal auf, doch klagt er nicht über seine Nacht. R. hatte ein
te wiederum keine gute Nacht. R. hat besser geschlafen. R. hat gut geschla
rden diese Nacht, doch hat er im ganzen nicht schlecht geschlafen. R. hatte e
-Zeitung durch. R. steht einmal auf. R. hatte eine gute Nacht. R. hatte ei
acht. R. hatte eine sehr schlechte Nacht, aus wilden Träumen mußt' ich ihn

Man hielt derartige Konzepte für die denkbar beste Annäherung der Wissenschaft an die als Naturgesetze formulierten Wahrheiten. Heute sollte etwa eine Rassenlehre über die natürliche Unterschiedlichkeit, d.h. Leistungsfähigkeit, der sogenannten schwarzen, gelben, roten, weißen, braunen Menschenrassen von niemandem mehr als definitiv gegebene Naturwahrheit benutzt werden können. Trotz aller Aufklärungsversuche wird sie immer wieder mit geradezu unbeirrbarem Glauben an die Bedeutung des offensichtlich Kontrafaktischen weltweit in Dienst genommen. Die Frage lautet: Wie kann das Jenseits der vernünftigen Begründung von Geschichte als absurde Wahnhaftigkeit wirksam werden?

Zum vorläufigen Hinweis auf die Antwort haben die Wahnmochinger einen kleinen Spottreim gebildet: »Warte, Schwabing, Schwabing, warte, dich holt Jesus Bonaparte!« Das ist eine auffällige Begriffskombination, weil sie zum einen die durch Jesus verkörperte Spiritualität und zum anderen die diesseitige Macht eines Napoleon als Einheit behauptet. Es ist das Konzept des byzantinischen Cäsaropapismus, des Gottesstaates oder des Kalifats beziehungsweise des Sowjetregimes, das die Gleichschaltung von geistig/geistlicher Führung durch die Partei und ausführender Gewalt zum System werden lässt. Der Vorstellung eines Jesus Bonaparte entsprach in Deutschland das Verlangen nach einer Realisierung der ursprünglich auf das Jenseits gerichteten Heilsgeschichte in der Immanenz, wobei man auf die Schaffung eines Heiligen Römischen Reiches Deutscher Nation nach dem Vorbilde des Kaisers Barbarossa zurückgreifen wollte.

Um die Wirkkräfte der Deutschen zu entfesseln und sie auf eine Mission größten Maßstabs auszurichten, wurde das realhistorische Beispiel Benjamin Disraelis als Orientierungsgröße bemüht. [11] Ihm war das schier Unglaubliche gelungen, die legendäre Königin Victoria, das Oberhaupt des mächtigsten Imperiums aller Zeiten, für die Verwirklichung seiner Romanphantasien zu gewinnen. Die Königin lebte einsam, da ihr Mann Albert von Coburg sehr früh verstorben war und andere

Beziehungen zu Männern und Frauen aus dem Volke sie enttäuschten. Disraeli wollte der Witwe die überaus schmerzlichen Verluste erträglicher erscheinen lassen und trat mit dem verblüffenden Vorschlag an sie heran, sie zur Kaiserin von Indien zu erheben. Er selbst habe, seines Zeichens Literat, Künstler, Dichter, einen Roman mit dem programmatischen Titel *Die Kaiserin von Indien* entworfen und er beabsichtige, diesen Roman gemeinsam mit ihr zu verwirklichen. Dafür müsse sie ihn nur zum Ministerpräsidenten von Britannien ernennen.

Da Königin Victoria einwilligte, bei diesem gewagten Unternehmen die Hauptrolle zu spielen, konnte Disraeli seinen Roman tatsächlich in die politische Realität umsetzen. Parallel zu Wagner in Bayreuth schuf er 1876 ff. das Kaiserreich Indien.

Nunmehr berief man sich auch in Deutschland auf das Beispiel der Königin Victoria von England. Die erfolgreiche Kooperation der mächtigsten Frau der Weltgeschichte mit einem Literaten hatte den Beweis erbracht: Ein fiktionales Machwerk kann als Handlungsanleitung für politische Macht alle Gegebenheiten der Geschichte grundlegend verändern. Königin Victoria vermochte als »Kaiserin von Indien« mit Napoleon, mit dem Habsburger-Kaiser und dem Deutschen Kaiser in Rang und Geltung in der Welt gleichzuziehen. Disraeli seinerseits hatte den Beweis für die Macht des Wortes und des Geistes geliefert.

Er war also der historische Ausgangspunkt für das Zukunftskonzept der Wahnmoching-Besatzung. Seitdem man in Schwabing wusste, dass ganz Deutschland (mit Ausnahme von Theodor Fontane und Friedrich Nietzsche) überzeugt war, die Zukunft gebiete die Umsetzung des Wagner-Konzeptes zur Weltrettung, hatte man nur noch einen Schritt weiterzugehen.[12] Man musste nur stark genug wollen, um mit Hilfe des genialen Programms von Richard Wagner Europa zu demonstrieren, wie hochrangige Literatur und höchstrangige Musik die Welt bezwingen. Mit dem Literaten, Musiker, Dramatiker und Bühnenbildner Richard Wagner stand der größte Meister nicht nur musikalischer, sondern auch theatralisch-inszenatorischer Wirkung zur Verfügung. Von nun an sollten Kronprinz Wilhelm – von seinem Freund, dem später gefürsteten Philipp von Eulenburg, frühzeitig auf Wagner getrimmt – und alle Berliner Reichsgrößen regelmäßig die Opernhäuser besuchen. *Tout* Berlin wurde Woche für Woche mit Wagneropern berauscht. Kritiker wiesen frühzeitig auf dieses Phänomen hin, wofür sie aber konsequent als jüdische Kritikaster abqualifiziert wurden. So nahmen die Dinge ihren fürchterlichen Lauf. Die Deutschen orientierten sich mehr und mehr an der durch den »Ring des Nibelungen«, den »Parsifal« und die »Meistersinger von Nürnberg« entfalteten Weltanschauung, was zur Folge hatte, dass bald ganz Deutschland in eine einzige gigantische Wagneroper verwandelt wurde. Binnen kurzem wusste so gut wie niemand mehr, ob der »Ring des Nibelungen« eine Inszenierung Bismarcks, Wagners oder Wilhelms II. sei oder ob nicht die großen Leistungen von 1866 bis 1871, also die Gründung des Zweiten Kaiserreiches, doch nur eine riesige Inszenierung der Politik nach dem Beispiel und Vorbild von Wagner gewesen seien. Im Nachhinein stellte der Wagner-Forscher Hartmut Zelinsky fest: »Erst hat Wagner sich mit dem deutschen Volke, daraufhin das deutsche Volk sich mit Richard Wagner verwechselt.«

Doch welche Ideen wurden in Deutschland ins Spiel gebracht? Was war es, was man mit aller zur Verfügung stehenden Willensanstrengung umgesetzt sehen wollte? Der Deutschen Bestreben sollte es sein, stärker als alle anderen an die Selbstentfesselung von Missions- und Gotteseifer zu glauben. Sie sollten durch die wegweisenden Ideen Wagners eine Vorstellung von der Rolle Deutschlands in der Welt erhalten. Wagner selbst schreibt am Ende seiner Lebensdarstellung von der Aufgabe der Deutschen, zu der sie, wenn sie nur erst alle falsche Scham ablegten, wohl besser als jede andere Nation befähigt sein würden, nämlich den Juden ihren Untergang als die einzige vertretbare Form der Erlösung zu bereiten. Wagner dekretierte:

Der Traum der Vernunft gebiert Ungeheuer: Der britische Premierminister Disraeli inszeniert den Küchenroman *Die Kaiserin von Indien* mit Königin Victoria 1876 paralell zur Eröffnung des Festspielhauses von Bayreuth.

»Nehmt rückhaltlos an diesem selbstvernichtenden, blutigen Kampfe teil, so sind wir einig und untrennbar! Aber bedenkt, daß nur Eines Eure Erlösung von dem auf Euch lastenden Fluche sein kann, die Erlösung Ahasvers – der Untergang!« [13]

Solche Gedanken wurden unter dem Motto »Erlösung dem Erlöser« im deutschen Kaiserreich proklamiert und fanden öffentlich Eingang in Zeitungsartikel, in denen Wagners Regieanweisungen für die Politik aufbereitet wurden, damit Deutschland (s)eine welthistorische Rolle spielen könne. Schier unermesslich schien das Vertrauen in die Annahme, dass man nur inniglich wollen, also fundamentalistisch-radikal und frei von Rücksichten oder, wie Wagner wiederholt äußerte, »schonungslos« sein müsse, um sich zu realer Weltgeltung aufzuschwingen. Wer sich für die Mission der gnadenlosen Entfesselung entscheide, habe seine Ideen mit der unbändigen Kraft des Glaubens nur noch in der Wirklichkeit zu realisieren und schon sei nirgends ein Halten mehr und jeder Widerstand werde zwecklos sein. Und selbst wenn erbittertster Widerstand aufkomme, sei dies nur weiterer Beweis und Beglaubigung für die heilsbringerische Rolle der Deutschen auf der Bühne der Weltgeschichte. Zu diesem »heil'gen« Zwecke war Wagner jederzeit bereit, rücksichtslos Brände zu entfesseln:

»... wie wird es uns aber erscheinen, wenn das ungeheure Paris in schutt gebrannt ist, wenn der brandt von stadt zu stadt hinzieht, wir selbst endlich in wilder begeisterung diese unausmistbaren Augiasställe anzünden, um gesunde luft zu gewinnen? – Mit völligster besonnenheit und ohne allen schwindel versichere ich Dir, daß ich an keine andere revolution mehr glaube, als an die, die mit dem Niederbrande von Paris beginnt (...).« [14]

Die Deutschen waren von ihrer gewaltigen geistigen Potenz überzeugt, weil sie unbestrittenermaßen auf allen Gebieten der Wissenschaft und ihrer Anwendungen zwischen 1875 und 1935 eine überragende intellektuelle Leistungsfähigkeit erreicht hatten. [15] Auf dem Gebiet der Geistes- wie der Naturwissenschaften beanspruchte man Weltgeltung und auch in den Künsten zählte man zur absoluten Weltspitze. Gerade im Musikalischen zeigte man sich überlegen – andernorts schienen ganze Stränge der Musikentwicklung nicht zu existieren. England war im Vergleich zu Deutschland ein *frisia non cantat*, also ein Volk der Koofmichs und nicht der Künstler, der Händler und nicht der Helden. [16]

Das Gefühl, gegnerischen Gruppen offensichtlich geistig überlegen zu sein, nutzte man zur Erweckung des Anscheins, auch auf der Ebene der realen Machtverhältnisse überlegen und führend wirken zu können. Die politisch naiven und deswegen für Radikalismen offenen Deutschen waren anfällig für hochfliegende Ideen, die es auf Biegen und Brechen zu verwirklichen galt:

»Der Gedanke will Tat, das Wort will Fleisch werden. Und wunderbar! Der Mensch, wie der Gott der Bibel, braucht nur seinen Gedanken auszusprechen, und es gestaltet sich die Welt, es wird Licht oder es wird Finsternis, die Wasser sondern sich von dem Festland, oder gar wilde Bestien kommen zum Vorschein. Die Welt ist die Signatur des Wortes. – Dies merkt euch, ihr stolzen Männer der Tat.« [17]

Mit diesen »stolzen Männern der Tat« zielte Heinrich Heine auf die deutschen Lieblingsgegner der »Idealisten«, die englischen Krämerseelen, die kaufmännisch so erfolgreich zu sein schienen, weil sie ungezügelter Raff-, Macht- und Geltungsgier folgten. Die Deutschen hingegen waren wegen des ostentativ herausgestellten Idealismus in der Welt des Mammons erfolglos geblieben. Selbst auserlesenen Geistern wie den Großkritikern Werner Sombart oder Max Weber ist es niemals gelungen, den deutschen Prätendenten auf den Platz an der Sonne einsichtig zu machen, wie widersinnig ihr Bestreben war, Idealismus und Mammon miteinander zu verbinden, also die britannische Krämerseele mit der germanischen Weltrettungsidee zu kopulieren. Wenn Geldmachen Dummheit voraussetzt (Nietzsche nennt das die Notwendigkeit des beschränkten Horizonts) und Idealismus daran zu erkennen ist, dass den Idealisten die Hoheit und Würde ihrer Ideen durch die Radikalität, mit der man sie andernorts ablehnt, bestätigt wird, dann wird verständlich, warum sich die Deutschen berechtigt fühlten, Weltgeltung zu beanspruchen, die noch über die britische, französische und amerikanische hinauszielte. Gewänne man diese Weltgeltung, so wäre die überwältigende Macht des von Wagner entfalteten Systems der deutschen Ideologie bewiesen. Scheitere man aber bei der Durchsetzung des Reiches des deutschen Geistes, dann sei dessen alles überragende Bedeutung erst recht bestätigt, weil sich der Rest der Welt unter dem Diktat des imperialen Materialismus Englands gezwungen sehe, gemeinsam gegen die Weltgeltung des Deutschen vorzugehen. Viel Feind', viel Ehr'. So hieß die rechtfertigende Schlussfolgerung: Man fürchte Gott, sonst niemanden, und der wisse schließlich Glaubenstreue und unerschütterliches Vertrauen in die Macht des Geistes am besten zu würdigen.

Die Deutschen waren als Resultat des Dreißigjährigen Krieges gezwungen worden, im Wolkenkuckucksheim der Ideen auszuharren, während es den Dänen, Schweden, Holländern, Belgiern, Spaniern, Engländern, Portugiesen, Franzosen und sogar den Russen gelungen war, weite Landstriche zu kolonisieren, also etwas zu schaffen in der Welt. Schon mit dem Frieden von Münster und Osnabrück (1648) hatten diese Politrealisten Deutschland in viele Kleinstterritorien zerstückelt und es damit als Konkurrenten der Welteroberung ausgeschaltet. Die Deutschen fühlten sich doppelt bestraft und waren umso beleidigter, da die Bevölkerung des Landes wie keine andere durch die Religionskriege gelitten hatte. Tröstlich waren den Deutschen nur einige anerkennende Zusprüche von außen, wie sie etwa von Madame de Staël überliefert sind. Diese passionierte Kennerin des deutschen Elends bescheinigte den Deutschen, aus der Zerstreuung durch die Folgen des Dreißigjährigen Krieges in die Heimat des Denkens, das Vaterland der Ideen, eingezogen zu sein. Aus dieser Auffassung heraus lässt sich verstehen, dass die Deutschen ihr politisches Schicksal in mittelbarer Beziehung zu dem des jüdischen Volkes glaubten betrachten zu sollen. Auch die Juden hatten sich, nach der Verwüstung des Zweiten Tempels und nach der Zerstreuung in die heimatlose Welt der Diaspora, mit einer verstärkten, geradezu radikalen Emphase ihres Glaubens in ihre spirituelle Sonderstellung gerettet.

Genauso verstanden sich die Deutschen. Tragischerweise wollten sie beweisen, dass sie die besseren Juden seien, wie die Juden bewiesen haben, dass sie von 1770 bis 1933 tatsächlich die besseren Deutschen gewesen sind.

Nach dem Sieg über Dänemark (1864), Österreich (1866) und Frankreich (1870/71) hatten die Deutschen, auch befördert durch die französischen Reparationsleistungen, die Chance, ihr gewaltiges, bisher im Ideellen angestautes intellektuelles Potential durch Anwendung im Aufbau einer gigantischen Schwerindustrie weltwirksam werden zu lassen. Nun endlich konnte man realiter zeigen, dass das deutsche Maß der Tüchtigkeit – die idealistische, philosophische und künstlerische Verstiegenheit als Höhenflug über alle Grenzen des von anderen bloß Machbaren, aber nicht Denkbaren hinweg – in der Welt etwas zu bewegen wusste. Ingenieure konstruierten auf dem Papier technische Konzepte, die zuvor als Bauplan des Wolkenkuckucksheims reine Spekulation gewesen sind. Es gilt ja, dass Pläne für Ingenieure nur dann sinnvolle Konstruktionen beschreiben, wenn der Plan fundamentalistisch im 1:1-Verhältnis realisiert werden kann. Eine Aussage wird radikal fundamentalistisch aufgefasst, wenn sie eineindeutig in die Wirklichkeit umgesetzt wird. Will ein Ingenieur von seiner Brückenzeichnung Gebrauch machen und soll die Brücke hinterher stehen, muss notwendigerweise ein 1:1-Verhältnis zwischen Papier und Stahlbeton erzeugt werden. Die angewandten Naturwissenschaften wie die Physik und die Biologie verfahren nach diesem Muster.

Heinrich Schliemann
und die »deutsche Ideologie«

In zeitlicher Parallele zur Verwirklichung von Romanen im weltgeschichtlich wirksamen Gespann Queen Victoria – Benjamin Disraeli und zum faszinierenden Fundamentalismus der Ingenieurstechnik entstand ein weiterer Anlass zur Begeisterung für entsprechende, unter dem Titel »Macht des Geistes« zusammengefasste Konzepte in Deutschland. Der bald zum neuen Kulturheros erhobene Heinrich Schliemann las den homerischen Roman *Ilias*, als ob es um einen historischen Tatsachenbericht ginge. Er folgte der Imagination Homers, indem er in der realen Topographie Kleinasiens den Punkt ausmachte, wo auf Grund der Homer'schen Vorgaben Troja situiert sein musste. Mit der Methode der 1:1-Übersetzung der vom Dichter ausgewiesenen Ortschaft auf die realen Verhältnisse glückte Schliemann das schier Unglaubliche: Er entdeckte tatsächlich eine archäologische Schicht einer historischen Stadt, die das historische Troja gewesen sein konnte; kurze Zeit später legte er mit Hilfe des nämlichen fundamentalistischen Übersetzungsverfahrens zwischen Phantasie und Wirklichkeit, trivialem Roman und Reportage auch Mykene frei. Die sensationelle Leistung des Archäologen bestand in der Demonstration, dass Kulturgeschichte nicht aus der Vergangenheit, sondern aus der Gegenwärtigkeit des Vergangenen heraus geschrieben wird. Auf diese Weise fand er etwas Beachtliches für die weitere Entfaltung des europäischen Selbstbewusstseins heraus, nämlich die Entdeckung der Archäologie als einer unmittelbar politisch wirksam werdenden Kraft.

Schliemann transferierte seine Fundstücke nach Berlin ins damalige Völkerkundemuseum, das neben dem Gropius-Bau, Ecke Stresemannstraße (damals Königgrätzer Straße) und der heutigen Niederkirchnerstraße lag. Das am anderen Ende der Stresemannstraße gelegene Gelände um den Askanischen Platz war, wie der Name schon sagt, immer schon als ein Stück Troja betrachtet worden.[18] Askanius, der jüngste Sohn von Äneas, galt als Stammvater der Askanier aus der Provinz Anhalt, die mit Heinrich dem Bären ab dem 12. Jahrhundert die Kolonisierung des Sand- und Sumpfgeländes, das spätere preußische Erzland Berlin-Brandenburg, vorantrieben. Ähnlich wie die Troja-Flüchtlinge in Gestalt der Etrusker zu Kulturstiftern Roms wurden, wollten die Nachfolger des Askanius zu Kulturstiftern in den der slawischen Urbevölkerung abgenommenen Territorien des deutschen Nordostens werden. Diese Absicht hat die Geschichte insofern bestätigt, als ausgerechnet der Name einer unterworfenen slawischen Minderheit, der Pruzzen, zum Synonym preußisch-deutscher Machtmission geworden ist. Das askanische Gelände wurde so zum Troja der Deutschen. Durch den überragenden Erfolg Schliemanns war ein für alle Mal bewiesen, dass man nur einen historischen Roman, ein Epos, einen Gründungsmythos oder Offenbarungstext wortwörtlich lesen und auslegen müsse, um auf die »geschichtliche Wahrheit« zu stoßen. In der Folge meinten die deutschen Idealisten, man tue gut daran, das Nibelungenlied nicht als eine literarische Phantasiegeburt oder Mythologie, sondern als Geschichtsschreibung aufzufassen. Der Fall Schliemann hatte den Deutschen Mut gemacht, sich nun im Sinne von Wagners Nibelungenheroik entfesseln zu lassen.

Das Troja unseres Lebens – Forum Germanum

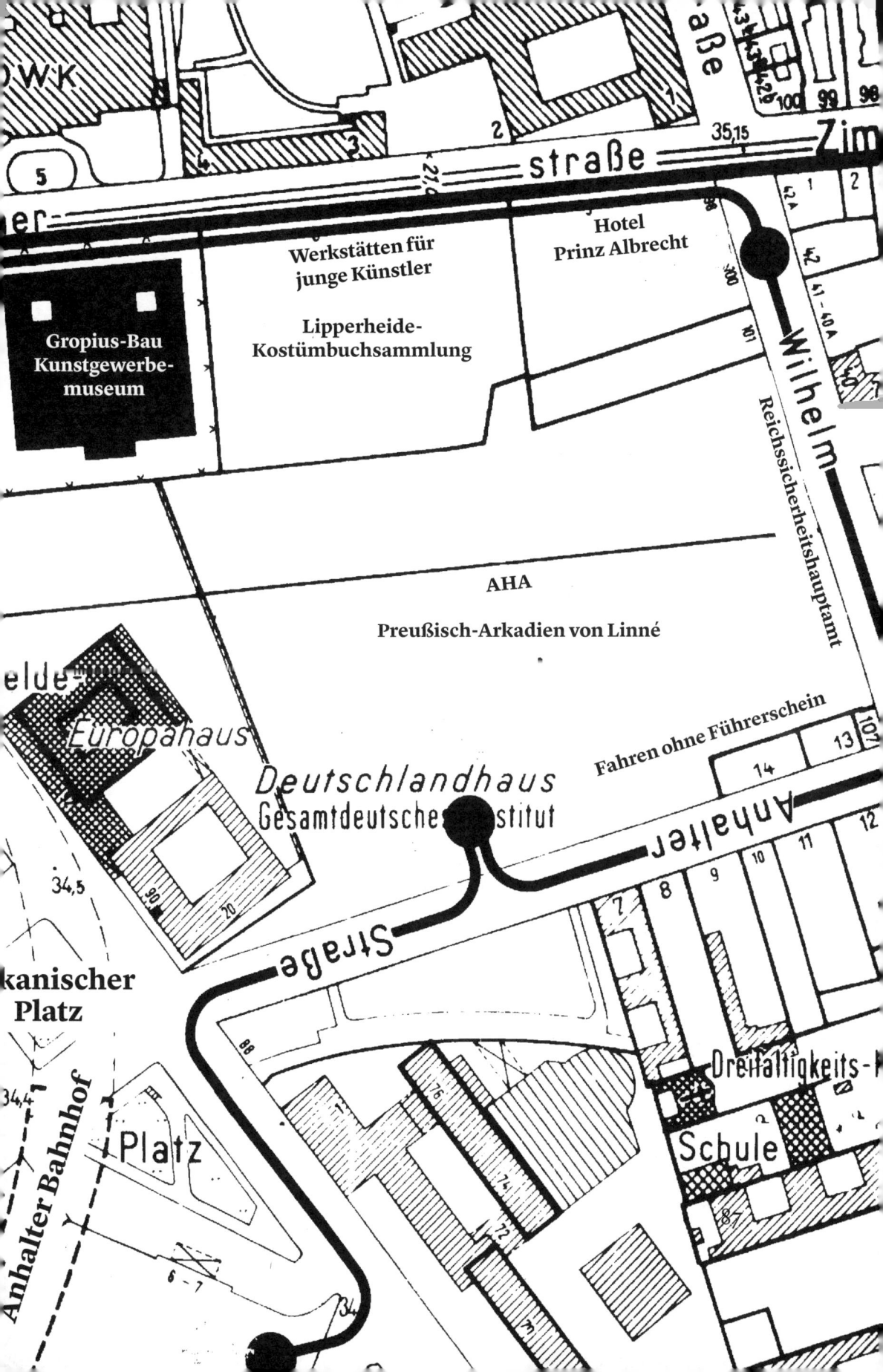

»Im Gehen Preußen verstehen.
Lehrpfad der historischen Imagination«
Berlin 1981

In zahlreichen Ausstellungen, Büchern, Filmen und Action Teachings hat Bazon Brock mit Ulrich Giersch das Forum Germanum – »das Troja unseres Lebens zwischen Landwehrkanal, Anhalter Bahnhof, Kochstraße, Wilhelmstraße, Askanischem Platz« – durchforscht, Quadratmeter für Quadratmeter. Zunächst anhand Nietzsches Anleitung: »...ehrwürdig und heilbringend wird der Deutsche erst dann den anderen Nationen erscheinen, wenn er gezeigt hat, daß er furchtbar ist und es doch durch Anspannung seiner höchsten und edelsten Kunst- und Kulturkräfte vergessen machen will, daß er furchtbar war.« (»Mahnruf an die Deutschen«, 1873) Da wir diese Ehrwürde und Heilsbringung nicht mehr reklamieren können, fordern wir doch besser mit Axel Springer, der sein Direktorenzimmer über dem Grundriss der Apsis der schwer zerbombten Jerusalem-Kirche errichtet hatte, man sollte einen Post-Zionismus doch einmal mit Mendelssohn versuchen, nachdem der Prä-Zionismus mit Wagner und Herzl zur problematischen Form geworden sei.

Hermann, Hermann,
gib uns unsere Kultur zurück!

Das Nibelungenlied geht auf das für das geschichtliche Selbstverständnis der Deutschen so bedeutsame Teutoburger-Wald-Ereignis zurück. Im Jahre 9 n. Chr. zerschlugen germanische »Barbaren« die Armee Roms in den Sümpfen bei Kalkriese. Die Uminterpretation der Geschichte des Cheruskers Hermann in die des Siegfried von Xanten wurde notwendig, weil man schon wenige Jahre nach dem Sieg der Germanen das wahre Motiv Hermanns zur Kenntnis nehmen musste. Hermann und sein engster Freund waren als Söhne von Anführern der germanischen Hilfsvölker Roms bereits im vorpubertären Alter als Geiseln nach Rom verbracht worden. Dort wurden sie nach dem Kanon der Ausbildung römischer Ritter zu erstklassigen Militärführern erzogen und mit dem Status der römischen Staatsbürgerschaft ausgezeichnet. In Rom hielt man sie für bestens geeignet, in den neubegründeten transrheinischen Kolonien der Römer zwischen Siegburg und Haltern ihre ehemaligen Stammesbrüder von den Segnungen der römischen Zivilisation zu überzeugen. Der Chef der römischen Kolonisatoren, Feldherr Varus, glaubte allerdings aufgrund seiner Erfahrungen in Regionen des Vorderen Orients, nur mit Gewalt eine renitente Bevölkerung unter die Segnungen der Pax Romana zwingen zu können. Die beiden heimgekehrten römischen Ritter erlebten die Willkür des in Germanien waltenden Generals Varus als Verstoß gegen römisches Recht. Deshalb glaubten sie sich als römische Offiziere verpflichtet, Varus für seinen Rechtsfrevel bestrafen zu müssen – ein »20. Juli« der römischen Armee. Das geschah in der legendären Schlacht im Teutoburger Wald, deren weltweites Echo Kaiser Tiberius mit den Worten dokumentierte: »*Vare, Vare, redde mihi legiones meas*«.

Das Kaiserwort war ein Appell an die römischen Militärchefs und Regierungsfunktionäre, die Durchsetzung der römischen Zivilisation nicht durch die Wahl fragwürdiger Mittel aufs Spiel zu setzen. Wurde bereits diese geschichtliche Ausgangslage zu einem Freiheitskampf der Germanen gegen die römische Besatzerarmee verfälscht, so waren die mit der Tötung Hermanns verbundenen Motive nach dem Zusammenbruch des römischen Reiches für die triumphierenden Sieger völlig inakzeptabel. Als Hermann seinen nächsten Blutsverwandten unmissverständlich klarmachte, dass der Sieg der Germanen über das mächtige Rom gerade nicht zur Aufkündigung römischer Rechtspositionen führen dürfe, also zu erneuter barbarischer Willkür, wurde er von seinem Vetter heimtückisch ermordet. Der Kerl hatte sich nach der Zerschlagung der römischen Hoheit erhofft, wieder zur Rechtfertigung der Macht des Stärkeren zurückkehren zu dürfen. Genau das wollte ihm der Ritter und *Civis Romanus* Hermann aber verwehren – die Stammesgenossen verstanden nicht, dass er sie erst durch seine römische zivilisierende Militärausbildung zum Sieg über Varus' Legion hatte führen können und zwar im Namen des Rechts.

Nach dem Zusammenbruch des römischen Reiches entwickelten die Verfasser des Nibelungenliedes zwischen dem sechsten und neunten Jahrhundert ein Deutungsschema für die Vorgänge, mit dessen Hilfe die über ihren eigenen zivilisatorischen Tiefstand beschämten Sieger der Geschichte sich ein wenig entlasten konnten. Im Nibelungenlied wird die Konfrontation von römischer Zivilisation mit keltischer Spiritualität (die Germanen wurden von keltischen Priestern christianisiert) und germanischer Gesellschaftsstruktur (Stammes-/Clanbindung) zu einer Gesetzmäßigkeit entwickelt, der zufolge blutrünstige Kollisionen von Kulturen unvermeidbar sind, weil Zivilisationsansprüche, Spiritualitätsbekenntnisse und soziale Loyalitäten niemals zu einer konfliktlosen Eintracht führen können. In der späteren Nibelungenfassung tritt Hermanns Vetter als Hagen auf, der Siegfried (= Hermann) ermordet. Beide, Hermann wie Siegfried, konnten soziale Loyalitätsverpflichtung und Zivilisierungsgebot nicht auf einen Nenner bringen. Sie scheitern also gerade durch ihr Insistieren auf der historischen Mission, die drei

92

2000-Jahrfeier der Varusschlacht: Brock rekonstruiert den 20. Juli der römischen Armee mit einem Container unter Tarnnetz – linke Hälfte Varusquartier, rechte Hälfte Wolfsschanze nach Stauffenbergs versuchtem Attentat. Kirchplatz Ostercappeln, 2009.

kulturellen Urgewalten, repräsentiert durch Römer, Germanen und Kelten im Raum Bonn/Siegburg/Köln/Euskirchen/Xanten, zu versöhnen.

Heutzutage sollte jeder Europäer die Aktualität der originären Erzählung zu Hermannschlacht und Nibelungenlegende erkennen können, sind doch die alltäglichen Erfahrungen von Migrantenschicksalen unüberhörbar. Welcher Einwanderer aus Anatolien wird es konfliktfrei fertigbringen, sein Selbstverständnis als Moslem und als der Familienehre Verpflichteter mit den Zivilisierungsgeboten des Grundgesetzes der BRD in Übereinstimmung zu bringen? Von diesen grundsätzlichen Widersprüchen in den Überlebensstrategien berichten die Hermann-/Nibelungengeschichten.

Wie stark die jeweils zeitgenössischen Aneignungsversuche den Nibelungenstoff variieren, zeigt vor Wagners Opernversion besonders die Fassung von Anfang des 13. Jahrhunderts in der allen Fakten spottenden Übertragung in den Donau-Kulturraum. Der »geniale Dilettant« Heinz Ritter-Schaumburg weist nach, wie aus der Düna des Urtexts, die bei Leverkusen in den Rhein fließt, kontrafaktisch die Donau wird, die trotz aller Finessen literarischer Adaptation niemals bei Worms in den Rhein münden wird.[19] Die Umschreibungsphantasten störte nicht, dass ihre Vereinnahmung der in der Ursprungsversion genannten Recken Etzel und Theoderich als Dietrich von Bern und Hunnenkönig Attila völlig unsinnig erscheinen muss, weil die historischen Persönlichkeiten nicht gleichzeitig gelebt haben. Ritter-Schaumburg zeigt an zahlreichen weiteren Beispielen für die Verfälschung der Ursprungsversion durch spätere Adaptionen, wie wirkmächtig gerade die offensichtlich kontrafaktischen Behauptungen sind. Denn: Wer ganz offen auf die Unterscheidung von Wahr und Falsch zugunsten phantasieergreifender Kräfte verzichtet, kann auch nicht widerlegt werden. Diese Unwiderlegbarkeit ist der Kern aller Macht des Kontrafaktischen.[20]

Nibelungentreue

Mit der Eröffnung des Ersten Weltkrieges erhielt das Nibelungenmotiv eine geradezu weltgeschichtliche Bedeutung. Der Entschluss der Deutschen (Kaiser, Militärführung, Regierung, Parlament und Bevölkerung), den Österreichern nach dem tödlichen serbischen Attentat auf ihren Kronprinzen in den Krieg gegen die Serben und deren Schutzmacht Russland zu folgen, wurde mit der germanischen Beistandstugend, eben ihrer Nibelungentreue, begründet. Während des Ersten und des Zweiten Weltkrieges beschwor man ununterbrochen die Realität des Nibelungenliedes, zum Beispiel mit der Kennzeichnung der Siegfriedlinie als der ultimativen Verteidigungsstellung.

Weil auf Englisch »line« sowohl Linie wie Leine heißt, verspotteten die britischen Soldaten die Siegfriedchoristen mit dem Küchengesang »We are hanging our washing on the Siegfried line«.

Der Erste und der Zweite Weltkrieg waren die gewollten Konsequenzen des deutschen Experiments, Wagners Werk in die Realität umzusetzen, wie zuvor bereits Schliemann die *Ilias*, wie Disraeli die *Kaiserin von Indien* und wie die Ingenieure die tollkühne Idee des beidseitigen freien Vortriebs mit der Remscheider Brücke verwirklicht hatten.

Was als gefährliche Falle für vorrückende alliierte Armeen gedacht war, entpuppt sich als hervorragender Ort zum Trocknen von Wäsche. PFC Anthony Mesinko aus Cleveland, Ohio, nutzt den Stacheldraht der ›uneinnehmbaren‹ Siegfriedlinie, um seine Kleidung aufzuhängen.

Der Erste Weltkrieg war der erste große Umsetzungsversuch, der für ungültig erklärt wurde, weil dessen Leiter bereits 1918 mit der sogenannten Dolchstoß-Legende das Experiment als unvollendet deklarierten. Die treibenden Herren und Generäle behaupteten, dass der Friede einer im Felde unbesiegten Armee von der konspirativen Verschwörung von Sozialisten und Juden aufgezwungen worden sei; in Wahrheit hatten sie selbst um Frieden gebeten.

Die Dolchstoß-Legende der Generalstabschefs Hindenburg und Ludendorff diente dazu, einerseits die Nicht-Anerkennung der Bedingungen des Versailler Friedens den Deutschen plausibel zu machen, und andererseits der Absicht zu folgen, den Versuch tatsächlich noch ein weiteres Mal durchzuführen, wofür Hitler vom Kulturphilosophen und Rassetheoretiker Houston Stewart Chamberlain an dessen Krankenbett den Auftrag erhielt. Man traf sich bereits 1923 zum ersten Mal im inneren Wagner-Zirkel und verhandelte die Rassenfrage wie einen großen Inszenierungsauftrag. Just in der Villa Wahnfried überwältigte Hitler mit seinem auratischen Charme die Anwesenden: den abgeschieden lebenden Chamberlain als Großideologen (Standardwerk: *Die Grundlagen des Neunzehnten Jahrhunderts*), die greise Cosima (die dogmatisch streng über Richards Werk wachende »Gralshüterin«, die das ganze Programm protokolliert und die Festspiele nach Richards Tod fortgeführt hatte) und natürlich die junge Schwiegertochter Winifred Wagner als deren zukünftige Nachfolgerin.

Im Hause Wagner war man ja darauf geeicht zu beurteilen, wie sich jemand auf der Bühne ausnehmen würde. Sie sahen sofort, dass Hitler wie der neue Christus wirkte. Seine unglaubliche Ausstrahlung würde ihn zum besten Darsteller eines Politikers machen, den man für einen Heilsauftrag irgend finden konnte. Hitler führte bis 1945 vor, inwieweit man mit dem »Erlösung-dem-Erlöser«-Konzept, also der Stiftung einer neuen Religion, tatsächlich die Zukunft Europas in der Weltgeschichte erzwingen könne. Wir wissen um das Resultat. Rückblickend kann man sagen: Die nationalsozialistische Ideologie bestand in nichts anderem als in übersetzter Wagner-Weltanschauung. Adolf Hitler, der größte Wagner-Bekenner aller Zeiten, adaptierte fast alle Programmpunkte des Wagner-Konzepts.[21] Es gehört zu den grandiosesten Regieeinfällen der Weltgeschichte, dass ein Standesbeamter mit dem Namen des Kunstreligionsstifters R. W. den größten Wagner-Propheten Adolf Hitler wenige Stunden vor dem Brand Walhalls mit Eva, der namentlichen Repräsentantin der Urfrau des Paradieses, traute.

Entartete Kunst – Erlösung durch Untergang

Hitler dekretierte im Anschluss an Kaiser Wilhelm II.: »Was Kunst ist, bestimme ich!«[22] Er verlangte die Entscheidung für eine der vielfältigen Stilrichtungen der Moderne (»heute Expressionismus, morgen Fauvismus, dann wieder Dadaismus oder Kubismus ...«) als verbindlicher Kunstbewegung. Bei seiner persönlichen Bewertung von Kunst konnte sich Hitler auf die allgemein akzeptierten Auffassungen unter der deutschen Professorenschaft stützen, die schon Jahrzehnte vor dem Dritten Reich zu bestimmen suchte, welche Werke als »heil'ge deutsche Kunst« zu gelten hätten (siehe Richard Wagners feierliches Finale von »Die Meistersinger von Nürnberg«).

Was man uns heutzutage permanent als »typisch nationalsozialistische« Denkerei, Schreiberei und Bildnerei vorhält, zuführt und als Nazi-Unsinn stigmatisiert und damit zu bannen hofft, verdankt sich in so gut wie allen Fällen entweder exquisit gebildeten Gelehrten oder höchst kultivierten Großkünstlern des 19. Jahrhunderts, die mit den »Waffen der Begriffe« in die mit der Nationalstaatbildung anhebenden Kulturkämpfe gezogen waren. Die seit 1872 vorherrschenden Ideologien in Wissenschaft und Kunst garantierten dem Führer des Nationalsozialismus und seinen Parteibonzen schlichtweg ihren Erfolg. Hitler nutzte nicht nur geschickt den seit Anfang des 19. Jahrhunderts ausgerufenen Primat deutscher Nationalkultur, sondern verwendete für seine politischen Propagandafeldzüge auch die wissenschaftlichen Belege zur Evolution der Rassen, die er zu einer Weltanschauung überhöhte. Zur Abgrenzung der sogenannten »Deutschen Kunst« von anderen Kunstrichtungen setzte er ab 1937 den Begriff der »Entarteten Kunst« durch. »Entartung« ist, wie nahezu alle anderen kulturpolitischen Kampfbegriffe der nationalsozialistischen Bewegung auch, keine genuine Erfindung von Theoretikern der faschistischen Weltanschauung, sondern so alt wie die Moderne selbst und wurde keineswegs nur zur Verfemung der Werke jüdischer Künstler angewandt.

Die Genese dieses Begriffs lässt sich bis ins 19. Jahrhundert zurückverfolgen. Er bezieht sich auf die evolutionsbiologische Bestimmung von Degeneration als Anhäufung unvorteilhafter Erbmerkmale. Es war jedoch nicht ein Nazi-Chefideologe, sondern ein deutscher Jude, ein Arzt und Schriftsteller namens Simon Südfeld, der unter dem »aufgenordeten« Namen Max Nordau den aus der Biologie und der Medizin stammenden Entartungsbegriff für die Künste aktivierte und 1892 den späteren Kampagnenbegriff der »Entarteten Kunst« in seinem Werk »Entartung« in die Öffentlichkeit trug.[23]

Während man zu Zeiten des Kaiserreichs noch im Furor hochfliegender Spekulationen über den Fortschritt der Menschheit schwelgte, setzten im Dritten Reich euphorische Nazis Ideen und Utopien der optimalen Artung durch. Bezeichnend für Faschismus und Nazismus ist die rücksichtslose Erzwingung einer Realität aus Vorstellungen und Begriffen. Diese Regimes entfesselten die Potentiale geistiger Arbeit des 19. Jahrhunderts, die als Anweisungen für das konkrete Handeln, vor allem aber als kulturalistische Letztbegründungen für Welterlösungsentwürfe ausgelegt wurden – Entwürfe mit den Programmnamen »Der Neue Mensch«, »Die Klassenlose Gesellschaft«, »Das Parteienlose Parlament«. Aber die großen Konstrukteure von Ideenwelten wie auch die Destrukteure, das heißt die durch Zerstörung Schöpferischen, haben mit ihrem aggressiven Programm »Erlösung durch Untergang« immerhin die Erfahrung belegt, dass selbst radikalste Vernichtungsversuche die Gegebenheiten der Welt zwar fundamental verwandeln, jedoch nicht in Nichts aufzulösen, also zu annihilieren vermögen. So ergab sich für die Zerstörer ein doppelter Triumph: Sie konnten ihren Vernichtungswillen ausleben und auch noch damit rechtfertigen, dass die Welt nicht zu vernichten sei. Heute steht zur Debatte, ob die Glorie der Annihilierung immer noch strahle! Mancher hofft auf die Wirkkraft der nicht mehr menschlichen Vernunft, die »anthropofugale Vernunft« (Ulrich Horstmann), die auf die Selbstabschaffung des Menschen und seiner Welt durch den Menschen abzielt. Will man den großen Zerstörern der Welt über den Befund hinaus, sie seien Psychopathen, zu entsprechen versuchen, dann damit, dass sie die Fraktion jener anführen, die die Größe des Menschen in seiner Widerspruchskraft gegen die Natur, also in seinem Auslöschungspotential sehen. Die andere Hälfte der Menschheit rekurriert in Gestalt ihrer schöpferischen Genies auf die menschliche Kraft des schaffenden Hervorbringens. Die Funktion der Zerstörer in der kulturgeschichtlichen Positionsbestimmung liegt also darin, der Allmacht der Schöpfungsphantasten die Allmacht der teuflischen Vernichtungsphantasien entgegenzusetzen. Für Weltfromme bestünde die Synthese beider Positionen in der Entfaltung einer realistischen Erfahrung von All-Ohnmacht.

Das Ende der Selbstfesselungsstube BRD

Betrachten wir die Verhältnisse in Deutschland nach Beendigung der Selbstentfesselungen, nach dem Zählen von über siebzig Millionen Toten auf allen Seiten, nach der größten Wagner-Inszenierung aller Zei-

Deutscher Friedensgehorsam nach 1949: Alles Elend der
Welt rührt daher, dass die Menschen nicht in ihrem Zimmer bleiben wollen.

ten, stellt sich die Frage: Haben die Deutschen tatsächlich gelernt, sich anders zu verhalten? Nach der Währungsreform 1948 und der Gründung der beiden deutschen Staaten 1949 hat man von der fundamentalistischen Selbstverwirklichung abgesehen und ist dazu übergegangen, Selbstfesselung zu betreiben. Die Deutschen lernten, sich als zivilisierte Menschen zu gebärden, das heißt vor allem Selbstbeherrschung, also geglückte Sublimierung zerstörerischer Triebe an den Tag zu legen, um somit die Wiederkehr des Wahnsinns für alle Zeit zu vermeiden.

Dieses Bekenntnis zur Selbstbeherrschung drückte sich architektonisch-gestalterisch in den Wohnräumen der Deutschen aus. An einem Wohnzimmer der 1950er Jahre lässt sich die für die damalige Zeit neuartige Lebensform des deutschen Bundesbürgers am besten ablesen, für den es im Zuge des sozialen Wandels nun allmählich aufwärts ging. Zu Zeiten des deutschen Wirtschaftswunders wurde es für viele Bürger möglich, sich eine standesgemäße Wohnung in Modernität verheißendem Stil und behaglichem Geschmack einzurichten. Statt den verflossenen Größen Wagners, Nietzsches oder Georges zu huldigen, hängte man sich die Reproduktion eines Kunstwerks an die Wand. In der Zimmerecke aufgepflanzte Tütenlampen spendeten Licht für die Bildnisse Wim Thoelkes, Hänschen Rosenthals, Rudi Carells oder Peter Frankenfelds. Sie ersetzen als Stars der Nachkriegszeit die schauerlichen Ikonen der Nazizeit.

Das gesamte Ambiente des bundesdeutschen Wohnzimmers ist als Ausdruck der historischen Einsicht bewertbar, dass die Entfesselung der Ideen und des Idealismus zur Weltkriegskatastrophe geführt habe und die Deutschen es sich folglich für alle Zeit im Fernsehsessel bequem machen müssten.

Also fesselten die Deutschen sich selbst und sagten: Nie wieder! Nie wieder soll uns eine Idee, ein Gedicht, ein Roman, eine Religion aus dem Sessel holen. Die Welt soll ausschließlich im virtuellen Bereich der Fernsehprojektion bleiben. Die Fernsehzuschauer der 1950er Jahre nutzten die ihnen von den amerikanischen, britischen und französischen Besatzern nahegelegte Möglichkeit, sich zu den verführerischen ideologischen Vorlagen auf Distanz zu bringen, hatten doch die Alliierten ihnen im Zuge ihrer Besatzungspolitik beigebracht, dass alle geistigen Produkte Werke der Ideologie seien. Dieser anempfohlenen Einsicht folgend, beschied man sich nunmehr mit einem Platz im Fernsehsessel anstatt einem Platz an der Sonne: Käsehäppchen futternd, Salzstangen knabbernd und im Genuss von Coca-Cola versank man in den vierzig Jahre währenden (außenpolitischen) Dornröschenschlaf von geheilten Zauberlehrlingen.

Diese gern als allzu bürgerlich verunglimpfte Einstellung eines schlafmützigen Biedermanns entsprang einem durchweg zivilisierten Verhalten, das die Deutschen wirklich bis 1989 brav aufrechterhalten haben. In dieser Zeit haben sie niemandem ein Haar gekrümmt, sind nirgends eingerückt, haben in keiner Weise versucht, jemanden unter die Knute von Reinrassigkeitsvorstellungen zu zwingen. Stattdessen etablierte sich ein geradezu vorbildlicher Sozialstaat, in dem jedermann die Chance zur Integration bekam, selbst wenn er sich als verlorener Sohn mit noch so viel schicksalhaftem Versagen zu erkennen gab. Es war eine wahrlich zivilisierte Gesellschaft, allerdings um den Preis, dass die schiere Gegenwart auf Dauer gestellt werden musste, solange keine andere Kraft/Macht dieses »Ödyll« bedrohte.

1989 kam die Wende, 1990 die Deutsche Einheit, 1991 brach die Sowjetunion auseinander. Seitdem erleben wir die Karriere der Fundamentalismen: des Islam, der Ökologie, der Ökonomie und schließlich der Globalisierung. Plötzlich sind die alten entfesselungsbereiten Deutschen wieder gefragt. Sie sehen sich gezwungen, Stellung zu beziehen in der Welt. Sie müssen raus aus der gemütlichen Stube!

In den 1990er Jahren lernten die Deutschen, was sie für ihr paradiesisches Leben zu zahlen hatten. Durch die terroristischen Ereignisse in der Welt (unter dem Eindruck der Geschehnisse des Porsche-Logos 911)

Der neue Held aus Österreich: Vervielfältigungsvorlage für Testosteronkrieger und Virilbluter. Zeichnung von Stefan Kahlhammer, 2011

wurden sie dazu verpflichtet, Gedanken, Ideologien, Philosophien der Macht neu zu bewerten. Sollte man etwa im Namen der eigenen Religiosität gegen die Ansprüche fremder Götter angehen? Als ein in diesen Fragen besonders erfahrenes und geprüftes Volk hatten die Deutschen wieder auf die Weltbühne zu treten, wenn es um Religion als Ressource für fundamentalistische Entfesselungsdynamik ging. Im Kern ist es stets die Religion, die in Entfesselungsprogramme investiert, indem sie beispielsweise permanente Selbstmordbereitschaft predigt. Die religiös inspirierten Märtyrer, Virilbluter und Testosteronkrieger wissen, je größer der Widerstand, der sich gegen sie formiert, desto bedeutender sind ihre Ideen; je stärker man sie bekämpft, desto größer scheint die Gewissheit zu sein, dass der vertretene Anspruch absolut einmalig, großartig und durchsetzungswürdig sei. Deshalb wird in Zukunft die fundamentalistische Logik aller radikalen Kräfte weiterhin lauten: Wenn wir nur stark genug glauben, unterwerfen wir tatsächlich die Welt unseren Ideen. So denken nicht nur Islamisten, sondern auch die ökonomischen Chefdenker, die im Geiste der Globalisierungsstrategie den Ton angeben. Die Globalisierung entspricht strukturell dem unseligen Geist von 1914; sie verläuft nach genau demselben Schema. Wie mag diese Geschichte enden, wenn die westlichen Unternehmer sich so stark fühlen, dass sie glauben, die ganze Welt ihrem liberalistischen Konzept unterwerfen zu können? Haben sie jemals daran gedacht, dass sie selbst die ersten Opfer der Durchsetzung dieses Konzepts sein könnten?

Aber ihnen bleibt ja der Trost, dass im Scheitern die Bestätigung der eigenen Größe gegeben ist. Auch unsere Herren der Globalisierung können ihr Scheitern zum Beweis dafür umwerten, dass sie eine Wahrheit vertreten wollten, die alle anderen partout leugneten: Alles, was entsteht, ist wert, *dass* es zugrunde geht, lautete seit eh und je die heilige Missionsbotschaft des Kapitalismus. Wo bleibt das Schöpferische in diesem Untergang?

II

Die neuen Gottsucher-banden und ihre Vorbilder

»Wenn die Wirklichkeit nicht mit unseren Konzepten übereinstimmt, umso schlimmer für die Wirklichkeit; jetzt erst recht!« bekennen wir pathetisch – das nennen wir idealistisch – und huldigen der Gesetzeskraft des Kontrafaktischen, des Ausgedachten, der Fiktionen. Mit dem Bekenntnis: Ist es auch Wahnsinn, so hat es doch Methode.

Die bekannteste Erzwingungsstrategie des Absoluten heißt: Wir wollen Gott und damit basta. Weltweit hat man inzwischen verstanden, was dieser Fanatismus der Gottsucherbanden anrichten kann. Dabei fühlen sich die alten wie die neuen Gottsucherbanden durch ihre Kulturen und Religionen legitimiert, Prophetien und Programme wortwörtlich zu nehmen.

Die Sensation der weltgeschichtlichen Mission des Christentums lautet aber ganz eindeutig: Es gibt kein Gebot der Nachfolge in den Tod, im Gegenteil, der Gott ist für euch gestorben! Wer jetzt noch argumentiert, dass er in der gewaltsamen, ja todbringenden Durch-

Anschlag in Halle/Saale, 9. Oktober 2019
Einschüsse in der Synagogentür

setzung seiner Ansprüche gerechtfertigt sei, kann sich jedenfalls nicht auf Christus berufen.

Gegen die neuen Gottsucherbanden genauso wie gegen die Gottesmörder aus Selbstherrlichkeit wurde die Aufklärung über Dogmatiken und Wahrheitsradikalität entwickelt. Als Zivilisierung der Kulturen müssen wir sie jedoch zuerst gegen unseren eigenen Anspruch auf exklusive kulturelle Identität genauso wie gegen den gesellschaftlichen einer Multikultur vorantreiben. Nur wer die eigene Kultur kennt, kann die anderen anerkennen und andersherum.

Kulturen verstehen sich als Überlebenskampfgemeinschaften, die solange erfolgreich sind, wie sie sich gegen andere Kulturen behaupten. Dabei entsteht ein zentrales Problem: Die Beziehung der Kulturen untereinander wird so lange als mehr oder weniger blutiger Kampf ausgelebt, wie sie sich nicht gemeinsam auf besondere Regeln, die für alle gelten, verständigen. Da kulturelle Identität immer schon eine kontrafaktische Behauptung war, stören die vielen Kulturkämpfer offensichtliche Unsinnigkeiten ihres Selbstverständnisses nicht im geringsten. Kulturelle Minderheiten berufen sich auf universal begründete Menschenrechte, um ihre Autonomie einzufordern; innerhalb ihrer Kulturen scheren sie sich aber einen Teufel um Freiheit und Gleichheit.

Die angebliche Bedrohung der Kulturen durch die universale Zivilisation ist eine Kampfparole und nicht eine Feststellung von Fakten. Deswegen können und müssen wir darauf bestehen, gerade als Künstler, Wissenschaftler, Politiker und Unternehmer, die Zivilisation, zumindest aber grundlegende zivilisatorische Standards gegen die Kulturautonomisten zu stärken.

Je blutiger die Kämpfe um regionale Kulturautonomie mit ethnischen Säuberungen und fundamentalistischen Absolutheitsgeboten auf der ganzen Welt sichtbar werden, desto stärker wird auch die Einsicht wachsen, daß nur eine universale Zivilisation die heroischen Kulturbarbareien zu zügeln vermag.

Karfreitagszauber am Amboaltar

Karfreitagsphilosophie: Göttermord bleibt immer vergeblich

Endlich es den Göttern heimzahlen; vor allem den Gott der christlichen Geschöpfesliebe einmal zur Verantwortung ziehen, indem wir ihm jenes Elend zumuten, dem er uns so unerbittlich ausliefert im menschlichen Dasein. Ihn wenigstens auch einmal viehisch malträtieren, ans Kreuz nageln, verhöhnen, entwürdigen und zerbrechen. Ihm einmal entgegentreten im Triumph unserer Ohnmacht als der Macht zu töten; denn das verstehen wir als einzigen Beweis unserer Macht: die Götter töten zu können, den Schöpfer zu zerstören, die Schöpfung zu verwüsten. Dafür steht Karfreitag: Rache für die Zumutungen ewiger Gotteskindschaft und des Gehorsams. Rache für die Zumutungen der Liebe, des unumgänglichen Verzichts auf Selbstherrlichkeit, auf menschliche Autonomie und Glorie.[1]

Die Götter sind einmal wenigstens aus der Welt vertrieben, das Gesetz der unmenschlichen Herren zerschlagen, die fesselnden Traditionen gesprengt; endlich triumphieren die Sieger über ihren Gott im Bewusstsein ihres eigenen Willens und der Kraft der eigenen Willkür.

Doch bereits am Abend kommen erste Zweifel auf; vielleicht, weil die modernen Titanen ahnen, dass ihnen die radikalste Demütigung noch bevorsteht, das Eingeständnis, nicht einmal in der brutalsten Zerstörung wirklich Großes zu leisten? Oder haben sie gerade das an Karfreitag herausfordern wollen: die eigene Widerlegung als letzte Instanz, als Schöpfer aus eigener Macht, als Herren der Welt?

Am Ostermorgen ziehen die Götter schließlich wieder in die Welt ein, mit einem peinigend milden Lächeln. Die Selbstherrlichen sind beschämt, sie wurden ertappt, bitten um Nachsicht und versprechen, den heroischen Furor, die Rebellion zu zügeln. Die Kritiker der göttlichen Wahrheit versprechen, ihre Kraft nur noch in der Selbstwiderlegung zu beweisen.

Credo quia absurdum

Im Zentrum jeder Kultur steht die Religion. Zu allen Zeiten haben die Kulturen in ihrer jeweiligen religiös-rituell-kultischen Ausprägung Altäre errichtet, an denen sie die Erzwingung der absoluten Gewissheit anschaulich und glaubwürdig demonstrieren konnten. Der Altar steht für die Art und Weise, wie alle Kulturen aller Religionen und umgekehrt alle Religionen aller Kulturen Verbindlichkeit stiften. Um die Verbindlichkeit kultureller Selbstgewissheiten behaupten zu können, muss mit größtem Nachdruck Unwiderrufbarkeit demonstriert werden.

Töten ist der überzeugendste Akt, Handlungsresultate unwiderrufbar zu machen. Bekenntnisse können widerrufen werden, Verträge können gebrochen werden, Wissen kann sich als falsch erweisen, affektive

Bindungen können durch Gewöhnung so abgeschwächt werden, dass sie sich auflösen – allein das Töten lässt keinerlei Hoffnungen oder Spekulationen zu, das Geschehene im Widerruf oder in der Umkehrung ungeschehen zu machen. Seit Menschengedenken wird an allen Altären dieselbe unwiderrufliche Opferhandlung vollzogen. Deshalb gilt der Altar als Grenze, die das Leben vom Tode, das Diesseits vom Jenseits, und damit die Rationalität von der Irrationalität scheidet. Von dieser Verbindlichkeit der unwiderruflichen Grenzüberschreitung sollen aber weder die lebenden Teilnehmer am Kult noch die Geopferten überzeugt werden. Es kann auch nicht sinnvoll sein, darauf abzuheben, dass alle Lebenden sich dem Beweis der Irreversibilität beugen im Bewusstsein, demnächst selber geopfert zu werden.

Wir sind zudem längst gezwungen anzunehmen, dass die Welt am Altar des Christentums nicht in die der Rationalität und die der Irrationalität geschieden wird. Am Altar wird nicht der lange Marsch ins Jenseits initiiert, mit mehr oder weniger freiwilligen Gefolgsleuten. Über ihn wird in grandioser Weise im Diesseits und aus dem Diesseits heraus ein sinnvoller Bezug auf das Jenseits ermöglicht. Es wird dort also jenes Verfahren begründet, mit welchem man vernünftigen Gebrauch von der Unvernunft machen kann. Im Kult werden soziales Kalkül und die Kraft des Glaubens nicht ein für allemal und uneinholbar getrennt, sondern zueinander vermittelt. Denn jedem Erfahrenen ist klar, dass man zum Beispiel aus sozialem Kalkül, nämlich um Unangreifbarkeit zu erreichen, eine Behauptung als Glaubenssache ausgibt, die es nicht ist. Man wird von Strafverfolgung verschont beziehungsweise gnädig behandelt, wenn man für ein strafwürdiges Verhalten religiöse Überzeugungen als Ursache anführt. Religiöse Überzeugungen werden traditionsgemäß dadurch definiert, unwiderleglich zu sein, gerade weil ihre Unwiderleglichkeit zum Glaubensgrund erklärt wird.

Diese Tradition wurde von Kirchenvater Tertullian am Ende des 2. Jahrhunderts begründet, in der höchster Rationalität verpflichteten

Formulierung »credo quia absurdum« – ich glaube, was nicht widerlegbar ist. Solange man nämlich nur glaubt, was einem einleuchtet, hat man nicht den rechten Glauben, sondern reagiert auf eine momentane Überwältigung durch einen logischen Beweis. Aber der höchste logische Beweis steckt ja gerade im »credo quia absurdum«, nämlich etwas glauben zu müssen, weil es sich jeder Widerlegbarkeit entzieht. Die theologische Argumentation zur unumgänglichen Orientierung am schlichtweg nicht widerlegbaren Glauben begründet die notwendigen Ergänzungen der tertullianischen Maxime, wie sie im Mittelalter galten. Also:

»*credo quia absurdum*«
ich glaube,
weil der Glaube *per definitionem* unwiderlegbar ist;
»*scio ut credam*«
ich weiß, dass ich glauben muss,
weil das Wissen gerade um seine Begrenztheit weiß;
»*scio absurdum*«
also kann ich vernünftig mit dem Jenseits der Vernunft umgehen.

Einen Hinweis darauf liefert die Alltagswendung, man müsse einer Behauptung so lange glauben, bis man daran glaubt.

Noch einmal *in nuce*: Ein Medizinmann oder Schamane ist noch bei den hinterwäldlerischsten Völkern dadurch Autorität, dass er weiß, wie er selbst bei lebensbedrohlichen Zumutungen wie dem Aufnehmen von Giften so den Gesetzen der Vernunft zu folgen vermag, dass er aus dem Jenseits der Normalität, der Krankheit, dem Wahnsinn oder der Ekstase gesichert zurückkehrt. Keine Spur von Hingabe an das Jenseits; denn wieso sollte einer zurückkehren wollen, wenn es drüben in den Gefilden der Kontrafaktizität, der Irrationalität und der Absurdität so großartig zugehen würde, wie man sich das wünscht, wenn man unter dem Diktat der Rationalität, der Faktizität und der Kalküle steht?

Die Christen haben sich in besonderer Weise von derartigen kindlichen Scheidungen der Sphären befreien wollen – Jammertal und Paradies, Leiden und Glückseligkeit, Rechtschaffenheit und Häresie, Tod und Auferstehung, Zeit und Ewigkeit. Das hielten sie für theologische und philosophische Naivitäten. Die versuchsweise Durchdringung und Vermischung aller Sphären geschieht am Karfreitag als eine Umformung des Verkehrte-Welt-Spiels während der römischen Saturnalien. Der Mob rast, Geifer, Niedertracht, Mordlust toben sich aus. Der Gottessohn bietet sich als Opfer an. Selbstgefällig genießen die Gottestöter ihren Triumph, den sie sich trotz der Widerlegung am Ostersonntag immer wieder verschaffen werden. »Es war ihm, als könne er eine ungeheure Faust hinauf in den Himmel ballen und Gott herbeireißen und zwischen seine Wolken schleifen – als könne er die Welt mit den Zähnen zermalmen und sie dem Schöpfer ins Gesicht speien.« (Georg Büchner, *Lenz*)

Natürlich geht das nur unter der Voraussetzung, den falschen Gott zu treffen, um gerade den selbst geglaubten zu bestätigen. Da aber die Geschichte der ewigen Religions- und Kulturkämpfe die Menschen wissen lässt, dass so gut wie jeder Gott irgendwann als vernichtenswürdiger, weil falscher ausgerufen worden ist, dient das Karfreitagsgeschehen universell als Aufstand der Gläubigen zur Festigung ihres Glaubens durch Prüfung der Götter, ob sie noch stark genug seien, Fluch, Leugnung und Sturz zu überstehen oder ob man sich besser der Allgewalt prometheischer Führer anvertrauen sollte. Das Motiv wanderte mit Goethes Gedicht »Prometheus« in unsere Schulbildung ein. Heute raten selbst Polizeipsychologen, man solle den radikalen Fanatismus der *hooligans* sich erschöpfen lassen, anstatt ihn durch Widerstand der Ordnungskräfte immer weiter anzustacheln. Der Triumph der Radikalen aus der Kraft der rationalen Mobilisierung von Irrationalität, Kontrafaktizität und Absurdität währt nicht lange und die Beweise für die Durchsetzung ihrer Ziele lösen sich innerhalb kürzester Zeit in Luft auf. Auferstehung als christliche Botschaft ist eben nicht nur für Gläubige der Beweis, dass

Gewaltandrohung und Töten keine Kräfte zur Erzwingung von Gottesgehorsam, Glaubensstärke und Gesetzestreue sind, selbst dann nicht, wenn man, wie im Falle Jesu, ein legales Urteil vollstreckt. Niemals hätte die christliche Botschaft von der Auferstehung eine derartige Überzeugungskraft entwickeln können, wenn sie nicht vollständig den rationalen Argumenten der Einbeziehung des Jenseits des Lebens ins Leben entsprochen hätte – etwa der griechisch-römischen antiken Vorstellung, wie man die Toten unter den Lebenden vergegenwärtigt. Ein Beispiel dafür boten die Lokrer, die ausgerechnet in der auf Geschlossenheit gründenden Phalanx stets eine Leerstelle wahrten. Die Leere gab Raum für die Vergegenwärtigung ihres toten Kulturhelden Ajax, der auf diese Weise in ihren Reihen mitmarschierte – noch die Nazis beschworen im Horst-Wessel-Lied »Kameraden, die Rotfront und Reaktion erschossen, marschieren in unserem Geiste mit«, und während der Feiern für das Scheitern des Hitler-Ludendorff-Putsches von 1923 an jedem 9. November wurden die November-Toten namentlich einzeln aufgerufen wie bei einem militärischen Appell; zur Bestätigung der Anwesenheit der Toten antwortete das Kollektiv mit dem appellüblichen »Hier!«

Am Karfreitag feiern die Menschen ihren bedeutendsten Triumph. Sie bejubeln ihre Macht zur Erzwingung des Absoluten im irreversiblen Akt der Tötung selbst eines Gottes. Doch am Morgen des Ostersonntags soll sich bereits die völlige Vergeblichkeit dieses kindlich-naiven Erzwingungsversuchs herausstellen. Denn das Grab Christi ist trotz Versiegelung leer. Die einzige vernünftige Erklärung bei dieser Faktenlage war die Schlussfolgerung, dass etwas geschehen sein musste, was kontrafaktisch alle bisherigen Erfahrungen überstieg und gerade deswegen als vollzogene Auferstehung von vernünftigen Leuten geglaubt werden musste.

Was Säkularisierung tatsächlich bedeutet

Überträgt man nun diese Überlegungen auf die immer erneuten welthistorischen Versuche, das Prinzip der Einheit von geistlicher und weltlicher Herrschaft zu erreichen, gewinnt man ein neues Verständnis für den Cäsaropapismus von Byzanz über Mekka bis Moskau. In Westrom wie im Westen hingegen wurde nach dem Ende der von den Etruskern stammenden Staatsreligion *(maniera tusca)* unter Kaiser Claudius und unter dem sich herausbildenden Einfluss des Christentums die Trennung von geistlicher und weltlicher Macht politisch wirksam und damit die unsinnige Entgegensetzung von Rationalität und Irrationalität, von Faktizität und Kontrafaktizität und von Kalkül und Absurdität verfestigt.

Der Investiturstreit des 11. Jahrhunderts um die Frage, ob der Kaiser oder der Papst berechtigt seien, die Bischöfe nach ihren jeweiligen Interessen zu berufen, war vom Papst gewonnen worden, aber unter der Bedingung strikter Trennung der Sphären von Reich und Rom, die schließlich Martin Luther mit seiner Zwei-Reiche-Lehre auch für die protestantischen Anti-Römer erfüllte. Bis heute leidet die Debatte um die Säkularisierung darunter, dass man das zentrale Argument immer noch nicht verstanden hat, demzufolge es eben nicht um die Aufspaltung von Rationalität und Irrationalität in ein Diesseits oder Jenseits des Altars geht, sondern um den vernünftigen Gebrauch, den man von der Irrationalität, vom Absurden, vom Surrealen, vom Kontrafaktischen zu machen versteht. Säkularisierung heißt gerade nicht, dass für die aufgeklärte Moderne das Religiös-Kulturelle keine Bedeutung mehr haben sollte; im Gegenteil, Säkularisierung wurde notwendig wegen der sich steigernden Macht des Kontrafaktischen und Irrationalen unter dem Diktat von funktionalisierter Rationalität als Bürokratie und anderen normativen Verfahrensregeln.

Säkularisierung bedeutet also, Verfahren zu entwickeln, durch deren Anwendung die vernünftige Orientierung auf den Glauben in modernen Gesellschaften erreicht werden kann. Sie richtet sich dagegen, dass aus machtpolitischen Motiven heraus eine Ununterscheidbarkeit von Rationalität und Irrationalität oder von Glauben und Wissen postuliert wird, in der Absicht, zwingende Vernunftgründe im Namen des höheren Glaubens abweisen zu können. In einem solchen Szenario wird der Glaube zur bloßen Dogmatik einer beliebigen Offenbarung herabgewürdigt, in dessen Namen seine Kritiker als Ungläubige stigmatisiert werden können. Der eigentliche Sinn der Säkularisierung liegt also darin zu zeigen, dass der Primat der Vernunft nicht gewahrt werden kann, wenn man schlichtweg, wie unter Stalins Regime, den Glauben, die Religionen und damit die Kulturen für obsolet erklärt, ihre Ausübung zum bösen Spuk werden lässt und Atheismus dekretiert.

Gerade diese Vorgehensweise entspricht ja dem religiös geprägten Kulturalismus. Er möchte bestimmen, was zu gelten hat. Kulturen können keine Wirklichkeit außer ihrer eigenen anerkennen; diese Wirklichkeit wird wesentlich durch andere Kulturen bestimmt, die man entweder unter die eigene Macht zu zwingen versucht oder, soweit das nicht gelingt, als feindliche Antipoden zur Stärkung des eigenen inneren Zusammenhalts offensiv nutzt. Denn schließlich sind Kulturen Überlebenskampfgemeinschaften. Die eigenen kulturell-religiösen Gewissheiten auch nur in Frage zu stellen, käme der Bereitschaft gleich, sich selbst aufzugeben. Um das zu verhindern, unterwerfen alle Kulturen und Religionsgemeinschaften ihre Mitglieder der Normativität des Kontrafaktischen, also der verbindlichen Durchsetzung der Selbstgewissheiten gerade, weil sie nicht mit denen anderer übereinstimmen.

Unüberbietbar prächtig hat Hegel diesen kulturalistischen Trotz und das Dennoch-Pathos oder die Jetzt-erst-recht-Mentalität mit dem Merksatz formuliert: Wenn die Ideen mit der Wirklichkeit nicht übereinstimmten, umso nachteiliger für die Wirklichkeit. Kulturalistisch gesagt, heißt das, wenn unser religiös-kulturell geprägtes Weltverständnis nicht mit dem anderer Gesellschaften zusammenpasst, müssen wir uns gegen diese anderen zur Wehr setzen.[2]

Der Macht des Kontrafaktischen entkommt man schwer. Was soll eine Mutter ihrer Tochter antworten, wenn diese behauptet, einen Jüngling gerade deshalb wahrhaft zu lieben, weil für sie dessen Bildung, Berufsfähigkeit, Vermögen oder Herkunft keine Rolle spiele, während die Verbindung allen anderen aus denselben Gründen inakzeptabel scheint? Jedes Gegenargument wird nur die Gewissheit der Tochter stärken, dass sie wahrhaft, weil grundlos liebe.

Wie sollte der ehemalige Bezirksbürgermeister von Neukölln zu Berlin, Heinz Buschkowsky, auf Wohlgesinnte reagieren, die ihm anrieten, alle Erfahrungen mit der Haltlosigkeit von vermeintlich menschenfreundlichen Multikulti-Konzepten durch ein trotziges »Wenn's nicht geht, dann erst recht« zu leugnen?

Wie bewahrt man sich vor dem Durchdrehen, den Denkkrämpfen der Gegenvernunft, wenn man in einer Selbstdarstellung der Stadt Braunschweig liest, die Braunschweiger seien stolz auf ihre Vergangenheit und hätten deshalb das Residenzschloss wieder aufgebaut, um gleich nach der Jubelüberschrift indirekt aus der demonstrierten Selbstgewissheit als großartige Kulturträger zu erfahren, dass von Wiederaufbau ebenso wenig die Rede sein kann wie von Liebe zur Vergangenheit? Denn zum einen hatten die Braunschweiger parallel zur Walter Ulbricht'schen Beseitigung des Berliner Schlosses ihr eigenes ohne jeden zwingenden Grund abgerissen und zum anderen stellt sich der angebliche Wiederaufbau als kontrafaktisch heraus, weil ein Konsumtempel und nicht das Schloss hinter der normbereinigten Fassade entstanden ist. Wer sich erinnert, mit welcher Empörung die Demokraten des Westens gegen den Autokraten der Ostzone wegen des Schlossabbruches gewettert hatten, erfährt nun erst wahrhaft die normative Kraft des Kontrafaktischen. Denn Ulbricht hatte ja für den Abrissbefehl einen politideologischen Grund, nämlich die Beseitigung der Spuren von Aristokratie als Herrschaftsform, während man in Braunschweig gerade keinen Grund vorzuschieben brauchte, außer den, dass es keinen zwingenden Grund gab, das Schloss abzureißen. Die Entscheidung der SED-Funktionäre zum Abriss wurde im Westen als sprechendes Beispiel für eine Diktatur der Unfreiheit und der Geschichtsvergessenheit gegeißelt. Das Gegenteil war der Fall. Gerade wegen der Anerkennung der Macht der Geschichte wollte man das Schloss als Ikone des Wilhelminismus beseitigen, während man im Westen genau das demonstrierte, was man dem Osten vorwarf, nämlich Geschichtsvergessenheit. Jede Willkürgeste, wie sie sich etwa im Braunschweiger angeblichen Schlosswiederaufbau manifestiert, wird inzwischen damit gerechtfertigt, dass sie dem Geschichtsbewusstsein diene und die lokale kulturelle Identität stärke. In der Tat: Etwas anderes als ideologische Rechtfertigung von Macht und Willkür ist die pathetische Vergangenheitspflege noch nie gewesen.

So geht das in jeder Kultur. Spätestens seit Anfang der 1980er Jahre hat der Zwang zur Sprache der politischen Korrektheit und der Selbstbeweihräucherung von Gutmenschen zur Überhöhung jeder beliebigen Tätigkeit als kulturellem Ausdruck geführt: Von der Argumentationskultur über die Erinnerungskultur zur Trauerkultur, von der Liebeskultur über die Erziehungskultur bis zur Dialogkultur wurden in Hunderten von Beispielen die Ansprüche auf kritiklose Akzeptanz der eigenen Methoden von Erziehung, der Formen von Liebesbekundungen und der Versuche, mit jemandem ins Gespräch zu kommen, geltend gemacht. Denn was sich als Kultur ausweist, kann nun mal nicht kritisiert werden. Folgerichtig gibt es inzwischen eine Angstkultur und eine Verbrechenskultur, die allesamt das Prädikat »Kultur« so ins Feld führen, wie in wilhelminischen Zeiten ein »von« oder sonstiger Adelstitel Respekt heischend zur Geltung gebracht wurde. Selbst ernstzunehmende Autoren hantieren wie der »Birnenadel« im Reich des Operettenkaisers Wilhelm.

Wolfgang Schivelbusch veröffentlichte eine *Kultur der Niederlage*, deren Formulierung schon nahe an der Kultur der Dummheit ist.[3] Immerhin, Thomas Mann, der die Kulturpathetik gegen die Pflicht zu zivilisiertem Verhalten in seinen *Betrachtungen eines Unpolitischen* noch hemmungslos gefeiert hatte, kennzeichnete im *Doktor Faustus* die Stammtischbrüder der »Deutschen Ideologie« als Vertreter einer »apokalyptischen Kultur«. Er hatte inzwischen längst erkannt, dass Kultur als Deckname für »intentionelle Re-Barbarisierung« genutzt wird.[4] Intentionelle Barbarei ist ein ausgezeichneter Ausdruck für die Verteidigung von Kulturen gegen Einsprüche einer transkulturellen universellen Zivilisation.

Gottsucherbanden
Imitatio Christi:
Golgatha – Nürnberg – Versailles – Moskau

In jeder Überlebenskampfgemeinschaft – genannt Kultur – gibt es Mitglieder, die der Psychologie des Märtyrertums folgen wollen. Zum einen gilt, dass die eigene kulturell-religiöse Überzeugung umso bedeutender sein muss, je mehr Anstrengung darauf verwendet wird, sie zu relativieren. Zum anderen nimmt der Märtyrer an, dass seine Leidensfähigkeit eine Bestätigung für seine besondere Rolle bei der Durchsetzung des eigenen Anspruchs ist. Wer sein Leben für eine Sache einsetzt, muss unbezweifelbare Rechtfertigungsgründe haben. Je stärker man zu leiden gezwungen ist und dieses Leiden dankbar erträgt, desto größer die Bestätigung der individuellen wie der kulturell-religiösen Auserwähltheit.

Leiden ist in besonderer Weise durch das Beispiel von Jesus als Beweis der Erfüllung des höheren Willens demonstriert worden. Wer ihm nachfolgte, wurde zum Märtyrer, zum Zeugen (griech. *martys*) als Bekenner. In der europäischen Geschichte sind drei Repräsentanten unter den Millionen Männern und Frauen in der ausdrücklichen Nachfolge Christi hervorzuheben (mit dem Originalbegriff *imitatio* wird heute wohl ein *look-alike-by-suffering-like*-Christ-Verständnis verbunden): Dürer, Ludwig XIV. und Jagoda, also ein Künstler, ein König und ein Kerkermeister.

»Selbstbildnis im Pelzrock«, Albrecht Dürer, 1500

Ludwig XIV., Portrait von Hyacinthe Rigaud, 1701

Genrich Jagoda, aus der Karteikarte der zaristischen Geheimpolizei Ochrana, 1912

Dürer verfertigte von sich ein Porträt in der Anmutung von Jesus-Darstellungen; eine Anmaßung, so schien es den einen, die Eröffnung eines völlig neuen Künstlerverständnisses, glaubten die anderen. Denn Dürer zielte auf die übergeordnete Frage, ob ein Künstler selber gelitten haben muss, um authentisch oder mindestens eindrucksvoll das Leiden Christi oder generell das Leiden der Menschen darstellen zu können. Lag die Wirkungskraft der Bilder in den Fähigkeiten und Erfahrungen derer, die sie schufen, oder genügte es, »akadämlich« Formen und Farben zu manipulieren, nach Ausdrucksschemata, die keines Rückbezugs auf den Künstler bedürfen? Dürer wie zeitgleich Luther unterschieden mit Verweis auf Christus zwischen Werk und Wirkung. Jesus hatte keine Werke geschaffen und doch eine ungeheure Wirkung erzielt. Sollte das nicht Künstlern zu denken geben, zumal Luther verkündete, dass man nicht durch noch so prächtiges Werkschaffen der Gnade Gottes teilhaftig werden könne (heute heißt das, in die *Hall of Fame* einzuziehen), sondern ausschließlich durch den Glauben, also durch eine Haltung, durch Grundsätze und kulturell-religiöse Standfestigkeit? Luther und Dürer vertreten bereits die Position des Konzeptkünstlers, obwohl es in ihrer Zeit noch um eine Balance zwischen *maniera* und *concetto* einerseits und den Materialien der Realisierung von Werken andererseits ging. Dürers Nachfolger betrieben dann die *imitatio Düreri* und nicht mehr die Christi.

Ludwig XIV., König von Frankreich, entfaltete sein Weltmodell zwischen dem Ende des Dreißigjährigen Krieges und der Etablierung des »Zeitalters der Vernunft«. War es Echnaton rund 1.300 Jahre vor Christus bestenfalls indirekt gelungen, die Sonne als Begründerin und Erhalterin allen Lebens auf Erden zu etablieren und damit als höchste Gottheit zu verehren, so gelang das Ludwig XIV. 1.700 Jahre nach Christus, indem er sich selbst, sein Königreich und seine Macht zu Repräsentanten der Sonne erhob. Um den Sonnenkönig drehte sich das tägliche Leben in all seinen Ausprägungen, wie die Himmelskörper sich um die Sonne drehen. Diese Konstellationen haben absolute Gültigkeit, weswegen sich diesem Absolutismus alle europäischen Fürsten, auch wenn sie nur kleinste Territorien regierten, einzufügen suchten.

In Versailles, dem Mittelpunkt des Ludwig'schen Weltmodells, glänzten sogar die Gitter des Schlosshofes noch gülden. Den Kern dieses absolutistischen Sonnensystems bildete die Tatsache, dass Ludwig XIV. seinen Anspruch wie Christus durch Leiden rechtfertigte; Christus dürfte alles in allem sechs Stunden schwer gelitten haben, vor allem durch Geißelung, Schmähung, Folter. Ludwig XIV. hingegen ertrug dreißig Jahre lang ein Leiden, das Christus würdig gewesen wäre. Die Ärzte schnitten ihm erst eine Fistel aus dem After, wobei sie den Dickdarm verletzten. Die Folge war eine riesige eiternde Wunde, die jeden Stuhlgang zu einer horriblen Erfahrung machte. Beim prophylaktischen Ziehen aller Zähne brachen die Ärzte Teile des Kiefers heraus. Aus der unstillbaren Wunde stank er so entsetzlich, dass vier Meter Distanz vom König eingehalten werden mussten, um nicht in Ohnmacht zu fallen. Die Christus-Analogie führt für Ludwig XIV. weiter als für jeden anderen Menschen in der *imitatio Christi*, denn Ludwig genoss göttlichen Rang als König im System des Absolutismus. Man kann mit vielen Ärzten und Medizinhistorikern gut begründet annehmen, dass die Passion des Sonnenkönigs die bis dato in der Menschheitsgeschichte zweifellos größte Leidensbiographie eines Prätendenten auf Außerordentlichkeit gewesen ist.

In einer Hinsicht kann es aber unser dritter Akteur in der *imitatio Christi* nach Dürer und Ludwig mit beiden aufnehmen und zwar im Hinblick auf die Beweiskraft seines Beispiels. Er hieß Genrich Grigorjewitsch Jagoda, ein kleines, bis 1936 Stalin blind ergebenes Männchen, ein »Alberich« der sozialistischen Unterwelt, der als Chef des NKWD, später KGB, im Reiche des GULAG so mächtig war wie Dürer im Reich der Kunst und Ludwig im Sonnenstaat. Auf Jagodas Fingerschnipsen hin wurden über achtzigtausend Menschen verhaftet, in die Moskauer Lubjanka verfrachtet, um in den Folterkammern im Durchschnitt neun Monate lang zu leiden und für ihre Aussagen in den Moskauer Prozessen zugerichtet zu werden. Auf dem Weg ins anonyme Grab durften sich die geschundenen Inhaftierten noch einmal umdrehen, um vor Oberrichter Ulrich und Oberstaatsanwalt Wyschinski ein letztes Wort abzugeben. Jagoda – von Haus aus Apotheker, Giftmischer, politkrimineller Karrierist – konnte sich auf Grund eines zufälligen Verdachtsmoments oder aus einer bloßen Laune heraus zur schicksalsmächtigen Gewalt über so gut wie jedermann in seinem Herrschaftsbereich aufschwingen. Erst recht folgte Jagoda jedem kleinsten Anzeichen dafür, dass Stalin über Menschen ein Urteil gesprochen haben wollte.

Als Jagoda mehr oder minder eigenhändig abertausende Individuen umgebracht hatte, rief ihn Stalin im Sommer 1936 zu sich: »Jagoda, es ist großartig, was du, im Namen des Aufbaus des universalen Sozialismus, geleistet hast. Du hast die Feinde Lenins bekämpft. Du hast die Trotzkisten, Kamenjew, Bucharin und die Sinowjewisten vernichtet. Das alles ist ungemein lobenswert. Ich bin allerdings verpflichtet, als derjenige, der für diese Entwicklung die Verantwortung trägt, zu überprüfen, ob das auch alles seine Richtigkeit hat, was, und vor allem, wie du das vollziehst. Deswegen musst du dich selbst nunmehr den Methoden unterwerfen, die du gegen andere angewendet hast. Denn du weißt ja sicherlich, dass die einzig logische Begründung von Ethik ist: Was du nicht willst, dass man dir tu', das füg' auch keinem anderen zu! Lieber Jagoda, vom heutigen Tag an wirst du also elf Monate Folter auf dich nehmen. Hier ist dein Nachfolger Nikolai Jeschow, – ihr seht euch sehr ähnlich. Den nenne ich nicht Zwerg wie dich, sondern Brombeere, weil er so viele Narben und eine so komische Haut hat. Aber er ist ebenfalls nur ein Hänfling von knapp 1,60 m und hat sich schon seine Sporen in der Verfolgung der Mörder von Kirow in Leningrad verdient. Also, du bist verhaftet und wirst nun im Selbstbezüglichkeitsverfahren überprüft. Es dürfte dir ja bekannt sein, dass wir die Speerspitze des Avantgardismus bilden, d.h. wir sind in dem Maße Vertreter der Moderne, wie wir die angewendeten Verfahren auf uns selbst beziehen. In deinem Falle besteht die Prüfmethode darin, den Folterer der Folter zu unterwerfen.«⁵ Daraufhin wurde »das Genie der Folterkunst« (R. Payne) bearbeitet, bis er nur noch aus Haut und Knochen bestand und kaum mehr atmen konnte. Nach elf Monaten wurde er im März 1938 vor den obersten Richter und den Generalstaatsanwalt geführt. Sie gestanden dem zitternden und in Schmerzenskrämpfen sich nicht mehr selbständig auf den Beinen haltenden Jagoda, der kaum mehr sprechen konnte, ein Schlusswort als letzte Chance zur Erklärung seines Einverständnisses mit dem Verfahren zu. Jagoda sagte: »Für das, was ich für den Aufbau des universalen Sozialismus getan habe, hätte ich vom Genossen Stalin nichts als Ruhm und Ehre verdient. Man hätte mir wegen meiner Verdienste um den Sieg des Sozialismus und die Bekämpfung seiner Feinde Dankbarkeit erweisen und mir ein großartiges Leben bis zu meinem Ende gestatten müssen. Allerdings muss ich gestehen, dass ich für die Methoden, die ich dabei angewendet habe, von Gott die schlimmsten und grausamsten Foltern verdient habe, die man sich nur denken kann. Jetzt sehen Sie mich an, verehrte Genossen, und urteilen Sie selbst: Gott oder Stalin?«

Insofern Jagoda selbst der lebendige Beweis für die Folter war, die er von Gott verdient hatte, hat er den Jagoda'schen Gottesbeweis erbracht. Dürer – Ludwig XIV. – Jagoda, das ist eine einzigartige Beweiskette von gesamteuropäischer Dimension.⁶

So folgenreich auch diese Beispielgeber zur *imitatio Christi* gewesen sind, so werden sie doch übertroffen von den unzähligen Mitgliedern der Gottsucherbanden. Heutigentags sind das vor allem junge Männer, die sich unter dem Druck des Testosterons und im Verlangen danach, dass Blut fließen möge, zu Märtyrerkampfverbänden zusammenschließen. Sie sind, wie der Bremer Soziologe Gunnar Heinsohn meint, nicht mehr in die Sozialsysteme ihrer Geburtsländer integrierbare Überschüssige. Sie werden zu Beispielen für rücksichtslose Machtpolitik als lebende Waffen aus der staatlich geförderten, weil gewollten Erzeugung von Überbevölkerung. Niemand wird sich freiwillig als überflüssig akzeptieren wollen. Der Zusammenschluss zu Gottsucherbanden ermöglicht es diesen Machtmassen, den Spieß umzudrehen und sich zu Trägern einer gottgewollten Neuordnung aller Verhältnisse zu erklären. *Deus lo vult*, Gott will es, lautete immer schon die Parole für derartige Umwälzungen; das Niedrigste wird zum Höchsten, die Herren der alten Welt stürzen in den Staub.

Wer da nicht mitmacht, wird zum ungläubigen Beleidiger des göttlichen Willens und damit zu Ungeziefer, das man zu vernichten hat. Den Beweis für das, was Gott will, liefert eine genaue, verbindliche Lesart der Texte, für die niemand wagen wird, einen anderen Autor als Gott zu benennen. Die Bandenstruktur ist bewährt als effektivste Gruppenbildung überhaupt, weil sie Außenstehenden durch ihre strikte Exklusivität entweder so furchterregend oder so vorbildlich erscheint. Die Mafia oder die *hooligans* oder die auf ethnische, sprachliche, religiöse Homogenität getrimmten Kulturen aller Regionen der Welt sind dafür beste Beispiele. Zur Bewahrung derartiger kultureller Strukturen darf jeder so gut wie jedes Mittel anwenden, sei er nun europäisches ETA-Mitglied oder afrikanischer Hutu oder südindischer Tamil-Tiger oder Bewohner Osttimors oder des Balkans.

Von allen Seiten wird Separatismus als Ausprägung kultureller Identität zum Grundrecht schlechthin erhoben. Wer es einfordert, darf mit reichlicher Belohnung rechnen, denn das lohnt sich gerade für diejenigen Geldgeber des blühenden Kulturwahnsinns, die den Globalismus befördern wollen, um jeglicher Reglementierung für ihr Tun und Lassen zu entgehen. Wenn man die Weltbevölkerung in lauter kleinste Kulturgemeinschaften zerlegt, hat man jedenfalls nicht damit zu rechnen, dass die Verlierer der Globalisierung sich zu unübersehbarem Widerstand zusammenrotten könnten.

Europa wieder im Kulturkampf?

Eine heute wesentliche Kennzeichnung der Europäer durch die islamische Welt lautet: Europäer sind Kreuzfahrer, also Leute, die mit kriegerischen Mitteln Andersgläubige, vor allem Moslems und ihr Territorium, zu unterwerfen versuchen. Doch wann hat man von einem intelligenten Politiker oder sonstigen Repräsentanten der als Kreuzfahrer denunzierten Europäer die Gegenfrage gehört: Ihr Araber nennt uns Kreuzfahrer, aber was soll das heißen? Wohin hat sich denn der Islam ab 636 ausgebreitet? Ihr habt doch das christlich-jüdische Jerusalem erobert. Wer also waren die ersten »Kreuzfahrer«, also »Halbmondfahrer«? Als die christlichen Kreuzfahrer den Zugang zu ihren heiligen Stätten wiedergewinnen wollten, beschwerten sich die islamischen Landnehmer über Praktiken, die sie selber angewandt hatten, indem sie sich jüdisch-christlich besiedeltes Gebiet aneigneten und dessen Bevölkerung mit allen Mitteln zu missionieren sich verpflichtet fühlten. Zu den geschmähten Zügen der Kreuzfahrer kam es erst, als die moslemischen neuen Herren Jerusalems den Christen den Besuch ihrer Kultstätten radikal verweigerten. Noch nie haben Juden oder Christen Mekka zu erobern versucht, um dort die heiligen Stätten des Islam in Synagogen oder Kathedralen umzuformen.

Die Verkehrungen historischer Tatsachen folgen einem bekannten psychologischen Muster: Wenn die Mitglieder einer Kultur, einer Überlebenskampfgemeinschaft, von Widersprüchen in ihrer Selbstlegitimation irritiert werden und diesem inneren Druck nicht standhalten, projizieren sie den Vorwurf auf den Gegner und behaupten, die anderen seien die Täter respektive die Schuldigen; offenbar erfolgreich, denn in nahezu jeder Zeitung des moslemischen Kulturraums wie auch in westlichen Feuilletons werden die Kreuzfahrergebärden, die Europäer angeblich an den Tag legen, gegeißelt. Jerusalem ist seit König Davids Zeiten, also seit mindestens 1.000 v. Chr. das Zentrum der Entwicklung des Judentums. Die Christen als universalisierte Juden sind seit nahezu zweitausend Jahren in dieser Region zuhause.

Warum lässt sich das zentrale Problem im Umgang mit islamischen Gesellschaften unter Europäern nicht diskutieren, nämlich dass 636 der offensive muslimische Auftrag zur Missionierung ergangen ist (zum Beispiel Koran, Sure 9, Vers 41), aber unter Missionierung die Eroberung der Welt mit Feuer und Schwert gemeint ist?

Der durchschnittliche Europäer lebt mittlerweile in fast vollständiger Unkenntnis seiner Geschichte. Er will auch nichts mehr davon hören, wie christliche Theologie und die Entstehung der Konzepte von Individualisierung, Säkularisierung, Gewaltenteilung und Demokratie zusammenhängen. Er bezeugt nur offenkundiges und arrogantes Desinteresse, wie es nicht einmal die »bösen Imperialisten« an den Tag legen konnten, weil sie ja auch mit dem Widerstand der Völker der islamischen Welt zu rechnen hatten. Da die Europäer, zumal im Wohlstandsrausch, nur allzu gerne glauben, von der Geschichte nichts mehr wissen zu müssen, fühlen sie sich berechtigt, auch von allen anderen anzunehmen, dass ihnen Kultur und Religion, Sprachgemeinschaft und territoriale Integrität, Sicherung von Ressourcen und allgemeine Fragen des Fortlebens ihrer Gemeinschaften genau so gleichgültig seien wie den Europäern. Der arrogante Europäer hält es von vornherein für unnötig, sich mit dem Machtpotential anderer Völker, Kulturen, Nationen und Religionsgemeinschaften zu beschäftigen, denn: Was haben die schon zum Fortschritt der Sozialversicherung, der Getränkeindustrie und der Unterhaltungspornographie beigetragen, die uns allein noch in unserem Alltagsleben wirklich interessieren? Im Übrigen werden diese Leute durch die Probleme ihrer rasant wachsenden Bevölkerung und andere innenpolitische Zumutungen so geschwächt werden, dass man von ihnen nichts mehr befürchten muss.

Noch mehr Arroganz von Überlegenen zeigen die gewählten Repräsentanten dieses harmlosen europäischen Wohllebevölkchens. Wie

Stichproben zeigen, ist nicht zu erwarten, dass diese Damen und Herren, die leichtfertig über die Zukunft Europas verfügen, etwa in der Lage wären, drei Jahreszahlen von Großereignissen, drei theologische Themen, drei Ereignisorte, drei Personennamen, drei aus dem Ereignis abgeleitete Folgeerscheinungen, also fünfzehn Angaben zu 1.350 Jahren christlich-moslemischer Auseinandersetzung zu nennen. Die Moslems sind zu Recht schwer enttäuscht, ja sie fühlen sich beleidigt, dass Europäer nicht einmal im eigenen Interesse es für nötig halten, sich über das moslemische Selbstverständnis kundig zu machen, obwohl es ständig zu Kollisionen kommt, die von beiden Seiten als Auswirkungen von religiös-kulturellen Selbststilisierungen ausgegeben werden. Die Moslems müssen schmerzlich erfahren, dass sie aus mangelnder Bildung europäischer Politiker und Unternehmer als beliebige Verfügungsmasse nicht ernstgenommen werden. Und das ist in der Tat ein Skandal der Wohlstandsverwahrlosung.

Aber allmählich dürfte sich selbst bei diesen Europäern herumsprechen, dass nicht die Islamisten die große weltpolitische Gefahr darstellen, sondern die Arroganz, mit der sich Europäer in der Sicherheit von Weltbeherrschung nach einem seit 1683 bewährten Muster wiegen. Selbst aus Anlass von Fußballspielen der türkischen Nationalmannschaft etwa gegen die deutsche wird der historische Appell zur Fortsetzung des 1683 vor Wien abgebrochenen Eroberungsfeldzugs der Heere des Islam beschworen. Völlig kontraproduktiv wäre es indessen, den islamischen Halbmondfahrern ihre Pendants in Gestalt christlicher Fundamentalisten entgegenzuhalten. Was die anrichten, hat man ihrem Einfluss auf die amerikanische Entscheidung ablesen können, einen Angriffskrieg im Irak zu führen.

Globalisierungswahn und Marktideologie

Da bleibt nichts zu hoffen, ebenso wenig wie von fundamentalistischen Globalisierungsfanatikern mit ihrem haltlosen Gerede von freien Märkten, die den Weltlauf von selbst regulieren würden. Ihre verheerende Fehleinschätzung zeigt sich deutlich im rapiden Verlust des Vertrauens in die soziale Marktwirtschaft in demokratisch verfassten Gesellschaften.

Die Globalisierung ist die folgenreichste Ideologie aller Zeiten. Seit sie aus dem vermeintlich endgültigen Sieg des Westens über den Rest der Welt durch Abschied aus den Logiken der Geschichte 1989 hervorgegangen ist (damals schied tatsächlich der Westen aus der Weltgeschichte aus und nicht etwa die historischen Monster Kommunismus und Dritte Welt), legitimiert sich Macht alleine aus ihrem Durchsetzungserfolg. Widerspruch erledigt sich als Misserfolg am Markt von selbst. Wer nicht überlebt, war doch nur wert, dass er zugrunde geht.

Ohne Beschränkung durch eine Gegenmacht, ohne Kontrolle an der Wirklichkeit, ohne das Gegengewicht des sozialistischen Lagers entartete die Westideologie zum Neoliberalismus, der ganz und gar wahnhaft ist, weil zum Beispiel der Markt die Bedingungen seines eigenen Funktionierens nicht selber schaffen kann (Böckenförde-Diktum). Zu diesen Bedingungen gehört zum Beispiel das Vorhandensein eines Rechtssystems. Das aber kann der Markt nicht selber hervorbringen, ebenso wenig wie viele andere Steuerungsinstrumente für sein Funktionieren – erst recht kann er sie nicht selber durchsetzen.

Der bedingungslos freie Markt, der angeblich alles reguliert, ist eine Wahnidee, deren zerstörerische Auswirkungen diejenigen der Planwirtschaft weit übertreffen dürften.

Einheit durch Verschiedenheit statt »melting pot«

Heute äußert sich der Fundamentalismus vor allem im allgemein spürbaren Zwang, eine kulturelle Identität auszuweisen. Sein Name ist Multikultur, was ja nicht bedeuten kann, dass jeder beliebig viele kulturelle Identitäten besitzt, sondern dass sich gefälligst jedermann auf die ihm zukommende, weil ihm zugeschriebene Identität zu fixieren hat und die Vielzahl der Identitäten zur Einheit in der Vielzahl kommt. Wem das als Tautologie erscheint, der hat völlig Recht. Denn multi heißt Vielzahl und Multikultur eben die Kultur der Vielzahl. Die Beschwörer multikultureller Elitenbildung lassen sich nicht davon irritieren, dass sie eine Vielzahl als Einheit ausgeben. Die heutige Europa-Elite verordnet das Motto »In der Vielheit liegt die Einheit«; schöner kann man Sinnentleertes nicht sagen. Wer dagegen aufzumucken wagt, wird zur ersten Bürgerpflicht ermahnt, nämlich zur Toleranz im Ertragen von Wahnsinn und kontrafaktischen Behauptungen.

Ich empfehle zur Einübung in das Toleranzgebot Gerhard Polts phantastische Aufklärung über den Begriff Toleranz. Polt geht von der zutreffenden Annahme aus, dass Toleranz tatsächlich im Zuge hochnotpeinlicher Befragungen von Abweichungsverdächtigen während der Inquisition eingefordert wurde: »Nun seien Sie doch einmal ein bisschen toleranter und jammern Sie nicht bei jedem kleinen Schmerz.« Denn *tolerare* heißt im Lateinischen, etwas ertragen zu können. Also fordert der Folterknecht von seinem Opfer, toleranter zu sein gegenüber den ihm bisher zugefügten Qualen, denn es seien noch sehr viel stärkere zu erwarten. Die Abwehr von Einwänden gegen die Haltlosigkeit des Begriffs Multikultur gipfelt in der scheinbar coolen Gegenfrage:

»Worüber beschwert ihr euch? Wartet nur ab, was noch auf euch zukommt! Da braucht ihr erst wirkliche Toleranz!«

Wie vernünftig war dagegen einst das amerikanische Aufklärermotto »*e pluribus unum*«, also aus der Vielheit eine Einheit zu bilden. Aber sowohl in der »Neuen Welt« als auch im Europa seit der Nachkriegszeit ist das Programm, Vielheit zur Einheit zu verschmelzen, nicht aufgegangen. Das heißt aber nicht, dass Einheit durch Zusammenschluss prinzipiell unmöglich ist. Kunst- und Kulturgeschichte haben seit Beginn ihres Wissenschaftsanspruchs dargelegt, dass Einheit nur durch die Sicherung von Einmaligkeit und Besonderheit erreicht werden kann. Sie zeigten, dass erst durch den Vergleich der einzelnen Artefakte geschichtliche Einheiten wie Epochen, Stilperioden oder Kulturräume entstehen können. Erst aus der Sicherung des Verschiedenen durch Ordnung ergibt sich die Einheit.[7] Übertragen auf das Konzept »Vereinigtes Europa« heißt das, nur durch die Anerkennung der Unterschiede zwischen den nationalen Kulturstaaten kann sich ihre Einheit entwickeln. Die Basis der Einheit ist der Vergleich.

Politik der Einheit ist also die Kunst des nicht wertenden Vergleichs. Alle einzelnen nationalen Kulturstaaten sind aufeinander angewiesen, um im Vergleich ihre Besonderheit demonstrieren zu können. Die Sicht auf die europäische Einheit verlangt im Gegensatz zur Vorstellung vom »melting pot« das Verständnis für Einheit *durch* Verschiedenheit. Die Berufung auf Einmaligkeit verlangt Respekt und Anerkennung der konkurrierenden Geltungsansprüche. Erst in der Anerkennung der Anderen als Unterschiedenen lässt sich Singularität behaupten. Das ist das Gegenteil des Strebens nach Vorherrschaft.

Opferkonkurrenz

Gegenwärtig scheint sich individuelles wie soziales Pathos aus dem Wettbewerb um die tragischsten Opferrollen zu ergeben. Dem ließe sich entgegentreten, indem man die Kraft ausbildet, für seine eigenen Fehler einzustehen, die Umstände nicht für das eigene Handeln verantwortlich zu machen und zu üben, sich mit den Tätern zu identifizieren.

Gott interveniert in die Opferung Isaaks
Holzschnitt von Julius Schnorr von Carolsfeld, 1860

»Niemals wieder Opfer sein«, das wäre tatsächlich der Zustand der Autonomie.

Die gesamte europäische Fixierung auf die Möglichkeit des Menschenopfers ist auf die Urgeschichte von Abraham und Isaak in Genesis 22 zurückzuführen.[8] Ganz gleich, wer sich wettbewerbsspekulativ als das jeweils größere Opfer darstellt, er bezieht sich stets mittelbar oder unmittelbar auf diese Geschichte. Die Institutionalisierung des menschlichen Opferstatus beginnt mit Isaaks Kindheitstrauma, sich plötzlich und unvorbereitet unter dem Messer des Vaters wiederzufinden. Wie alle wissen, hat ihn der Engel Gottes in letzter Sekunde noch gerettet und Abraham aufgefordert, an Stelle des Sohnes einen Bock zu opfern.

Damit wurde der kulturgeschichtliche Übergang vom Menschenopfer zum Tieropfer markiert. Das christliche Konzept des Lamms Gottes als zur bloß symbolhaften Hostie verwandeltes Opfertier (*hostia*) beendet die Notwendigkeit des realen Abschlachtens.[9] Die Oblate, also eine rein symbolisch wirksame Repräsentation, zu zeigen, genügt, um zu veranschaulichen, dass absoluter Gehorsam nicht erzwungen werden darf: »Mit unserer Macht ist nichts getan«, heißt es bei Luther.[10]

Wer das einsieht, ahnt, welche besondere Rolle die Christenheit bei der Entwicklung der Demokratie, des Freiheits- und des Individualitätsbegriffs gespielt hat; Demokratie als politische Ordnung gründet in der Ohnmachtserfahrung der Menschen.

Vor dem Schock konnte der Engel Isaak jedoch nicht bewahren. Das Bild ist geblieben. Abraham, der Gründervater der drei monotheistischen Weltreligionen (und wegen seines totalen Befehlsgehorsams zugleich Ahnherr aller Faschisten), hat seine Kinder und Kindeskinder mit diesem Absolutheitsgehorsam gegenüber dem unsichtbaren Gott von vornherein ans Messer geliefert. Wir alle sind Isaak. Die Menschheit hat den Opferstatus für sich entdeckt.

Trotz peinigender Erlebnisse im Überlebenskampf während des Zweiten Weltkrieges sind die Angehörigen meiner Generation zu keinem Zeitpunkt in die Versuchung geraten, durch die erlittene Traumatisierung einen Opferstatus für sich zu beanspruchen.

Auf Flüchtlinge wie uns, die mit kleinen Schnellbooten auf hohe See entkommen mussten, warteten draußen Evakuierungsdampfer, die, während sie sich durch die von russischen U-Booten und Kampfflugzeugen bedrohte See bewegten, bei hoher Fahrgeschwindigkeit große Ladenetze zu den kleinen Kähnen hinunterließen, damit die Flüchtlinge hineinspringen und an Bord gezogen würden. Die Kinder wurden von ihren Angehörigen oder Soldaten hineingesetzt bzw. in der Eile mehr oder weniger hineingeworfen. Wer nicht groß genug war, um die Maschen des Netzes auszufüllen, fiel aus tödlicher Höhe in die Ostsee und

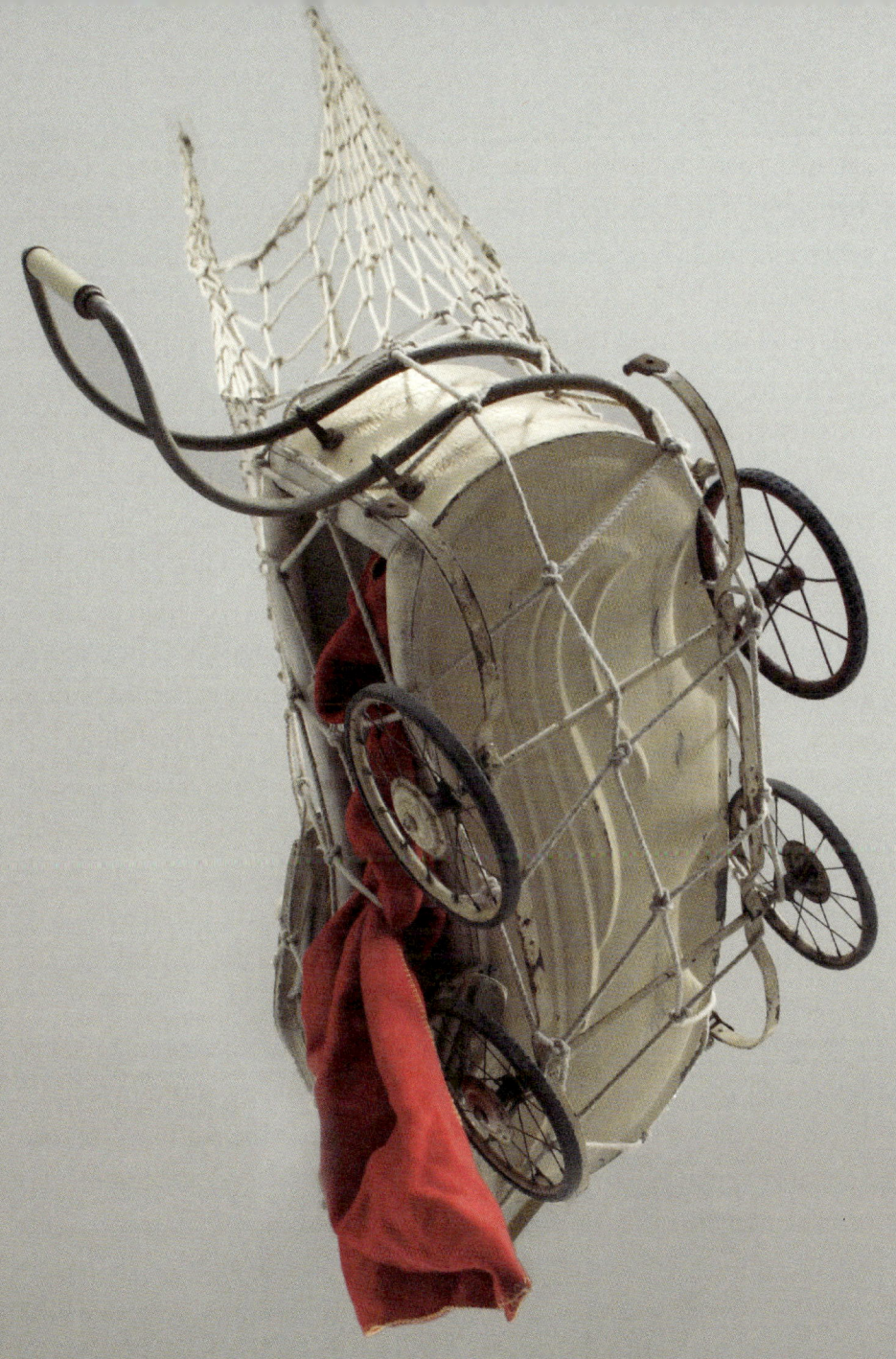

Ereignis und Gedächtnis: durchs Netz fallen.
Kinderwagen im Fischernetz, theoretisches Objekt, 2006

ertrank. Diese Bilder sind traumatische Erlebnisse, als deren Träger man geneigt ist, sich fortan überall nur noch in ein Netz geworfen zu sehen und folglich zu versuchen, nicht »durch die Maschen zu fallen«.

Trotzdem haben wir es weitestgehend unterlassen, als Kriegswaisen, Flüchtlinge oder Vertriebene unser Opferdasein anzupreisen oder auszubeuten. Die meisten haben sich von verführerischen Angeboten distanziert, die manche Funktionäre der Kriegsopfer- und Heimatvertriebenenverbände schamlos unterbreiteten. Im Gegenteil kultivierten wir all unsere Widerstandskraft oder Kämpfermoral gegen die Versuche, uns zu armen, bedauerlichen Objekten fremder Fürsorge machen zu lassen.

Der andernorts begangene Fehler, die Flüchtlinge auf Dauer in Lagern einzupferchen, wo sie dann Opferpotentiale entwickeln können, wurde vermieden. Das gelang durch die Integration der Flüchtlinge ins gesellschaftliche Leben, die wiederum darin bestand, sie sich zu tatkräftigen Konkurrenten der Aufnahmegesellschaft entwickeln zu lassen. Die Integration von zwölf Millionen Flüchtlingen aus Ost- und Westpreußen, Hinterpommern und Schlesien ins politisch und ökonomisch zerstörte »Rest«-Deutschland hat verhindert, dass die Flüchtlinge zur politischen Verfügungsmasse werden konnten.

Im Gazastreifen beispielsweise hat man solche Überlegungen nicht berücksichtigt. Vielmehr war man daran interessiert, aus den um die 600.000 seit 1948 in Lagern gehaltenen Palästinensern politisches Kapital zu schlagen. Zwar wird öffentlich immer wieder bekundet, was man Menschen antut, wenn man sie zu Opfern macht; aber die Überwindung dieser Erniedrigung wurde in auffälliger Weise für die Lager-Palästinenser nicht erreicht, obwohl weitere Hunderttausende der 1948 Vertriebenen zeigten, dass sie sich erfolgreich in die umliegenden arabischen Gesellschaften integrieren konnten.

Für sich selbst haben die Israelis in den Gründungsbekundungen des Staates Israel hervorgehoben, dass es den Staat geben müsse, damit Juden nie wieder den Status von Opfern akzeptieren müssten. Israel entwickelte eine Strategie der Stärke, die von dem unbedingten Anspruch beseelt war, sich in Zukunft niemals mehr fremdem Willen zu unterwerfen. In dieser Hinsicht erhalten die Verpflichtungen, sich auf ewig an die Schoah und die Nakba, an die Katastrophen der Juden wie der Palästinenser im Opferstatus zu erinnern, eine für die Zukunft bestimmende Kraft.

Unseren Landsleuten scheint diese Kraft abhanden gekommen zu sein. Ihren kruden Wettbewerb um die beste Opferrolle nennen wir »Opferolympiade«.[11] Der viktimistische Wetteifer funktioniert zwischen den Opfern der sozialen Verhältnisse, denen des Arbeitsmarkts oder der Verwahrlosung in der Kindheit. Fast ein jeder wird gezwungen, Opfer zu sein, um sich in der Gesellschaft Gehör zu verschaffen. Versucht jemand, Aufmerksamkeit auf sich zu ziehen, so muss er sich den von der so genannten »vierten Gewalt« diktierten Bedingungen entsprechend als Opfer stilisieren. Nur die Anteilnahme auslösende Figur des Opfers scheint die erwünschte Medienausbeute zu garantieren. Dieser Logik der Medien folgend, werden Menschen geradezu genötigt, sich als Opfer darzustellen: mal als Opfer der Konjunktur, der Börse, der Wirbelstürme, mal als Angehörige von Minoritäten, als genetisch Benachteiligte oder Verlierer im Generationen-, Geschlechter- oder Klassenkampf.

Dabei scheint es doch ziemlich unsinnig zu sein, noch von Opfern zu sprechen, wenn niemand mehr Täter sein will. Derartige Unsinnigkeit zu akzeptieren, wird zur allgemeinen Regel, wo der Vorwurf fehlender Zukunftsphantasie, Initiativkraft oder Verantwortungsbereitschaft abgewehrt werden soll. Oft wird beklagt, dass man gar keine Chance hat, in die von starken Männern dominierten Tätergemeinschaften aufgenommen zu werden. Ich kann mich noch gut erinnern, wie Joseph Beuys schon auf der untersten Ebene des Versuchs, Aktivist der Grünen-Partei zu werden, scheiterte, obwohl er deren vermeintliche Ziele wie kaum ein zweiter in den 1970er Jahren repräsentierte. Auch Beuys wollte sich gerne einbilden, dass er es bei Frauen leichter gehabt haben würde, in ihre Aktionsgemeinschaft aufgenommen zu werden, weil Frauen die Erfahrung gemacht hätten, wie schwer es für sie sei, überhaupt als potentielle Täter ernst genommen zu werden (trotz der Karriere von Ulrike Meinhof, Gudrun Ensslin u. a.).

Deswegen darf ein effektvoller und wohl verstandener Feminismus nicht darauf aus sein, die Frauen als Unschuldslämmer aus dem geschichtlichen Schuldigwerden herauszuhalten, sondern ihnen durch die Kraft zur radikalen Tat Selbstbewusstsein zu ermöglichen. Den Beleg für die Tatsache, dass Frauen die Identifikation mit den Tätern erschwert erscheint, entnimmt man den täglichen Nachrichtenmeldungen. Wann war in der Unzahl von Verbrechensreporten das letzte Mal von einer Verbrecherin die Rede? Von dem alten Motiv der Kindsmörderin abgesehen, ist die Gleichberechtigung der Geschlechter an diesem Punkt noch nicht so weit gediehen, dass man von einer »Kriminellin« gehört hätte.

Von einer entsprechenden Gleichbenennung von verbrecherischen Frauen, z. B. in KZ-Bewachungsmannschaften, ist trotz Emanzipationsforderung kaum ein Wort zu hören. Ebenso wenig von Frauen, die, stolz und ungerührt, etwa Hitler ihre Söhne als Schlachtopfer anboten. Stattdessen gibt es in so gut wie jeder Meldung zu schlimmen Ereignissen den Hinweis, dass auch »Unschuldige« wie Alte, Frauen und Kinder als Opfer zu beklagen seien. Eine groteske Entlastungsinitiative.

Das Angebot an Frauen, sich mit Großtäterinnen zu identifizieren, ist einigermaßen beschränkt: Penthesilea, Klytämnestra, Kriemhild, Katharina die Große, Winifred Wagner, vielleicht noch die Nitribitt oder ein paar Beischlafdiebinnen, Zauberweiblein oder Hohe Frauen wie Emmy Göring und Magda Goebbels. Das ist alles weit unter dem Anspruchsniveau von Alexander, Nero, Tamerlan, Dschingis Khan, Richard II., Papst Alexander VI. oder gar Napoleon, Stalin oder Hitler. Simone de Beauvoir hat sich mit *Die Mandarins von Paris* freiwillig als

Täterinnengestalt angeboten, wurde aber nicht von den Frauen angenommen. Wer schlüssig begründet, warum Frauen grundsätzlich die Identifikation mit Täterinnen ablehnen, gewinnt zwei Nächte in Hitlers Wiener Lieblingshotel »Imperial«.

Das Opferpathos hat seinen Siegeszug durch alle gesellschaftlichen Bereiche angetreten: Vor Gericht wurde es zum probaten Mittel der Entlastung selbst für rabiateste Täter, wenn sie sich als Opfer von Familienverhältnissen in ihrer Kindheit oder Benachteiligung in der Schule und im Arbeitsleben und dergleichen darstellten. Selbst ein Hermann Göring wollte sich so als ein Opfer Hitlers gerieren. Heute führen diese Göring'sche Groteske jene Chefbanker weiter auf, die sich als Opfer der von ihnen selbst herbeigeführten Bankenkrise präsentieren. Rücksichtsloseste Mörder, die es als ihre Ehre ausgaben, jedem erteilten Befehl treu zu folgen, reklamierten nach dem Ende ihrer Willkürherrschaft, nur Opfer der Gehorsamspflicht gewesen zu sein.

Sogar die oberste Finanzaufsicht (BaFin) sieht sich als Opfer der Rating-Agenturen, was nichts anderes heißt als, die Aufsichtsbehörde ist das arme Opfer der Vernachlässigung ihrer Pflichten. Und wer hätte schon damit rechnen können, so sagen sie, dass man von den Aufsichtsorganen in Unternehmen oder sonstwo erwarten würde, ihre Pflicht zu erfüllen. Ihre Aufgabe sei es doch nicht, die Kontrolle über die Finanzmärkte zu behalten, sondern, im Gegenteil, der Öffentlichkeit die Sicherheit zu vermitteln, dass es keiner Kontrolle bedürfe, wenn alle Beteiligten alle Entscheidungen markt- und fortschrittskonform vollzögen. Deshalb sähen sie in einer Kürzung der Mittel für ihre Behörde eine vollkommen unverdiente Schmähung, die sie keinesfalls akzeptieren könnten.

Es ist üblich, die eigene Schuld oder den eigenen Schuldanteil an einer Tat zu mindern, indem man für sich reklamiert, keine Handlungsalternativen besessen zu haben. Ganz zu schweigen von dem Veitstanz der Entlastung vor dem Vorwurf des Versagens, den geschasste Manager aufführen, obwohl sie für ihre Untaten Schweigegelder in Höhe vieler Millionen erhalten. Hier wird bereits erfolgreich die Strategie »Was kann der Sigismund dafür, dass er so blöd ist!« eingeübt.

Wo der gesellschaftliche und erzieherische Einfluss heutzutage als bestimmend für die Entwicklung der Kinder angesehen wird, muss man sich nicht wundern, wenn sich als erfolglos erlebende Kinder ihre eigenen Eltern anklagen, sie hätten durch falsche oder nicht angemessene Erziehung keine Chance zu einer erfolgreichen Schul-, Studien- oder Berufskarriere gehabt. Werden dann von Fall zu Fall aus Versagern tatsächlich Kriminelle, so steht die Rechtsprechung vor einem echten Problem. Da die Gesetze einerseits allgemeine Gültigkeit beanspruchen, andererseits aber ein außerordentlicher Fall, also ein Einzelfall zur Vorlage gebracht werden kann und als solcher geprüft werden muss, entsteht ein Dilemma: Zwar gelten Gesetze für alle, soweit sie auf gleiche Weise betroffen sind. »Gleiches gleich, Ungleiches ungleich« zu behandeln, war seit römischen Zeiten den Richtern geboten. Die Einzelfallprüfung wird jeweils eine Abweichung von der Anwendbarkeit der allgemeinen Regel ergeben, denn dadurch wird ja gerade der Einzelfall gekennzeichnet und bestätigt. In bestimmten Problemfeldern ist jeder Fall ein Einzelfall, der als Ausnahme von der Regel gewertet werden muss, so zum Beispiel, wenn es heißt, »politisch Verfolgte genießen Asylrecht« (GG, Art. 16a (1)). Doch mit jedem weiteren Einzelfall, der eine Ausnahme verlangt, verliert das Gesetz an Trennschärfe zwischen politisch Verfolgten und eben nicht politisch Verfolgten. Schließlich können alle Sachverhalte der Lebensumstände als politisch motiviert gelten. Die Anerkennung, dass alles, die Wirtschaft, das Familienleben, die Geschlechterrollen, die Gerichtsbarkeit, politisch begründet sei, hebelt das Gesetz aus, d.h. es wurde ausgehebelt, indem die klar markierte Unterscheidung von politischer und nicht politischer Verfolgung aufgehoben wurde. Damit wurde, getragen von humanitärer Gesinnung, der Sinn des Gesetzes preisgegeben, auf den sich gerade die tatsächlich politisch Verfolgten verlassen möchten. Sie sehen sich lächerlich gemacht, weil ihr politischer Widerstand gegen Gesetzlosigkeit und Willkür gleichgesetzt wird mit opportunistischer Ausnutzung der Rechtsstaatlichkeit.

Für mich selbst war es stets ein Affront, akzeptieren zu sollen, dass Kinder eines allein erziehenden Elternteils aus dieser Tatsache von vornherein schlechtere Entwicklungschancen hätten als ihre Altersgenossen aus intakten Familien, denn zu meiner Schulzeit waren wir Kriegswaisen und Halbwaisen häufig die Mehrheit unter den Klassenkameraden. Nie hörte man von einer Statistik, dass diese Kriegskinder durch ihren Status z.B. als Halbwaisen prädestiniert dafür gewesen seien, in ihrem weiteren Leben zu Verlierern, Asozialen oder Kriminellen zu werden. Ganz im Gegenteil waren diese vermeintlich ihrer Entwicklungschancen Beraubten besonders motiviert und widerstandsfähig gegen die Herabwürdigung zu Opfern, und sei es zu Opfern der sozialfürsorglichen Bevormundung.

Wirkliche Opfer fühlen sich stets dazu gezwungen, sich mit den Tätern zu identifizieren. Eine Anpassung an die Ziele der Täter ist von Nöten, um als tatsächliches Opfer, beispielsweise einer Entführung, psychisch einigermaßen stabil durchzukommen. Es besteht nur dann eine reelle Überlebenschance, wenn es dem Opfer gelingt, dem Täter Verständnis entgegenzubringen, seine Motivation zu akzeptieren, also seine Position und Absicht nachvollziehen zu können. Allein auf diese Weise wird es möglich, nicht von den ungeheuren Zumutungen der Willkür gelähmt zu werden, sondern Kraft für das sinnvoll steuernde Reagieren zu bewahren. Es ist vorgekommen, dass man derartigen Opfern im Nachhinein den Vorwurf machte, den Tätern sogar geholfen zu haben – eine groteske Fehleinschätzung von Psychodynamiken, ähnlich grotesk verfehlt wie die peinigende Diskussion über den Zweck der Bestrafung von Tätern. Es ist immer erhebend mitzuerleben, wie z.B. selbstgefällige Pathetiker der Strafe als Resozialisierungsangebot umschwenken, sobald sie selbst von Straftaten betroffen sind. Dabei steht unzweifelhaft fest, dass es nur einen einzigen Sinn von Bestrafung geben kann, nämlich die Solidarität mit den Geschädigten, um sie nicht im Opferstatus auf Dauer untergehen zu lassen.

Der Faschist als Demokrat

Theodor W. Adorno hat 1959 im Rundfunk geäußert, dass er nicht die Wiederkehr des Faschismus als Schlägerbande fürchte, die nach SA-Manier das Volk aufmische, sondern die Wiederkehr des Faschismus als Demokratie.[12] Nach dem Zweiten Weltkrieg wurden Faschismus und Totalitarismus mit Euthanasie, Eugenik, Vertreibung als Pazifizierungsmaßnahme oder Angriffskrieg gleichgesetzt. Dies waren zumindest die ausgewiesenen Hauptkriterien, die die Ankläger bei den Nürnberger Prozessen von November 1945 bis April 1949 anführten. Heute begegnet man eben jenen Merkmalen für faschistische Systeme im politischen Leben verschiedener westlicher Demokratien.

Amerika ist zweifellos eine Demokratie und führt ohne jede Bedenken Angriffskriege. Die Niederlande sind sicherlich eine Demokratie und lassen die Euthanasie in einem Umfang zu, wie es historisch bisher noch nie der Fall gewesen ist. Die Engländer sind gewiss Demokraten und fördern dennoch den Eingriff in die menschliche Keimbahn, betreiben also Eugenik. Die Tschechen sind demokratische Europäer und ihre Benesch-Dekrete sind Teil europäischen Rechts, das heißt, man könnte jederzeit Menschen aus ihren Lebensräumen vertreiben und diesen Akt – gedeckt durch in Europa geltendes Recht – als Wahrung der Friedenspflicht ausweisen. Was bisher als stalinistisch oder hitleristisch, totalitär und faschistisch galt, feiert in verschiedenen Demokratien fröhliche Auferstehung. Wenn derlei Unrecht in einer Diktatur geschähe, könnten die Menschen das Geschehen für inakzeptabel halten, dagegen aufbegehren und sich zur Wehr setzen. Indem sie sich nicht den politisch verordneten Wahnsinn aufdrängen ließen, würden die Menschen als Bürger ihre Würde wahren können. In einer Demokratie hingegen kann man seine Würde nicht wahren, da man ja gezwungen ist, aus demokratisch legitimierten Verfahren hervorgegangene Sachverhalte zu akzeptieren.¹³

Also, wo stehen wir heute? Hat Hitler wirklich verloren? Wurden wir wirklich von Goebbels, Göring und Konsorten befreit? Oder ist es nicht vielmehr so, dass die Nazis täglich in ihren Auffassungen bestätigt werden, am Ende doch zu siegen – nicht nur medial in der Guido-Knopp-Geschichtswochenschau?¹⁴

Göring meinte in Nürnberg kaltschnäuzig, in fünfzig Jahren werde man den Nationalsozialisten ein Denkmal setzen. Wie konnte er so sicher sein? Als Mann, der an den Gipfel der Macht, wie überall üblich, nur durch die Bereitschaft gelangt war, »unerbittlich« zu sein, wusste er, dass es nicht um die objektiven Taten ging, sondern um deren Bewertung. Das Schema hatte sich ihm als Schulmeistermaxime unvergesslich eingebrannt: »Wenn zwei das Gleiche tun, ist es nicht dasselbe.« Das war und ist eine Ungeheuerlichkeit, die sich aber als sehr nützlich erwies, um Tatvorwürfe ins Leere laufen zu lassen. Man tötet ja nicht nur im Namen der Liebe und mordet, um die Ehre zu retten. So weit man weiß, gilt es im EU-Herzen Frankreich immer noch als strafmindernd für einen Mörder, wenn er den Liebhaber seiner Frau in flagranti umlegt.

Nie ist eine größere Pervertierung von ethischen Prinzipien auch noch gerichtsnotorisch geworden als die Behauptung, dass Zwecke die Mittel rechtfertigen. Wer Menschenversuche sogar im öffentlichen Raum, nicht nur hinter Psychiatriemauern und Lagerzäunen, von Staats wegen betreibt, soll angeblich gerechtfertigt sein, wenn er damit jene Feinde abzuwehren behauptet, die solche Versuche aus rassischen, kurz ideologischen Gründen durchführen. Das geht natürlich auf die so einleuchtende, weil uralte Praxis zurück, Angriffskriege für unmoralisch, Verteidigungskriege aber geradezu für eine Ehrenpflicht zu halten, obwohl doch immer wieder bewiesen wurde, dass Aggressoren sich mit Vorliebe als die Opfer fremder Aggression ausgeben. Göring in Nürnberg wusste, dass auch in Zukunft die Reklamierung höchster Zwecke über jede Kritik an der Wahl der Mittel siegen würde.

Wer es nicht glaubt, sollte mal eine Russlandreise auf sich nehmen, bei der ihm täglich, ja stündlich nicht von den Profiteuren, sondern den unzweideutigen Opfern des Untergangs der Sowjetunion bekundet wird, auf wie großartige Weise Stalin das Heil der Menschheit gefördert habe; der GULAG beweise nur, welche unmenschlichen Anstrengungen das gekostet habe, für die man noch heute dankbar sein müsse, weil es schlechterdings nicht akzeptabel ist anzunehmen, dass die Abermillionen Bürger der UdSSR für nichts und wieder nichts gestorben sind. Himmler argumentierte in seiner Posener Rede vom Herbst 1943 von der Seite der Täter aus: Die Größe ihrer Tat (Vernichtung des Judentums) sei nur den SS-Männern selbst bewusst und beglaubige sie als Erlöser der Welt gerade deshalb, weil allen anderen Menschen die furchterregende Wahrheit nicht zuzumuten sei.

In den westlichen Demokratien hält inzwischen die Mehrheit der Bevölkerung, trotz aller politischen Korrektheitsforderungen, Meinungsumfragen zufolge die Ordnung der Dinge nicht mehr für grundgesetzkonform. Es herrsche weder Gerechtigkeit noch Gleichheit noch Freiheit, wo Manager das Vielhundertfache der Durchschnittseinkommen für sich reklamieren, obwohl sie an der produktiven Leistung von Unternehmenskulturen weiß Gott keinen entscheidenden Anteil haben. Mit der Freiheit von Hartz-IV-Empfängern und anderen Überlebenskünstlen in Millionenstärke ist es wohl nicht weit her. Und von der Gleichheit etwa vor Gericht, vor dem Finanzamt, vor den Verteilern akademischer Weihen kann keine Rede mehr sein, wenn es nur eine Frage der Zahl der Anwälte oder der Bereitschaft, Bußgelder zu zahlen oder der sozialen Herkunft ist, ob man sich den Sanktionen entziehen kann oder nicht. Wer Milliarden mutwillig und in krimineller Absicht verspielt, wird mit den Geldern der kleinen Steuerzahler schadlos gehalten, weil es angeblich unzumutbar ist, so große Täter bankrott gehen zu lassen – mit dem aberwitzigen Argument, dass die Großtäter mit ohnehin gesicherten Millionenabfindungen Golf spielen gingen und die Konsequenzen doch wieder nur der Durchschnittsmitarbeiter und Steuerbürger zu spüren bekomme.

Aber auch im kleinsten Alltäglichen erweist sich die Wiederkehr des Faschismus als Demokratiespiel.

Die wackeren Mehrheitsdemokraten haben im unbändigen Bewusstsein ihres Anspruchs auf Autonomie inzwischen die Öffentlichkeit als Raum der *res publica* vollständig vernichtet. Sie zwingen jedermann ohne jede Rücksicht, ihr privatbeliebiges Verhalten zu akzeptieren, bis hin zu selbstbewusster Jubeljugend, im Leibchen schwitzend in Hotelfrühstücksräumen, im Badekostüm auf dem Arbeitsamt oder in der Uni zu erscheinen und wieder und wieder Toleranz einzufordern gegenüber der Missachtung von Konventionen und Regeln, die gerade verhindern sollen, dass sich private Willkür beherrschend durchsetzen kann. Genehmigungsbehörden machen fröhlich mit, wenn es im Namen der Wirtschaftsförderung darum geht, öffentlichen Raum zur privatkapitalistischen Nutzung freizugeben.

Von der öffentlichkeitzerstörenden Macht der quotenabhängigen Medien sind inzwischen selbst einige ihrer Vertreter überzeugt. Auf Vorhalte, warum sie diese Zerstörung von demokratischer Verfasstheit und Öffentlichkeit mitmachten, antworten sie mit gespielter Naivität, Politik und Gesellschaft seien selber schuld, weil sie Wirtschaft und Medien keine verbindlichen Richtlinien setzten.

III

Musealisierung als aussichtsreichste Form der Zivilisierung von Kulturen

Wem die Stunde geschlagen hat:
Europe fades away.
Noch ein Untergang des Abendlandes?

Ende April 1945 gab Hitler seine persönliche Einschätzung des Ausgangs des welthistorischen Experiments bekannt. Er war davon überzeugt, dass die Deutschen der Evolution Arbeit abgenommen hätten, indem sie sich (und anderen) den Untergang bereiteten. Die Deutschen seien deshalb untergegangen, weil ihr Glaube an die welthistorische Mission nicht stark genug gewesen sei. Als Beweis der mangelnden Erfülltheit mit unbedingtem Willen und Siegesfanatismus habe die Tatsache zu gelten, dass sie angesichts der Judenverfolgungen zu barmherzig und zu unentschlossen gewesen seien. Hitlers Fazit kurz vor seinem Ende als Größter Wagnerianer aller Zeiten lautete also, dass nicht nur Deutschland, sondern ganz Europa aus der Weltgeschichte ausscheiden werde. Frankreich und England verlören als Konsequenz des Krieges ihre Imperien, was außer Hitler damals niemand zu äußern wagte. Der große Triumph Russlands sei nur eine vorläufige Eröffnung neuer politischer Räume, durch die in Zukunft die Horden aus der Steppe, Mongolen und Chinesen, zur Weltmacht stürmen würden. Das deutsche Volk gehe zu Recht unter, weil es sich als das schwächere erwiesen habe. Mit anderen Worten, Hitler beschrieb bereits das, was sich gegenwärtig als neue Weltlage ankündigt.

Allerdings ist für jeden halbwegs Orientierten unübersehbar, dass die Europäer nicht zur Kenntnis nehmen wollen, wie Russland, China und Indien ihnen längst den Rang abgelaufen haben. Dies geschieht entweder aus imperialistischem Dünkel durch die Erfahrung bisheriger wissenschaftlich-technischer Überlegenheit oder aus der Allmachtsphantasie heraus, die Führung des Menschheitsfortschritts seit Jahrhunderten übernommen zu haben und auch in Zukunft behalten zu können. Kein Zweifel, und das wollten wir mit der Darstellung der

Ideologiekonzepte von Erlösungswahn über Göttermord und deutsche Geistesmacht bis hin zu heutigen Formen wie Globalisierung, Multikulturalismus und liberalem Kapitalismus zeigen: Der Westen wird durch seinen Allmachtswahn liquidiert.

Mit mokantem Lächeln und dem expliziten Vorwurf, man leide unter Verfolgungswahn, weisen die scheinbar Aufgeklärten jedoch jedes Eingeständnis zurück, dass mit der Vormachtstellung Europas in der Geschichte der Moderne endgültig Schluss sei. Diese Leugnung entspringt nicht angstfreier Souveränitätsbehauptung. Sie ist Weigerung gegenüber der Einsicht in die zukünftige Nichtigkeit der eigenen Position. »Das Leben ist nun einmal nicht gerecht«, heißt es sogar in Chefkommentaren großer Tageszeitungen zur Zerstörung europäischer Lebens- und Wirtschaftsformen. Spätestens seit Sigmund Freud weiß man, welche katastrophalen Folgen derartiger Umgang mit Kränkungen von Selbstbewusstsein zeitigt. Kränkungen gesteht man nicht gern ein, da sie als Zeichen der Verwundbarkeit und der Schwäche verstanden werden müssen respektive als mangelnde Souveränität oder mangelnde soziale Kompetenz. Also versucht man, die bedrohenden Kränkungen zu verdrängen, zu leugnen oder ins Gegenteil zu verkehren.

Die Europäer haben in der Geschichte schon einige Male mit solchen Verleugnungen der Realitäten Erfahrungen machen können:

I. mit der *Kopernikanischen Kränku*ng, also der zugemuteten Einsicht, dass nicht die Erde im Mittelpunkt der von Gott geschaffenen Welt stehe, tut sich die Kirche bis in die Gegenwart schwer (Galileo wurde erst am 2.11.1992 offiziell rehabilitiert);

II. mit der *Darwin'schen Kränkung*, der zufolge man nicht anerkennen wollte, dass der Mensch, wie alles andere Leben auf Erden, ein Produkt der Evolution sei; diese Kränkung verleitet gegenwärtig auch die angeblich so hoch zivilisierte westliche Welt zu wissenschaftlich verbrämten

Ideologien, die als Lehre vom »intelligenten Design« sogar Lehrbuchstatus erhalten haben;

III. mit der *Einstein'schen Kränkung*, dass Raum und Zeit keine absoluten, konstanten Größen sind, sondern sich jeweils mit Bezug auf den mit ihnen rechnenden Beobachter wandeln: man versuchte, diese Kränkung abzuschwächen durch karikierende Pointen wie die, alles sei eben relativ, also auch die Einstein'sche Erkenntnis;

IV. mit der gegenwärtig am intensivsten erfahrenen *Kränkung unseres bürgerlichen Selbstbewusstseins durch Neurowissenschaftler.* Sie bestreiten, dass Menschen souverän und verantwortlich über die Funktionen ihres Weltbildapparates namens Gehirn verfügen können.

Das Ende des Eurozentrismus ist aber nicht zu leugnen, wie Minister und Wirtschaftsexperten bestätigen. Glaubt man ihnen, sieht die Zukunft der Welt folgendermaßen aus: China ist das Territorium, in dem künftig die Welt produziert. Indien ist das Steuerungszentrum, weil die gesamte Elektronik von Mathematikern abhänge und Indien das größte mathematische Potential besitze. Die spirituelle Lenkung der Welt wird der muslimische Gürtel zwischen Malaysia und Marokko übernehmen. Amerika spielt keine Rolle mehr, sondern wird nach dem großen Bild der Neuen Welt in den christlichen *Bible Belt* und Mormonenstaat, einen Sharia-Staat der Vereinigten Muslime, einen asiatischen Nordwesten und einen hispanischen Süden aufgeteilt. Von New York bis Boston bietet sich das gute alte Amerika als Freizeitpark der toten Musen an. Europa kommt nach Meinung der Minister bereits in wenigen Jahrzehnten nur noch die Rolle des Weltmuseums der Zukunft zu.

Wir haben viel zu lernen, um demnächst den Hunderten von Millionen chinesischer, indischer und arabischer Touristen als interessantes Ferienerlebnis dienen zu können. Europas Errungenschaften wie Demokratie, Rechtsstaat, Sozialstaat, Säkularisierung, Würde des einzelnen Menschen, Freiheit der Wissenschaften und Künste werden künftig kaum eine Rolle in der Welt spielen. Wir hielten uns für die Sieger der Geschichte und müssen jetzt fürchten, aus der Geschichte zu verschwinden.

Gegen den Schrecken dieser Einsicht hilft eine kleine Einübung in das etruskische Lächeln, welches Einverständnis mit dem eigenen Schicksal signalisiert. Wem das nicht reicht, der muss sich behaupten lernen, aber nicht aus dem Allmachtsgefühl technischer, wissenschaftlicher und wirtschaftlicher Überlegenheit wie bisher, sondern aus der Ohnmachtserfahrung der Europäer als kleiner gefährdeter Art im Menschenzoo. Wer's nicht glaubt, wird dran glauben. Deshalb gilt es, sich rechtzeitig auf diese Zukunft vorzubereiten, das heißt sich zu musealisieren. Denn Musealisierung ist die einzig aussichtsreiche Form der Zivilisierung von Kulturen im Vormachtstreben.

Europa als Freiluftmuseum der Welt

Der Appell zur Musealisierung ist – nach allem, was wir bisher gezeigt haben – die kürzeste Zusammenfassung des Ergebnisses einer gelungenen schweren Entdeutschung. Die Strategen der Vermarktung von Attitüden des Modernismus, des Fortschrittsgetues haben alles daran gesetzt, den Begriff der Musealisierung abzuwerten und zum bloßen Aufbewahren von veraltetem und unbrauchbar gewordenem bedeutungslosen Gerümpel umzudeklarieren. Historisch wie systematisch gesehen, kennzeichnet aber Musealisierung weiß Gott keine omahafte oder Künstlern eigentümliche Marotte.

Darauf verwiesen im Badischen Landesmuseum Karlsruhe Bazon Brock, Peter Sloterdijk, Peter Weibel, Pia Müller-Tamm, Manfred Schlapp und Harald Siebenmorgen, als sie am 24. November 2007 Mustafa Kemal Pascha, den Gründervater der modernen Türkei, zum

Beispielgeber für das Programm »Musealisierung als Strategie der Zivilisierung« erhoben. Denn am 24. November 1934 erließ Atatürk ein Dekret, auf Grund dessen dem Kultur- und Religionskampf zwischen dem islamischen Südosten Europas und dem christlichen Westen eine neue, einzig zukunftweisende Richtung gegeben wurde. Atatürk verordnete die Umwandlung der großen Moschee von Istanbul in ein Museum. Dieses Gebäude war von 537, also seit den Zeiten seines Erbauers Kaiser Justinian, bis zur Eroberung Konstantinopels durch die Osmanen 1453 als Hagia Sophia der größte und bedeutendste Kultbau des orthodox-christlichen oströmischen Reiches. Atatürk hatte die Vision, dass dieser grandiose Sakralbau weder als Triumphzeichen eines endgültigen Sieges des Islam über das Christentum noch als Mahnzeichen älterer christlicher Rechte missbraucht werden dürfe. Weder christlicher noch moslemischer, sondern zivilisatorischer Triumph; Glaubensfestung weder der einen noch der anderen religiösen Gewissheit, sondern Repräsentation der universalen Menschheit sollte dieser Kultbau sein – so verfügte Atatürk und gab in der Tat damit das bis dato bedeutendste Beispiel für die denkbare Beherrschung der Religions- und Kulturkriege, deren radikalste Vertreter heute mit ihren zerstörerischen Erzwingungsstrategien den Westen wie den Osten in Schrecken versetzen.[1] An dieser bisher kaum angemessen gewürdigten zivilisatorischen Großtat eines sich als Westler bekennenden Politikers, Staatsmanns und Militärs wollen wir unser Ziel der schweren Entdeutschung orientieren.

Wenn wir Europa nicht in permanenten Kultur- und Religionskriegen und in anderen blutigen Auseinandersetzungen um seine zukünftige Überlebensfähigkeit sang- und klanglos in die weltgeschichtliche Bedeutungslosigkeit fallen lassen wollen, gibt es nur eine, eben die von Atatürk gewiesene Möglichkeit der Musealisierung, um Frieden zu halten. Als *living museum*, als Freiluftmuseum der Welt könnte Europa der zukünftigen Menschheit zur Erforschungs- und Erkenntnisstätte werden, in der man lernt, dass Respekt und Anerkennung für die religiös-kulturellen Leistungen der jeweils Anderen nirgends besser erfahren werden können als in den Museen. Sie sind neben den Universitäten und Technischen Hochschulen diejenigen Errungenschaften des Westens, die weltweit Geltung genießen und entsprechend übernommen werden.

Das aber hieße nicht Untergang des Abendlands, sondern Europa als Avantgarde für die einzig denkbare Befriedung der von Machtpolitik, ethnisch-rassischem Hegemonialstreben und ökonomisch begründeter Suprematie zu allen Zeiten gleichermaßen in Dienst genommenen kulturell-religiösen Prägung der Menschen.

Gerade im Museum kann man mit erarbeiteten Kriterien des Unterscheidens die spezifischen Leistungen der Kulturen in aller Ruhe würdigen, ohne die Gefahr, zu einem Bekenntnis der Loyalität mit der einen gegen die andere Kultur gepresst zu werden. In keiner einzelnen Kultur, auch nicht in den westlichen, wurden die Leistungen anderer Kulturen derart anerkannt wie in den Museen als Agenturen einer universalen Zivilisation. Wenn Kulturkämpfer vor allem Respekt als Anerkennung der Hervorbringungen ihrer kulturellen Gemeinschaft erzwingen wollen, dann wird diesem Verlangen nirgends derart entsprochen wie in den Museen, wie wir am Beispiel der zum Museum umgewidmeten Hagia Sophia gezeigt haben. Deshalb besteht die Hoffnung, durch immer differenziertere und umfassendere Musealisierung aller Kulturen der Welt zur Pazifizierung durch Anerkennung beizutragen und Zivilisierung durch Befähigung zur Verantwortung für die gesamte Menschheit, anstatt bloß für die eigene Kulturgemeinschaft, zu befördern.

24. November 1934:
Ende des Kulturkampfs zwischen
Christen und Moslems.
Die Hagia Sophia wird musealisiert.

Kunst- und Wunderkammern:
Das Zeigen des Zeigens

Vorläufer der heutigen Museen waren die Kunst- und Wunderkammern des 16. und 17. Jahrhunderts. Fürsten errichteten diese Sammlungen von Kunst und Kuriositäten lange, bevor es Museen als ausgewiesene Institutionen gab. Unter den fürstlichen Schätzen befanden sich *curiositates rerum naturae*, also beispielsweise auffällige Steine, die aus Kamelmägen stammten, oder der Stoßzahn eines Narwals, den man als Einhorn interpretierte. Diese Objekte sollten vor allem die Neugier erregen und die Phantasie beschäftigen, so dass ihre Präsentation gleichsam zur Anleitung wurde, wie man sich eine Ordnung der Welt vorstellen könne; dieser Gedanke war zuvor schon in die Einrichtung der *studioli* eingegangen. Solch private Studierstuben und Gelehrtenzimmer, in denen der Fürst der Welt in Gestalt von Büchern und ausgezeichneten Kunstwerken begegnete, boten einen ganz und gar weltlichen Erschließungszusammenhang.

Auf der Ebene geistlicher Präsentationsformen taten sich die Reliquienkammern in den mittelalterlichen christlichen Zentren hervor. Sie interessierten die Bevölkerung in erster Linie auf Grund der heilsgeschichtlich aufgeladenen Objekte, denen eine heilende Wirkung zugesprochen wurde. Reliquien waren äußerst kostbar und vor Dieben zu schützen. Da das Fingerknöchelchen eines Märtyrers nicht jedem in die Hand gegeben werden konnte, musste es aus einem Abstand von ein paar Metern gezeigt werden. Die Reliquie war oft so winzig klein, dass sie kaum sichtbar war. Folglich musste die Sichtbarkeit des Nicht-Sichtbaren sichergestellt werden. Aus der Notwendigkeit, die Knöchelchen, Splitter und Reste der Heiligen auf eine ansprechende Weise zu zeigen, entstand das phantastische Instrument der sogenannten Monstranz. Dieses sehr auffällig gestaltete Zeigegerät mit goldenem Strahlenkranz besitzt in der Mitte einen Behälter, der, mit optischen Vergrößerungsspiegeln versehen, etwas in Erscheinung treten lässt, was ohne technische Unterstützung weitestgehend unsichtbar bliebe; zugleich wird das in der Monstranz befindliche Objekt als Gezeigtes hervorgehoben. Mit der Monstranz wird uns die Geburtsstunde aller musealen Techniken im Zeigen des Zeigens vor Augen geführt.[2] Je mehr sich die präsentierten Dinge der Sichtbarkeit entziehen, desto bedeutsamer wird das Zeigen des Zeigens, und damit rückt das Sehen und Betrachten selbst in den Mittelpunkt der Betrachtungen.

Beobachtung der Beobachtung

Im Museum sieht der Besucher, auf welche Weise etwas gezeigt wird. Zugleich beobachtet er dort Menschen, die selbst Artefakte betrachten. Er beobachtet also andere Besucher, die ihrerseits anderen Menschen zusehen, denen etwas dargeboten wird. In verschiedenen Kunstgattungen sind diese reflexiven Formen des Betrachtens besonders anschaulich gestaltet, so etwa in der im 18. Jahrhundert auf dem Höhepunkt stehenden Veduten-Malerei.

Bei Veduten (italienisch *veduta*, »Ansicht«, »Aussicht«; aus dem lat. *vedere*, »sehen«) handelt es sich zumeist um Stadtansichten. So vermittelt uns ein Maler wie Bernardo Bellotto, genannt Canaletto, beispielsweise im Blick durch ein geöffnetes Fenster, Ansichten von venezianischen Stadtlandschaften, auf denen der Betrachter dem Treiben einer munteren Bevölkerung auf Straßen und Plätzen zusieht. Die im Bild Dargestellten schauen sich nach anderen Menschen um, die ihrerseits die Kulisse Venedigs betrachten; unter ihnen sind einzelne Gestalten anzutreffen, die den Bildbetrachter zu fixieren scheinen.

Wenn, wie in dieser für die Veduten charakteristischen Zusammenstellung, Menschen andere Menschen bei der Betrachtung beobachten, so spricht man von Beobachtung zweiter Ordnung. Die Beobachtung

Piazza San Marco, Venedig, von Canaletto, ca. 1756

der Beobachter ist ein Grundphänomen der Reflexivität, das uns heute in den modernen Wissenschaften der Soziologie, der Psychologie und der Erkenntnistheorie allenthalben begegnet. Im Wesentlichen thematisiert die Vedute Wahrnehmung als reflexives Sehen. Wer sich zu dieser reflexiven Anstrengung nicht bereit findet, kann zwar immer noch Gemälde betrachten, wird allerdings nichts erkennen, also nichts der Betrachtung anheimstellen können.[3]

Der einzige Weg zur sinnvollen Betrachtung führt über die Theorie. Der griechische Begriff *theoria* bedeutet, eine sinnfällige Betrachtung über das vor Augen Stehende anzustellen. Als vor 2.500 Jahren die Zuschauer in den Rängen eines Theaters saßen und dem Tragödiengeschehen auf dem Proszenium folgten, betrieben sie nichts anderes als Theorie. Indem sie Verständnis für das präsentierte Ereignis entwickelten, es also in einen Bezug zu sich selbst brachten, erschlossen sie sich reflexiv das theatralisch dargestellte Gefüge.

Sein heißt wahrgenommen werden

Seit den 1710er Jahren wurde mit den englischen Parks ein mustergültiger Raum der anschaulichen Verknüpfung von Artefakten mit den Erscheinungen der Natur zu einem idealen gesellschaftlichen Gefüge geschaffen. Der englische Garten als Hege sozialer Bindungsfähigkeit jenseits von kulturellen Zugehörigkeiten wie Religion, Ethnie oder Familie diente zur Optimierung der zukunftsorientierten Lebensanstrengungen einer menschlichen Gemeinschaft. Zur Idee des englischen Landschaftsgartens gehörte das Bewusstsein eines als Park aufbereiteten Weltmodells, das dann auch für deutsche Gartenreiche als Weltbildbauten wie jenes in Wörlitz übernommen wurde. Der damalige Fürst von Anhalt-Dessau hatte sich zum Ziel gesetzt, zeitgenössische Formen einer ländlichen Lebensgemeinschaft zu entwickeln, die mustergültig sein sollten und insofern ein Modell werden konnten.

Der Fürst hatte um 1770 die Deichanlagen zum Schutz vor Hochwasser erhöhen lassen. Die in verschiedenen Baustilen erbauten Wallwachhäuser dienten zur Lagerung von Werkzeugen.

Viel enger als in den englischen Vorbildern wurden in Wörlitz aristokratisches Memorial der Geschichte und bürgerliche Seelenlandschaft mit den sozialen Fortschrittsvorstellungen der praktischen Philosophen Frankreichs verknüpft.[4]

Die in der Landschaftsarchitektur der Parkanlagen öffentlich betriebene Theoriebildung, das heißt, Entwicklung der Zusammenhänge durch das Fügen von Konstellationen, nahm bereits den Gedanken eines Präsentationsraumes vorweg, der nicht als *showroom*, sondern als Erkenntnisraum verstanden wurde. Ähnlich wie bei der Kunstgattung der Vedute war in den Gartenreichen die Bereitschaft leitend, etwas durch die Beobachtung der Betrachter zu lernen, deren Umgang mit den Objekten mitzuerleben, also zu erfahren, welche Schlussfolgerungen andere Betrachter aus ihrer Wahrnehmung ableiteten.

Heutzutage kann das jeder Galeriebesucher nachvollziehen. Für gewöhnlich geht man nicht zur Eröffnung einer Kunstausstellung, um Bilder zu betrachten, sondern um die Besucher zu betrachten, die zwar Bilder anschauen wollen, zugleich aber durch ihre zahlreiche und zumindest körperliche Anwesenheit die Betrachtung der Bilder verhindern. Bei einer Vernissage steht also nicht das Betrachten der Bilder im Vordergrund, sondern ein Sich-zur-Schau-Stellen. Den Effekt des Sich-Präsentierens als lächerliche Mode abzuqualifizieren, ist wenig ratsam; man würde die Tatsache übersehen, dass soziales Dasein immer schon vom Wahrgenommen-Werden durch andere bestimmt ist.

Sein heißt wahrgenommen werden, oder, auf Lateinisch, *esse est percipi*. Für den Anderen ist man nur in dem Maße bedeutsam, wie man ihm Anlass bietet, sich in einen Bezug zur eigenen Person zu setzen. Was mit dem Begriff des Netzwerkens zur Sprache kommt, ist dieses ständig wechselseitige Sich-Einbringen in die Wahrnehmung anderer und zugleich die Bestätigung für die eigene Anwesenheit.

Das Zeigen des Zeigens, das Lernen des Lernens und das Wissen des Wissens sind diejenigen Formen der Erkenntnisstiftung, die im Museum betrieben werden können. Jedermann weiß, dass die Beziehungen und Bekanntschaften unter Menschen besonderes Interesse beanspruchen, wenn Selbstbezüglichkeit ins Spiel kommt. Reflexivität ist das Stichwort für die gesamte moderne Entwicklung, die der Soziologe Ulrich Beck als »Reflexive Moderne« charakterisiert hat.

Das lässt sich gut an einem Beispiel aus dem häuslichen Alltag anschaulich machen: dem »Bürsten der Bürste«. Beim Bürsten wird stets ein Teil des Schmutzes durch Zerstäubung in die Umwelt entsorgt. Der Rest bleibt in der Bürste hängen. Wendet man das Prinzip des Bürstens auf die Bürste selbst an, sind hinterher beide Bürsten sauber.[5]

Das Museum als Institution entsteht aus einem Ansatz der französischen Revolutionäre, die dem gemeinen Volk die im Louvre untergebrachte Schausammlung König Ludwigs XVI. zugänglich machen wollten. Nachdem Napoleon das Regime übernommen hatte, wurde einer

Museum Fridericianum, Kassel. Erster Museumsbau auf dem Kontinent um 1780.

interessierten Öffentlichkeit Zugang zu Instrumenten des Erkenntnisgewinns gewährt. Die Sammlung galt nicht mehr als Teil des Palastes und damit auch nicht mehr als königliches Eigentum, sondern ging in öffentlichen Besitz über.

In Deutschland entstand im Zuge der Aufklärung des 18. Jahrhunderts das (später für die Ausstellungen der documenta genutzte) Fridericianum in Kassel als erster Museumsbau auf dem Kontinent. 1779 fertiggestellt, beherbergte es zunächst noch keine museale Sammlung, sondern war eine Ausweitung der fürstlichen Kunst- und Wunderkammern. Erst ab 1820 wurde die Institution Museum förmlich entwickelt, nachdem kurz vorher der erste Lehrstuhl für Kunstgeschichte eingerichtet worden war. Zuvor wurden die Probleme der Wahrnehmung und Urteilsbildung nur von Ästhetikern und Philosophen behandelt. Ästhetik als philosophische Disziplin war um 1800 mit der Frage beschäftigt, wie die Gegebenheiten in der Außenwelt mit den Vorgängen in menschlichen Gehirnen zusammenhängen.[6]

Alle Erkenntnis besteht im Grunde in nichts anderem als der Problematisierung von Hypothesen und dem Gebrauch, den wir von ihnen machen. Solche Überlegungen sind in die europäische Institution des Museums aufgenommen worden und ließen es zu einer Zivilisationsagentur ersten Ranges werden, die bis auf den heutigen Tag in der Welt ihresgleichen sucht.

Avantgarde – Arrièregarde – Retrograde

Die Betonung des Neuen in allen Kunstavantgarden ist eine Herausforderung, die häufig durch Aggression, Leugnung oder Flucht des Publikums beantwortet wird. Professionalisierte Betrachter gehen vernünftiger vor. Wenn das Neue wirklich neu ist, ist es unbestimmt, also kann man von diesem unbekannten Neuen nur mit Bezug auf das bekannte

Alte sprechen. Die gesamte Moderne ist in dieser Vergegenwärtigung von Vergangenheiten als höchst bedeutsame Erweiterung der gegenwärtigen Ressourcen extrem erfolgreich gewesen. Avantgarde verabschiedet sich nicht aus den Traditionen, sondern hält sie in immer neuer Sicht präsent. Musealisierung ist die Strategie des Fortschritts, vor allem der Zähmung des Mutwillens von Kulturkämpfern, Testosteronkriegern, Virilblutern und ihrer ideologischen Betreuer. Nur wenn die Zivilisierung jener Kulturbarbaren gelingt, besteht Aussicht auf Normalität.

Die wachsende Zahl von Museen, nicht nur im alten Westen, sondern inzwischen weltweit, dürfte uns vor Augen führen, dass die Repräsentation von Geschichte dem Ideal der gleichzeitigen Vergegenwärtigung einer Vielzahl von Vergangenheiten immer näher kommt. Die Museen sichern die Vergangenheiten als Bestandteil der Gegenwart. Sie trainieren mit ihren pädagogischen Diensten unsere Fähigkeit, historische Artefakte mit Gründen wertzuschätzen, die aus ihrer Unterscheidbarkeit abgeleitet werden, und sie leiten zu einer gesellschaftlichen Akzeptanz solcher Wertschätzung an.

Einen wesentlichen Beitrag zur Weiterentwicklung der Fähigkeit der Zeitgenossen, den Dingen der Welt Bedeutung durch Unterscheiden zu verleihen, haben die Avantgarden der Moderne geleistet. Sie haben sich als Vorhut und Vorauskundschafter der Zukunft in einem nicht erwartbaren Maße als Vertreter der Toten und deren Geschichte bewährt. Den Avantgardisten des 20. Jahrhunderts gelang es, neuartige Repräsentationen der Vergangenheiten als Wirkungspotential in der Gegenwart zu schaffen. Denn Traditionen wirken nicht aus der Vergangenheit ewig fort; sie verlieren ihre Wirkung gerade durch ihre selbstverständliche Geltung. Diese Vertrautheit stumpft die Aufmerksamkeit ab, die überkommenen Wahrnehmungs- und Urteilsmuster werden gleichgültig, weil sie niemanden mehr zu Rechtfertigungen zwingen. Gegen diesen Verschleiß durch Gewöhnung entdeckte die Moderne insgesamt eine umfassende Orientierung auf das Neue. Der Vorwurf, die Avantgarden wollten mit aller Gewalt das Neue um der Neuigkeit willen erzwingen und sich so von den Traditionen absetzen, läuft ins Leere. Wenn etwas tatsächlich neu ist, bleibt es zunächst unbestimmt, sonst wäre es ja nicht neu. Auf die Zumutungen des Neuen reagieren Menschen entweder durch Leugnung oder durch Zerstörung oder mit der Einsicht, dass man über das unbestimmte Neue tatsächlich nur mit Bezug auf das Alte zu reden vermag. Gerade der Druck des Neuen erzeugt so eine neue Sicht auf tradierte Artefakte, Weltbilder, kulturelle Überzeugungen, die durch ihre Selbstverständlichkeit uninteressant geworden waren.

Für den Anspruch der Avantgardisten, etwas völlig Neues in die Welt gebracht zu haben, gibt es ein entscheidendes Kriterium der Bewertung: Avantgarde ist nur, was uns veranlasst, die anscheinend bis ins Letzte bekannten Traditionen und ihre Bestände mit neuen Augen zu sehen.

Nach diesem Kriterium bewährten sich zum Beispiel die Dresdner Brücke-Maler, ab 1911 allgemein deutsche Expressionisten genannt, weil sie ein völlig neues Interesse an dem seit seinem Tode 1614 ganz und gar vergessenen spanischen Maler El Greco weckten – bis hin zu dem überraschenden Eindruck, El Greco sei geradezu ein Zeitgenosse der Expressionisten.

Der Wiener Architektur-Avantgardist Adolf Loos verschreckte seine Zeitgenossen mit dem Konzept der nackten weißen Wand derartig, dass sie sich schleunigst auf die bewährte Architekturgeschichte zurückzogen, mit der überraschenden Entdeckung, bereits bei den Großmeistern Palladio und Brunelleschi habe es im 16. und 15. Jahrhundert Problemstellungen gegeben, die vermeintlich erst der Neuheitsfimmel des Adolf Loos mutwillig in die Welt gesetzt hatte.

Dem Schweizer Avantgardisten Alberto Giacometti und seinen zunächst für aberwitzig gehaltenen Abweichungen vom herkömmlichen Verständnis des skulpturalen und plastischen Gestaltens verdanken wir eine völlig neue Sicht auf die kykladischen Skulpturen des zweiten vorchristlichen Jahrtausends.

Der Weg zu solchen überraschenden Neubewertungen durch neue Sicht auf vermeintlich bestens bekannte Bestände der Vergangenheiten wird durch das zunächst vage Erkennen und Erproben von Gestaltanalogien zwischen avantgardistischen und traditionellen Artefakten eröffnet. Unzählige solcher Wege zeigten uns die wahren Avantgardisten des 20. Jahrhunderts, so dass die aktuellen Vergegenwärtigungen von Kulturen aller Zeiten und Breiten dazu zwangen, in immer kürzeren Abständen weitere Museen zu erbauen, in denen uns kostbare Ressourcen für die Bewältigung von Herausforderungen der Zukünfte zur Verfügung stehen.

Zugespitzt ließe sich zusammenfassen: Ohne Avantgarden gibt es keine gegenwärtig wirksamen Traditionen. Traditionen sind immer erneut von jeweiligen Gegenwarten aus zu stiften – vornehmlich unter dem Druck des Neuen.

Im Unterschied zu epigonalen Traditionalisten und konservativen Traditionsverfechtern entwickeln Avantgardisten neue Vergangenheiten unserer Gegenwart. »Utopische Vergangenheiten« (Nikolaus Himmelmann) verdanken wir Künstlern wie A. R. Penck und Daniel Spoerri, die in einer Art von »experimenteller Geschichtsschreibung« den Zusammenhang von Kulten und Artefakten in Objekten realisierten.[7]

Eine weitere Klasse von Avantgardisten hebe ich hervor, deren erklärtes Ziel es ist, gewisse absehbare Zukünfte zu verhindern. Durch spekulative Vorwegnahme potentieller Zukünfte ergibt sich ein Avantgardismus der Verweigerung, der als zu verfechtende Position die größte Überzeugungskraft und das gewaltigste Durchhaltevermögen verlangt.[8] Künstler, die den apokalyptisch stimmenden Zukunftsannahmen und den aussichtslos wirkenden Entwicklungen Widerstand entgegensetzen, nennen wir Arrièregardisten. Die Vertreter der Arrièregarde arbeiten mit dem Angebot eschatologischer Behauptungen und konfrontieren sie in der Gegenwart mit zukünftigen Vergangenheiten. Das ist einfacher, als es klingt, weil man ja unsere Vergangenheiten als ehemalige Zukünfte beschreiben kann und unsere Gegenwart als Vergangenheit von morgen zu betrachten vermag. Zukunft nennen wir dann den Vorstellungsraum, in dem das Wechselspiel der Zeitformen phantasievoll, das heißt mit dem Ziel möglichst vieler Optionen in Gang gesetzt wird.

Diese Avantgarde der offenen Rückbeziehung von Zukunft auf Gegenwart und Vergangenheit nennt der Künstler Adi Hoesle »Retrograde«. Ihr wesentliches methodisches Vorgehen ist der Rückbau zur Eröffnung von Alternativen, die man entweder ursprünglich nicht gesehen hatte oder unter von der Zukunft her unzutreffenden Annahmen nicht glaubte wählen zu können.[9]

Konstellationen bilden auf Fuge und Unfug

Bereits antike Philosophen fragten sich, wie auf das Abwesende verwiesen werden könne und wie man zu klären vermöchte, ob das begrifflich Fassbare auch tatsächlich irgendwo auf Erden anzutreffen sei. Diese Frage wird mit Leidenschaft im mittelalterlichen Universalienstreit erörtert: Ist der Begriff der Röte auf gleiche Weise real gegeben wie die Eigenschaft »rot-sein« von verschiedenen Dingen, beispielsweise (rubin-)roten Gläsern, rotgefärbter Wolle und rot gestrichenen Wänden? Wer behauptete, dass die durch Substantivierung von Eigenschaften gebildeten Begriffe (Universalia) genauso real gegeben seien wie die Dinge mit ihren Eigenschaften, wurde Realist genannt. Wer hingegen sich gezwungen sah anzunehmen, dass derartige Begriffe nur Namen für jeweils eine Klasse von Eigenschaften zu deren Unterscheidung seien, galt als Nominalist. Also: Sind Universalia Realia oder bloße Nomina? Die Antwort lautet: teils teils.

Es ging ja nicht um einen abgehobenen Budenzauber von Philosophen und Theologen, sondern um handfeste Alltagsfragen oder um das noch bedeutendere menschliche Streben nach ewiger Seligkeit – heute geht es wohl eher um die Verpflichtung auf Gleichheit, Freiheit, Brüderlichkeit oder die Unantastbarkeit menschlicher Würde im Lebensalltag wie im Verfassungssonntag. Bei aller zugestandenen Begriffsgläubigkeit wird selbst jeder Deutsche darauf bestehen, dass das politische Bemühen um gerechte Verteilung von Gütern, um Gleichbehandlung aller vor dem Gesetz und um die Chance, sein Leben selbst zu bestimmen, auf jeweils konkrete Menschen in konkreten Lebenssituationen gerichtet sein muss und nicht etwa mit dem Verfassen noch so großartiger Texte über Gleichheit, Freiheit, Brüderlichkeit erledigt werden kann. Insofern ist der Nominalismus verpflichtend. Andererseits können wir die konkreten Gegebenheiten, etwa als Dinge und ihre Eigenschaften, Tiere und ihre Bedürfnisse, Pflanzen und ihre Lebensbedingungen oder Menschen und ihr Vermögen, Sinn zu stiften, nicht ohne Rückgriff auf Universalien beurteilen – nicht ohne begriffliche Differenzierung zwischen Wesen und Erscheinung oder Attribut und Substanz oder Potentialität und Aktualität, das heißt ohne die Genese des aktuell vor Augen Stehenden.

Dazu sind wir durch die spezifische Entwicklung des menschlichen Gehirns genötigt. Seine phantastischen Leistungen erwarb unser »Weltbildorgan« (Konrad Lorenz) zu einem Teil durch die Herausforderung, im Laufe der Stammesgeschichte die Überlebensfähigkeit seines Trägerorganismus' immer besser zu sichern. Es galt, die konkreten Probleme zu bemeistern, die die Umwelt stellt. Insofern operieren wir mit unseren geistigen Fähigkeiten als Nominalisten. Zum anderen Teil entstanden die phantastischen Leistungen unseres Weltbildapparats durch Rückbeziehung seiner erworbenen Optimierungsstrategien auf sich selbst. Das gelang vornehmlich durch die Fähigkeit, den Umgang mit der Virtualität, mit der Abwesenheit, mit der Unsichtbarkeit genauso zu entwickeln wie in der bewährten Konfrontation mit dem Realen, Anwesenden und sinnlich Wahrnehmbaren. So weit das Virtuelle oder auch das Potentielle nur im Begriff vergegenwärtigt werden konnte und nicht im zeigenden Verweis auf etwas Gegebenes, sind wir Begriffsrealisten. Der Universa-

Museumsvitrine – die Welt in Konstellationen, 2006

Panorama des 19. Jahrhunderts

Hagenbeck
Naturbeherrschung

Bebel
Soziale Formierung

Bismarck
Charakterdressur

lienstreit ist also nicht durch die Entscheidung für die eine oder andere Seite beendbar; es gilt vielmehr zu erkennen, in welches Verhältnis Nominalismus und Realismus angesichts konkreter Herausforderungen zur Bewältigung der Lebensanstrengungen gesetzt werden sollten.

Museen sind in dieser Hinsicht Darstellungs- und Untersuchungsanlagen zur Bewertung der Behauptungen über die Welt. Hier werden die Studienobjekte in Konstellationen eingefügt, die unter anderem durch die Verhältnisse von nominalistischem und realistischem Begriffsgebrauch bestimmt werden wie auch von gestalterischen Ordnungsprinzipien, genannt Hänge- oder Präsentationslehren, von Differenz stiftenden Gestaltanalogien und ähnlichem. Ziel dieser Bildung von Konstellationen ist es, Sinnfälligkeit, also Evidenz zu schaffen, aber mit der Absicht, dass jeder, dem etwas einleuchtet oder als evident erscheint, weiß, wie leicht er sich täuschen kann. Also muss jedes Evidenzerleben aus der Erfahrung der Täuschbarkeit kritisiert werden. Das kann nicht nur virtuell als geistige Operation geschehen, sondern die Evidenzkritik muss auf den Evidenzerweis zurückwirken. Evidenzkritik kommt nur in der Schaffung neuer Evidenz zum Ziel. Dieses Vorgehen begründete die Entwicklung von Werken, mit denen sich die Täuschbarkeit des menschlichen Augenscheins thematisieren lässt, als besondere Leistung der Künste und Wissenschaften. Die Künstler schufen Repräsentationsformen, die diese Differenz von Wahrnehmung und Denken, also von Sinnfälligkeit und Kritik anschaulich machen (Malerei der Augentäuschung: *trompe l'œil*).

Die Anordnung von Objekten in Museumsvitrinen ist eine weitere Form, die angestrebten Gefüge von Evidenzerzeugung durch Evidenzkritik dem Publikum zu präsentieren.[10] Sie sind der eine Teil der Konstellation als Monstranz, als eine Möglichkeit zu zeigen, dass etwas gezeigt wird. Soweit das Publikum auf solches Zeigen des Zeigens, auf solche Monstranzen reagiert, bildet es die andere Seite der Konstellation als Demonstranz. Es bekennt durch sein Interesse, durch seine Fragen, durch seine Kritik die Bedeutung der Konstellation für das Selbstverständnis der Museumsbesucher als Rezipienten.[11]

»Vergleiche Dich! Erkenne, was Du bist!«[12]

Modelle der Konstellationsbildung in Vitrinen sind weltweit gängiger Standard in Museen, seitdem sich die Erkenntnis durchgesetzt hat, dass der Wert der Artefakte tatsächlich ausschließlich durch den wechselseitigen Bezug festzustellen ist. Alle Kulturgüter werden nach Kriterien beurteilt, die auf ihrer Unterscheidbarkeit von anderen beruhen.

Will man eine Kultur kennenlernen, so ist man gezwungen, aus dem Vergleich mit anderen Kulturen die entsprechenden Kriterien der Bewertung zu entwickeln. Wenn der Louvre in unmittelbarer räumlicher Nähe griechische und afrikanische Plastiken präsentiert und parallel dazu an die römischen, die etruskischen und die ägyptischen Leistungen der Skulptur erinnert, wird ganz auf Erkenntnis durch Vergleich abgehoben. Denn gerade die Verschiedenheit der Kulturen macht ihren je spezifischen Wert aus. Um unterschiedliche Kulturen durch Vergleich beurteilen zu können, muss das Verständnis von kultureller Produktion insgesamt zu einer Art von Konstellation werden, die vergegenwärtigt, was Menschen als Produzenten von Artefakten und Sozialkörpern geistig wie materiell leisten können. Das Denken in Konstellationen macht also Kriterien der Unterscheidung als Kriterien des Vergleichs anschaulich. Das entspricht einem alten Grundsatz der Philosophie, demzufolge die Dinge sich im Blick auf ihre Gleichheit unterscheiden lassen und durch ihre Unterschiedenheit vergleichbar sind. Wie nötig wir auch heute noch die Erinnerung an diesen Grundsatz haben, beweist die tägliche Ermahnung, man könne doch nicht Äpfel und Birnen oder die Wirkungsfolgen Hitlers mit denen von Stalin und Mao vergleichen. Erst durch den Vergleich lässt sich ja gewährleisten, zwischen den angeblich unvergleichlichen Dingen zu unterscheiden; offenbar fürchtet man den Vergleich als Gleichsetzung. Aber jeder Vergleich erfüllt sich ja erst in der Unterscheidung, wenn auch jede Unterscheidung Gleichheit voraussetzt, nämlich die der Fragen, die an die in Beziehung gesetzten Sachverhalte gestellt werden.

Indem man Konstellationen aufbaut, die mit einem bestimmten Übersetzungsmechanismus (z.B. der Gestaltanalogie) verbunden sind, nähert man sich dem an, was gewöhnlich Metapher genannt wird. Metaphorisierung ist eine Übertragung aus einem geistigen in einen anschaulichen Bereich, aus einer Anschauung in einen Verhaltensbereich und aus diesem wiederum in einen psychischen Bereich. Metaphorisierung bezeichnet also das ständige Wechseln der Bezugsebenen.[13] Die wichtigste aller sprachlich-gedanklichen Operationen ist die Übertragung, wie z.B. aus einem Status in einen anderen, aus einer Zeitform in eine andere, aus der Mikrosphäre in die Makrosphäre oder eben aus einer Kultur in die andere. Metaphorisierung ermöglicht uns, die strukturellen Analogien und funktionalen Äquivalenzen zwischen beiden Sphären zu erkennen (Niklas Luhmann).

Ein Exempel: Ein Elefant, eine geballte Faust und eine Figurengruppe »Herr und Hund« – mögen diese Gegenstände aus bemaltem Ton oder Gips auf den ersten Blick noch so banal aussehen, in ihrer Zuordnung lassen sie sich als Veranschaulichung großer historischer Entwicklungen lesen. Im Kompartment einer Vitrine nebeneinander gestellt, bilden sie eine Konstellation zur Musealisierung von Kulturkämpfen in der zweiten Hälfte des 19. Jhd. (siehe Abb. S. 174-175).

Abbildung rechte Seite: Die Skulptur des hellenistischen Künstlers Skopas, die die Göttin der Medizin Hygieia, ca. 320 v. Chr. darstellt, wird mit einer kuboexpressionistischen Bronzeskulptur von William Wauer konfrontiert, die den Rezitator Rudolf Blümner darstellt (1918); diese wiederum wird mit einer afrikanischen Ritualmaske in Beziehung gesetzt.

Bei hinreichendem Interesse lassen sich die Objekte anhand von Lexika der Ikonographie identifizieren:

Im Figurenpaar Herr und Hund erkennen wir die Darstellung von Bismarck und seiner Dogge – so wie man etwa Zeus an seinem Assistenztier, dem Adler, erkennt, der in seinen Fängen die Blitze des zürnenden Gottes bereithält.

Die geballte Faust steht für die seit der Bismarck-Zeit wirksame Arbeiterbewegung, die von Lassalle und Bebel angeführt wurde.

Der Elefant war die Attraktion in den neuen Zoologischen Gärten, für die der legendäre Karl Hagenbeck ebenfalls Mitte des 19. Jhd. das bedeutendste Konzept entwickelte.

Als Konstellation verstanden, heißt das also: Hagenbeck musealisierte die Natur durch den Aufbau seines Zookonzepts. August Bebel musealisierte die aggressive soziale Bewegung der Arbeiter durch Anschluss an die Partei der Sozialdemokraten. Bismarck musealisierte den Kulturkampf mit Rom wie die Machtkämpfe der europäischen Staaten durch Aufbau von komplexen Rückversicherungsverträgen. Er vergaß allerdings, der Öffentlichkeit mitzuteilen, wie die Verknüpfungskriterien lauteten, weshalb nach seiner Entlassung durch den Autokraten Wilhelm II. kaum jemand die von ihm geschaffene Konstellation durchschaute. Der Gründer des Zweiten Deutschen Reiches setzte in Reaktion auf die reformerische Bedrohung durch die Sozialdemokratie die Sozialgesetzgebung als innenpolitische Pazifizierungsstrategie durch. So gesehen, vertrat Bismarck die Musealisierung und damit die Zivilisierung der Politik, was sich ebenfalls im Verhältnis zu den europäischen Großmächten durch die Begünstigung einer »*balance of powers*« ablesen lässt. In einem engmaschig gezogenen Netz vertraglicher Bindungen und Allianzen unter den auf imperialistische Durchsetzung drängenden Nationalstaaten sah er eine grundsätzliche Chance, wenn nicht zur Vermeidung, dann zumindest zur Zivilisierung kriegerischer Konflikte, die sich im Inneren der deutschen Nation als Kulturkampf abzeichneten.[14]

Die drei mit einfachen Zeichengebungen in der Museumsvitrine repräsentierten Bewegungen haben sich als beispielhaft und richtungweisend für die Bemühungen um eine Zivilisierung der Kulturen erwiesen. Zugleich sieht man, dass stimmige Konstellationen die Entwicklung von Gedanken durch Metaphorisierungen ermöglichen, die von der Geschichte der Zivilisierung der Kulturen in der zweiten Hälfte des 19. Jahrhunderts erzählen: mit Hagenbeck von der Naturbeherrschung und dem Imperialismus, mit Bebel von der Arbeiter- und Sozialbewegung und dem Kampf um soziale Standards, mit Bismarck von dem herrschenden System diplomatischer, bürokratischer und letztlich auch militärischer Macht und der Durchsetzung des Verhältnisses von Idee und Wirklichkeit in der Regierungskunst. Regierung heißt stets, zwischen den Wünschen der Menschen und den politischen, sozialen und ökonomischen Realitäten zu vermitteln.

Sich selbst regieren ist auf die gleiche Weise ein Weltregieren, stellt Thomas Manns Held Hans Castorp auf dem »Zauberberg« fest. In diesem Begriff sind Formen des Abseits-Sitzens und des stillen Überdenkens, also des Museumsverhaltens angelegt. Sich selbst zu regieren ist der Versuch, einen entscheidenden Einfluss auf das eigene Verhalten zu entwickeln, bis hin zur Rückübertragung dieses Modells auf die Gesellschaft.

Die solcherart in einer Museumsvitrine platzierten Konstellationen verweisen auf die wichtige Aufgabe, die Gewalttätigkeiten des kulturellen Identitätswahns durch die Kraft der Metapher aufzubrechen. Wer Fundamentalisten zivilisieren will, muss ihnen einen metaphorischen Sprachgebrauch nahelegen. Sie müssen in die Lage versetzt werden, Übertragungsleistungen zwischen verschiedenen Ebenen zu akzeptieren, damit an die Stelle der gotteseifrigen Kulturmissionen das Konzept zivilisierender Transmissionen treten kann.

Beten verboten, theoretisches Objekt, 1991

Kunst als Evidenzkritik – Erkenntnisstiftung durch wahre Falschheit

Wenn wir Entdeutschung als Strategie verstehen, wie man sich und andere vor Verblendungswahnsinn aller Arten im Alltagsleben schützen kann, helfen nur die von Künstlern und Wissenschaftlern vorgegebenen Methoden zur Ent-Täuschung.[1] Im Museum ist dabei ein nüchterner Blick auf den anhaltenden Kunstglauben dienlich, der durch eine Reihe von Fälschungsskandalen in den vergangenen Jahrzehnten schwer erschüttert und also ent-täuscht wurde – zum Glück!

Seit sich reihenweise Großfälscher freiwillig der Fälschung zahlreicher berühmter Werke moderner Künstler bezichtigt haben, die sich in Museen weltweit des lebhaftesten Interesses und der überschäumenden Anerkennung sowohl des Laienpublikums wie der Kunstsachverständigen erfreuten, wurden hochnotpeinliche Fragen gestellt, auf die bisher höchst unzureichend geantwortet wurde:

Warum soll ein Bildwerk, dessen Konzept, formale Gestaltung, Ikonographie und Wirkungskraft bisher geradezu gefeiert wurden, nur deshalb plötzlich wertlos sein, weil es nicht von dem namhaften Künstler selbst stammt, sondern von einem Namenlosen? Natürlich gehen wir dabei davon aus, dass es sich bei den Fälschungen um originäre, einzigartige Werke handelt und nicht um bloße Varianten oder Kopien ohne Eigenständigkeit.

Warum wird ein Gemälde als Fälschung diskreditiert, wenn sogar Experten Fälschungen nicht von Originalen unterscheiden können:[2]

— weder im Hinblick auf Authentizität der künstlerischen Haltung noch auf Stimmigkeit der nur sekundär intuitiv wahrnehmbaren Aura noch auf die Einpassung in Werk und Biographie des prätendierten Urhebers?
— Die Fachleute wären immer noch von der Echtheit des Werkes überzeugt, wenn nicht die Fälscher den gegenteiligen Beweis angetreten hätten.

Warum zeigten sich so viele Fälscher selber an, obwohl sie damit rechnen mussten, dass Justiz und Bildbesitzer Fragen der Fälschung, gegen alle Logik, immer noch als strafrechtliches und nicht als erkenntnistheoretisches Problem einschätzen? Das erklärt sich aus der Psychologie von Hochleistern. Was außer einem nicht einmal üppigen Bankkonto hat ein bedeutender Fälscher von seiner Leistungskraft, wenn niemand, außer ein paar Zwischenhändlern, ihn überhaupt identifizieren kann, um ihm Anerkennung für seine Leistungen zu bekunden? Bei großen Fälschern handelt es sich nicht nur um Hochleister im Sinne der üblichen Zuordnung zu Eliten. Sie müssen noch mehr bringen als alle anderen Großkönner, weil sie die außerordentlichen Fähigkeiten vieler verschiedener Meister zum Beispiel als Künstler besitzen und ausprägen müssen. Wer gleich ein halbes Dutzend Künstlergenies in seinem eigenen vereinigt, hat ja wohl als jedem einzelnen Künstler weit überlegen zu gelten. Mit der Selbstanzeige fordern jahrzehntelang erfolgreiche Fälscher als Genie der Genies endlich die gebührende Anerkennung ein.

Wieso werden solche grandiosen Figuren meisterlicher Größe immer noch wie Taschendiebe oder Kreditbetrüger behandelt? Haben sie irgendjemandem geschadet? Jedenfalls nicht dem Käufer der schließlich als Fälschung enthüllten Bilder. Denn wieso kann sich ein Bildersammler gerade auf seine außerordentlichen Kenntnisse berufen, wenn sie nicht ausreichen, ein echtes von einem gefälschten Bild zu unterscheiden? Käme es ihm aber ohne jede Kennerschaft nur darauf an, mit dem Besitz allseits geschätzter Kunst anzugeben, also aus unlauteren Motiven Kunst zu erwerben, und sich mit dem Erwerb die soziale Anerkennung als kunstsinnig zu erschleichen, so würde seiner Vortäuschung von Kennerschaft nur mit der Angabe eines falschen Urhebers entsprochen.

Die dem Phänomen zugrunde liegende Frage lautet: Wie soll man Aussagen etwa im Hinblick auf ihren behaupteten Wahrheitsgehalt beurteilen können, wenn die Wahrheit nicht bekannt ist? Diese Frage ist als das Dilemma gelungener, also nicht erkannter Fälschung nicht nur für die Kunstgeschichte der Gegenwart von herausragender Bedeutung. Sie findet ihre Antwort in folgender Erkenntnis: *Nur das erkannte Falsche ist als solches noch wahr.*

Erkenntnisstiftung durch kognitive Fakes

Ein Ausweg aus den Dilemmata eröffnet sich mit der Erarbeitung des neuen Objektstatus »Fake« zwischen originalem Kunstwerk und Fälschung. Es wurden bereits an vielen Stellen der Welt Schausammlungen für echte Fälschungen eröffnet, in denen grandiose Kunstwerke im Rang von Braque, Chagall, Feininger, de Chirico, Malewitsch oder Dalí mit dem Zertifikat »erstrangiges Fake« ausgestellt werden. Grundsätzlich gilt ein derartiges Werk als Fake, wenn es nicht in krimineller Absicht vorspiegelt, echt zu sein. Stattdessen zeigt sich das Fake als eigenständige schöpferische Leistung mit dem Hinweis auf seine völlige Gleichrangigkeit zu den bisher noch als gesichert anerkannten Klassikerwerken in den boomenden Museen der Metropolen – anerkannt, weil sie von Künstlern hervorgebracht wurden, die niemand anderer sein können, als sie selbst sind. Nur das Genie aller Genies, Picasso, behauptete stolz von sich, dass er seine eigenen Werke genauso gut fälschen könne wie die besten Großmeister ihrer Zunft.

Wenn Menschen nachweislich derart grandiose kreative Kapazität besitzen, dass sie nach Belieben Werke anderer singulärer Schöpferpersönlichkeiten hervorzubringen vermögen, dann wird die Schätzung glaubwürdig, dass gut die Hälfte der außerordentlichen Kunstwerke der Moderne falschen Urhebern zugeordnet wird. Die Schätzung geht zurück auf Angaben von »Fälschern«, die sich selbst offenbarten. Was hätten die Herren der unbezifferbar wertvollen Sammlungen zu befürchten, wenn sie die »Fälscher« legalisierten, also neben den Picassos von Picasso auch die Picassos von de Hory als de Hory präsentierten?

Es verwundert immer wieder, dass sich seit der Aufdeckung der Vermeer-Fälschungen Ende der 1920er Jahre die Diskussion 100 Jahre lang in den gleichen Bahnen bewegt, also weiterhin unsinnig geführt wird. Nicht einmal Orson Welles' geniale filmische Bearbeitung des Themas in »F for Fake« (1974) mit den besonders erhellenden Sequenzen über den Großfälscher Elmyr de Hory hat bei unseren Feuilletonisten, Staatsanwälten und Sammlungsdirektoren gefruchtet, obwohl mit der Verwendung des Begriffs Fake ja bereits die Qualität bezeichnet wird, durch Eingeständnis der Falschheit auf Wahrheit bezogen zu sein. Offenbar hat sich auch der Begriff der originären Fälschung trotz entsprechender Ausstellungen (man denke an die lebensgroßen Terrakottafiguren aus der Armee des ersten chinesischen Kaisers im Hamburger Völkerkundemuseum) nicht durchgesetzt. Hängt dem Problem immer noch seine Entstehungsgeschichte in Antike und früher Neuzeit nach, als man nicht auf eigenes Urteil nach persönlichem Augenschein vertrauen konnte, sondern dem Hörensagen ausgeliefert war? Aber damals ging es im wesentlichen um Vortäuschung eines behaupteten Materialwerts wie dem von Gold oder Silber oder hochwertigen Stoffen, den man einem Käufer in betrügerischer Absicht vorenthalten wollte.

Die ewige Wiederholung der gleichen Einwände gegen die Anerkennung von Fälschungen als besonderen Leistungen der Künstler ist umso unverständlicher, als sich inzwischen herumgesprochen haben dürfte, dass sich Expertenurteile über Zuschreibungen und Aberkennungen ohnehin im Laufe der kunstwissenschaftlichen Entwicklung ändern, zum Beispiel für das Œuvre von Rembrandt, ohne dass dabei irgendeine betrügerische Absicht oder ähnliches im Spiel wäre. Aber auch da gilt es, die Frage zu stellen, warum der jahrzehntelange Liebling der Rembrandt-Kenner wie der Rembrandt-Fans, der sogenannte »Mann mit dem Goldhelm«, plötzlich an Wert und Interesse verlieren soll, bloß weil eine Expertenkommission ihn nicht mehr *in toto* Rembrandt persönlich, sondern einem Maler aus seinem Umfeld zuschreibt. Wenigstens bei Kennern wäre doch zu erwarten, dass der »Mann mit dem Goldhelm« jetzt umso interessanter ist, als er nicht nur Rembrandts Konzepte, sondern auch die eines zweiten Großmalers vom Range eines Rembrandt zu repräsentieren vermag. Sollten Museen, vor allem die für moderne Kunst, nach Café und Shop nicht endlich auch den Museumslimbo anbieten, in dem Betrachter ihre Dalí-Lieblinge, Rembrandt-Ikonen und Gauguin'schen Paradieszeugnisse im Bewusstsein von deren Falschheit anzuschwärmen hätten? Eine solche Einrichtung wäre nicht nur in Sachen der teuflischen Problematik echter Falschheit und falscher Echtheit wertvoll, sondern leistete auch kulturgeschichtliche Bildung der Besucher, nachdem am 20. April 2007 (!) ausgerechnet der deutsche Papst Benedikt XVI. mit der rückstandfreien Auflösung der tausendjährigen Institution Vorhölle/Limbo einen nicht unwesentlichen Teil von deren theologischer Bildung gestrichen hat.

Gerade die Könnerschaft, wie sie Fälscher demonstrieren, schien den Laien vom Teufel zu stammen, mit dem Künstler und andere Übermenschen ja bekanntlich gerne regelrechte Pakte abschließen. Zur teuflischen Macht gehörte eine schier unkontrollierbare Verwandlungskraft, vor der man sich in Sicherheit bringen sollte. Deswegen fühlte der Bürger sich verpflichtet, nur Personen anzuerkennen, die niemand anderer zu sein vermögen, als sie tatsächlich sind. Wer hingegen bekundet, dass er beliebig anders könnte, verscherzt es sich offenbar mit dem Publikum, das angesichts eigener Kümmerlichkeit derart viele Optionen einer Person für teuflischen Schwindel halten muss.

Einen Höhepunkt der Auseinandersetzung um die erkenntnistheoretische Problematik von echten Fälschungen erlebten nach dem Zweiten Weltkrieg die Lübecker. Als man daran ging, die von Bomben schwer beschädigte Marienkirche am Marktplatz zu sichern und wieder herzustellen, entdeckte man entlang der Chorwände unterhalb des Dachs einige Fresken in sensationell gutem Erhaltungszustand, die man für romanisch hielt. Die Kunstwelt, Ordinarien der Kunstgeschichte, Mediävisten und Ministerpräsidenten pilgerten erwartungsfroh zur Anbetung der Kunstoffenbarung. Zur Feier der Vollendung der Restaurierung richtete man einen großen Festakt aus. Ganz hinten im Festsaal saßen die Handwerker und hörten, wie die Experten auf der Tribüne die einmalige Leistung eines mittelalterlichen Künstlers priesen und die Kirchenvertreter sich über die kulturelle Bedeutung menschlicher wie göttlicher Schöpferkraft ergingen. Schließlich erhob sich einer von den billigen Plätzen und bekannte, dass er sich sehr gewürdigt und geehrt fühle, nach so einer Vergewisserung seines Könnens durch die anwesenden Kapazitäten. Er danke ergebenst, denn er sei der geniale Schöpfer dieser Fresken und heiße Lothar Malskat.

Naturgemäß verschwand Malskat für längere Zeit hinter Gefängnisgittern, obwohl er doch auf die denkbar angemessenste Weise Evidenzerzeugung durch Evidenzkritik betrieben und den Kunstgläubigen zur Ent-Täuschung verholfen hatte. Er konnte nie nachvollziehen, warum dieselben Kunstwissenschaftler, die zuvor die entdeckten Arbeiten in höchsten Tönen gepriesen hatten, ihnen vom Augenblick seines Bekenntnisses an jede Bedeutung absprachen. Leider haben die Experten, um ihre Blamage vergessen zu machen, das Malskat'sche Werk eines romanischen Großmeisters mit Hilfe ebenso ahnungsloser Staatsanwälte, Richter und der üblichen Beteiligten an Großtaten von Dummheit verschwinden lassen.

Bloß dumm aus Geltungssucht und Habgier führten sich die Herren jenes Sterns auf, der sich gerne als Logo unnachgiebiger Gesellschaftskritik vermarktete, als sie Hitlers Tagebücher entdeckten und publizierten. Der Fall ist wirklich nur strafrechtlich und psychopathologisch anzugehen, weil jeder halbwegs Kundige umstandslos die Fälschung aufdecken konnte. Aus dem Fall ist nichts Erkenntnisstiftendes zu holen, da Konrad Kujau nur ein gering begabter Fälscher und ein noch weniger befähigter Faker war. Zu seiner Ehrenrettung könnte man die Hypothese wagen, sein reines Gemüt habe die Selbstrechtfertigung sabotiert, er, Kujau, habe ja nur spielerisch sein Können erproben und den Betrug anderen überlassen wollen. Dieser Fall sei hier nur erwähnt zur Unterscheidung einer bloßen Fälschung von einem originären Fake mit erkenntnisstiftender Wirkung.

Wenn ein Gemälde gelungen gefaket ist, dann handelt es sich um eine auf allen qualitativen Niveaus der Darstellung überzeugende Leistung, durch die die Frage nach der Ununterscheidbarkeit von Falschheit und Echtheit unabweislich wird. Wie ließe sich ein Unterschied zwischen einem fünfhundert Jahre alten und einem nur fünfzehn Jahre alten Bild behaupten, wenn dieser nicht feststellbar ist? Die Fälschungsproblematik sollte mittlerweile für so grundlegend gehalten werden, dass man erfolgreiche, weil nur durch Selbstanzeige entdeckte Fälscher nicht mehr ins Gefängnis steckt, sondern auf Philosophielehrstühle beruft.

Schwindel als Kulturleistung

Es gibt eine Malereigattung des 17. Jahrhunderts, in der man sich der Kunst der Vorspiegelung mit höchster Meisterschaft widmete. Ihr Name Trompe-l'œil-Malerei gibt bereits die Zielrichtung der Wirkung vor, nämlich die Augen zu täuschen, aber in der Absicht, aus der bewussten Täuschung eine Erkenntnis zu gewinnen. Die Augentäuscherbilder schafften sich die Bürger der Niederlande vor allem an, um ihre relativ kleinen Stuben mit der visuellen Simulation zum Beispiel einer ziemlich hohen und breiten Schrankvitrine attraktiver zu machen. Die Vitrine war so gemalt, dass der Betrachter glaubte, tatsächlich ein Möbelstück im Zimmer zu sehen, zumal der Eindruck durch das Ausarbeiten einer Unzahl von Details perfektioniert wurde. Lichtspiegelungen im Vitrinenglas weisen zum Beispiel deutliche Differenzen in der Sichtbarkeit von Objekten im Innern der Vitrine und solchen, die am äußeren Rahmen angebracht sind (Merkzettel, Briefe, Etuis ...), auf. Sobald der Betrachter im Raum aber merkt, dass er keinen realen Schrank vor sich hat, sondern eine Simulation, wird er zu der erkenntnisstimulierenden Erfahrung geführt, dass ein visueller Eindruck und das begrifflich gefasste Wissen in Spannung zueinander treten.

Um diese Einsicht zu gewinnen, zogen wir als Kinder das Erlebnis vor, auf einem in die Ferne führenden Eisenbahndamm die beiden Schienenstränge sich noch vor dem Horizont vereinigen zu sehen, obwohl wir gerade in der Schule gelernt hatten, dass Parallelen sich erst im Unendlichen treffen.

Und was ist der Gewinn, warum gab man (und gibt man) viel Geld für das Getäuschtwerden aus? Sehr einfach! Sobald jemand seiner Täuschung gewahr wird, enttäuscht er sich ja. Ihm geht ein Licht auf. Das heißt, er wird aufgeklärt durch die Erfahrung, in ein und demselben Augenblick die Täuschung zu genießen und sie als solche zu durchschauen. Das ist der Kern der Arbeit, die man im Europa des 18. Jahrhunderts Aufklärung oder auch *enlightenment* oder *siècle des lumières* nannte.

Mehr Scheinen als Seinen

Friedrich Nietzsche entdeckte, dass dem preußischen Wahlspruch »Mehr Seyn als Scheinen« erst entsprochen werden kann, wenn man mehr zu sein scheint, als man ist. Preußen war anfänglich ein äußerst ärmliches Land, das sich für seine repräsentativen Bauten kein teures Baumaterial leisten konnte. Preußen, besser gesagt, die Streusandbüchse Brandenburg, war eine Wüste, die Sumpfinseln umschloss. Man lebte wie die Wüstenvölker in realer Konfrontation mit dem Nichts und musste seinen Gott mit ähnlich radikaler Strenge behaupten wie das Volk Mose. Trotz allen rigiden Vorgehens gegen Gemütsweichheit, katholische Bilderseligkeit und das Blendwerk der Verzierungen offenbarte sich Gott nicht. Kein Wunder, dass man deshalb Gott als Preußen imaginieren musste, weswegen es selbst den Intelligentesten nicht schwerfiel, die Könige als von Gottes Gnaden eingesetzt zu akzeptieren. Der vom König eingesetzte Generalbaumeister Schinkel entwickelte ein bis heute beispielhaftes Verfahren des Fakens, um den Mangel an Geld und damit an kostbarem Baumaterial zu kompensieren. Schinkel leistete Unglaubliches, nicht durch Vorspiegelung von Echtheit, sondern durch Ausstellung des Echten im Falschen, nämlich der Form- und Gestaltprägnanz noch im billigsten Material, das dadurch eine andere Anmutung erhält. Allein durch geschicktes Setzen von Fugen und die Proportion der durch die Fugungen vermeintlich sichtbar gemachten Steinplatten vermochte Schinkel den Anschein zu erwecken, als ob sie, wie bei den reichsten Bauherren der Welt, aus den angesehensten Steinbrüchen angeliefert worden seien.

Die gemalte Türsimulation (siehe Abb. S. 192-193) entwickelt insofern den Trompe-l'œil-Effekt, als keinesfalls eindeutig zu entscheiden ist, ob die Tür geschlossen oder geöffnet wird. Hierzu muss man sich die Ikonographie des Mars-Tempels in Erinnerung rufen, der zufolge die römischen Bürger Krieg zu erwarten hatten, wenn sich die Tempeltür öffne-

Die Schinkel'sche Wand, theoretisches Objekt, 2006

te, hingegen Frieden herrschte, wenn sie geschlossen war. Wenn diese Entscheidung nicht eindeutig getroffen werden kann, ist das dann nicht eine sinnfällige und deshalb kritikwürdige Darstellung der erzpreußischen Philosophie des geradezu vergötterten Strategen Clausewitz, der ein für allemal feststellte, Krieg sei die Fortsetzung der Politik mit anderen Mitteln und damit Politik zu treiben eine Kriegshandlung? Weshalb vornehmlich militärisch ausgebildete Herren in Preußen für die Politik prädestiniert erschienen. Selbst ein Bismarck trat am liebsten in Militäruniform auf, obwohl er weiß Gott höhere und andere Qualifikationen unter Beweis gestellt hatte als seine Bewährung im Militärwesen.

Überträgt man die Schinkel'sche Kunstfertigkeit auf die allgegenwärtigen Verschönerungsversuche der Mitmenschen, scheint die Welt plötzlich nur noch durch Prothesen zusammengehalten zu werden. Wohin man blickt, sieht man künstliche Wimpern, Silikonbrüste und falsche Zähne. Sie sind Anzeichen dafür, dass Kultur im wesentlichen durch das Angebot definiert wird, natürliche Mängel oder erlittene Beschädigungen zu ergänzen oder auszugleichen. Selbst vermeintliche Eitelkeiten, also das Bedürfnis nach Optimierung, Perfektionierung, Idealisierung, sind kulturell vermittelt. Das heißt, in erster Linie wünscht man Tränensackentfernung, Plattenbepflanzung, Zahnkorrektur, Brustvergrößerung oder Bauchstraffung nicht aus Jux und Dollerei, sondern weil daran Attraktivität als Mitarbeiter, als Partner und sogar die Verpflichtung auf ein positives Selbstverständnis gekoppelt sind.

Wo aber zum Beispiel Alterungsprozesse trotz Schönheitsoperation, Toupet oder unsichtbarem Mieder sichtbar bleiben, kann und muss sich der Ent-täuschte sogar mit dem ethischen Konstrukt eines Verhaltens-Fakes behelfen. Es trägt den Namen *pia fraus*, fromme Lüge. Zu ihr sind Eltern gegenüber Kindern, Ärzte gegenüber ihren todgeweihten Patienten und Priester gegenüber verzweifelten Gemeindemitgliedern geradezu verpflichtet.

»Pyramide der Eitelkeiten«

Ein Gegenbeispiel zur frommen Lüge bietet das frömmelnde Feuer des italienischen Bußpredigers Savonarola. Er versuchte, mit einer geradezu sprichwörtlich preußischen Sittenstrenge, Begriffs- und Programmgläubigkeit in Florenz das Reich Gottes auf Erden zu etablieren. Sein Versuch lag 25 Jahre vor dem Luthers, der glaubte, durch die Lehre von den Zwei Reichen, dem Himmlischen und dem Irdischen, unsinnige Konsequenzen aus dem Missverstehen kirchenväterlicher Texte unmöglich gemacht zu haben. Savonarola gehörte zu den Dominikanern, die sich als Hütehunde ihrer christlichen Schäfchen verstanden. Gefährdet waren die Schäfchen durch die Verführungen zu weltlichem Lebensgenuss, der sich in der Hingabe an betörende Musik, schöne Frauen, Völlerei und prächtige Palastausstattungen im Florenz der Medici manifestierte.

Solche Degeneration konnte nicht lange gut gehen, weshalb Savonarola versuchte, noch rechtzeitig die Florentiner und die Menschheit vor dem Untergang zu bewahren, den nicht nur er mit der Herrschaft von Alexander Borgia und dessen Sohn als Papst und erstem Kardinal vorprogrammiert sah. Seine öffentlichen Strafpredigten und die Einschüchterungen der Bürger durch seine Geheimpolizei aus jungen Leuten überhöhte er durch ein öffentliches Spektakel auf der Piazza della Signoria.[3] Am letzten Karnevalstage des Jahres 1497 inszenierte er die erste unserer historischen Bücherverbrennungen als Auftakt zu einem gewaltigen Autodafé, dem er selbst am Ende zum Opfer fiel.

Auf Geheiß des gotteskämpferischen Asketen wurde der von führergläubigen Pimpfen aus Bürgerhäusern zusammengetragene eitle Plunder zu einer Stufenpyramide aufgeschichtet, die in zeitgenössischen Quellen so beschrieben wird:

»Unten zunächst der Basis waren Larven, falsche Bärte, Maskenkleider u. dergl. gruppiert; drüber folgten die Bücher der lateinischen und italienischen Dichter, unter andern der Morgante des Pulci, der Boccaccio, der Petrarca, zum Teil kostbare Pergamentdrucke und Manuskripte mit Miniaturen; dann Zierden und Toilettengeräte der Frauen, Parfüms, Spiegel, Schleier, Haartouren; weiter oben Lauten, Harfen, Schachbretter, Triktraks, Spielkarten; endlich enthielten die beiden obersten Absätze lauter Gemälde, besonders von weiblichen Schönheiten, teils unter den klassischen Namen der Lucretia, Cleopatra, Faustina, teils unmittelbare Porträts wie die der schönen Bencina, Lena Morella, Bina und Maria de' Lenzi.« [4]

Die Pyramide der Eitelkeiten ging in Flammen auf und prägte sich als Typologie des Scheiterhaufens ins kollektive Gewissen ein.

Uns interessiert an diesem Vorgang der theokratisch inspirierten Zerstörung von Literatur, Kunstwerken und Damenunterwäsche die Tatsache, dass immer wieder in der Geschichte eben jenes Flitterwerk den Anlass zu ernsthaften und gewaltsam ausgetragenen Kulturkonflikten bietet. Wie zu Zeiten Savonarolas kann auch heute ein mehrdeutiges Bild oder ein ketzerisches Buch als fatales Distinktionsmerkmal für kulturelle Zugehörigkeiten und damit als Begründung für repressives und gewaltsames Vorgehen dienen. Ein Beispiel sei deshalb erwähnt: Im März 2006 kam die Meldung aus Indonesien, dass dort fürderhin das Aufführen oder Abspielen von Beethoven strengstens untersagt sei und sogar mit Gefängnishaft bestraft werde.

Ein weiteres Beispiel für heutige kleinbürgerliche Savonarolas in ihrer rigid fundamentalistischen Ausprägung bietet vorzüglichen Anlass, das Risiko der Orientierung auf die Echtheit des Falschen, also die

Die Pyramide der Eitelkeiten nach Savonarola –
Dominanzgeste eines Dominikanermönchs
Theoretisches Objekt, 2006

Fake-Strategie im Alltag zu bedenken. Ein gar nicht mehr so junger Bursche wurde angeklagt, auf der Straße eine Frau belästigt zu haben, die nach seiner Meinung allen öffentlich verbreiteten Bildern von Huren entsprach, nämlich Minirock bis zum Schritt, gepushte, halb entblößte Brüste, Stöckelschuhe, Netzstrümpfe, blondierte Haare, Lippen knallrot, die Augen tiefschwarz umrandet. Es war ihm bis dato nie der Gedanke gekommen, dass eine Frau, die sich wie eine Hure kleidet, sich nicht auch als eine solche versteht und präsentiert. Und zwar nicht nur dann, wenn sie, wie in diesem Falle, zu einer Laientheateraufführung bereits kostümiert, die Straße querte. Theaterkostüme gehören ja zu den klassischen Fakes und immer schon hat man diejenigen Schauspieler bewundert – und mit Brecht sogar als die größten gepriesen –, die ihrem Publikum ganz offen signalisieren, dass sie ganz berufsmäßig, persönlich unbeteiligt, bloß eine Rolle spielen, zum Beispiel einen König Lear. Offensichtlich aber erzielen sie gerade dadurch eine Wirkung, wie sie nur durch die reale Anwesenheit der dargestellten Figur vorstellbar ist.

Die Fake-Philosophie *in nuce*

Der Kern der Fake-Philosophie ist in folgendem Witz über das Konzentrationslager, den eigentlich nur Juden würdigen können, enthalten:

Zwei deutsche Akademiker kämpften als Offiziere im Ersten Weltkrieg Seite an Seite. Der eine war Jude, der andere nicht, oder, nach Wagners Typologie, der eine war »undeutsch«. Der Undeutsche zog den Deutschen bei einem Granatenangriff aus der Gefahrenzone, schleppte ihn zum Verbandsplatz und rettete ihm damit das Leben, ohne dass er erfahren hätte, wie und mit welchen Folgen der Kamerad verwundet worden war. Nach 1939 begegnen sich die beiden wieder, der deutsche Offizier als Lagerleiter eines KZs und der undeutsche Offizier als KZ-Insasse. Die Situation ist für beide hochnotpeinlich. Der Lagerleiter bietet an: »Ich habe damals in der Schlacht ein Auge verloren. Die besten jüdischen Augenärzte Berlins habe ich aufgesucht. Sie haben tadellose Arbeit geleistet. Bisher hat kein Mensch feststellen können, dass ich überhaupt ein Glasauge trage. Nun frage ich dich: Welches ist das falsche – und wenn du das richtige Auge errätst, lasse ich dich laufen!« Der Angesprochene reagiert nach einem langen Blick in die Augen des Gegenübers: »Das linke Auge, Herr Kommandant.« Der ist perplex: »Es ist tatsächlich das linke, – aber wie bist du darauf gekommen?« Der Jude antwortet bescheiden: »Es war ganz einfach, Herr Kommandant, das linke Auge blickt so gütig.«

Diese Pointe ist Aufklärung vom besten, da sie erweist, was mit dem Kriterium der Echtheit eigentlich gemeint ist: Die Fälschung ist das eigentlich Wahre! Nur das gefälschte Auge wirkt menschlich und daher echt.

Schöpferische Zerstörung

Tragbares Altarfeuer
Kultgegenstand für »Gott und Müll«-Prozessionen
Theoretisches Objekt, 2006

Der große Archäologe und Mitbegründer der »deutschen Ideologie«, Heinnrich Schliemann, versuchte, sich auf dem Askanischen Platz in Berlin als einem Gelände zu orientieren, dessen Koordinaten einzig einer rein gedanklichen Konstruktion entsprungen waren, nämlich seiner Lektüre der *Ilias* von Homer.[1] Das Bedeutsame an der Entdeckung Trojas durch Schliemann war die Bestätigung, dass man einen fiktiven Text nur auf die Wirklichkeit zu projizieren brauche, um nach Hegel'schem Muster zu einem großartigen Resultat zu gelangen. Auf eine knappe Sentenz heruntergebrochen, lautet das betreffende Motto: »Umso schlimmer für die Wirklichkeit, wenn sie nicht mit den Ideen übereinstimmt.«

Indem Schliemann sich auf die mythische Fiktion von Homers Dichtungen wie auf eine Anleitung zur buchstabengetreuen Erschließung der Geschichte einzulassen wagte, gelang es ihm nicht nur, die Wortwörtlichkeitsmethode weltwirksam werden zu lassen und die Trümmer Trojas auszugraben, sondern zugleich die Macht der Mythologien in der Gegenwart unter Beweis zu stellen.[2]

Die grundlegende Vermüllungswissenschaft, nämlich die Archäologie, stellt eine Entfaltung unseres wissenschaftlichen Denkens dar, mit deren extrem anspruchsvollem methodischen Rüstzeug es möglich ist, aus der neutralisierten Gestalt, dem chaotisch Gewordenen – und das heißt ja Müll – auf das Leben der Menschen, die diese Art von schöpferischer Vermüllung hervorgebracht haben, zurückzuschließen. Schöpferisch ist die Vermüllung deswegen, weil die prähistorischen Vorformen unserer Gemeinschaften nur noch in Gestalt des Mülls auf uns gekommen sind und aus dem Müll wiedergeboren werden. Kulturen haben allein durch die Tatsache überlebt, dass von ihnen Spurenelemente übrig blieben. Die Antike ist nur als Ruine übermittelt. Als die Barbaren kamen und alles zertrümmerten, haben sie das Ruinierte einfach liegen gelassen. Was übrig blieb, war nichts mehr wert und blieb als Baumaterial verschont. Die Zerstörung erwies sich somit als Chance des Überlebens.

Fininvest: Abriss des Euler-Hermes-Hochhauses in Hamburg 2020

Gerade das Kaputte beansprucht Interesse für sich, da es uns nicht nur das ziellose zerstörerische Walten von Naturgesetzen und Schicksalsmächten vor Augen führt, sondern uns zur virtuellen Rekonstruktion eines nicht mehr real gegebenen Ganzen animiert. So verstanden, ist unsere heutige Verpflichtung zur Mülltrennung eine Form der antizipierten Geschichtsschreibung, aus der sich die Suggestion einer geschlossenen Lebenswelt ergeben soll. Nur in den Fragmenten lebt der Impuls zur Rekonstruktion der einen, ganzen, heilen Welt, die als solche niemals und nirgends als im Müll sichtbar werden kann. Dieser Zusammenhang von Fragmentierung und suggestivem Zwang zur Illusion des Ganzen nannte der Kulturphilosoph Theodor Lessing (1872–1933) »Sinngebung im Sinnlosen«. Geschichtsschreibung als Versuch der Menschen, Kontinuität in ihre Welterfahrung zu bringen, charakterisiert er deswegen als »Sinngebung des Sinnlosen«.

Mit den ausgefeilten Methoden und Mitteln eines Müllwerkers sollte jedermann dazu befähigt werden, eine Kultur- oder Evolutionsgeschichte, also eine Sinnstiftung im Sinnlosen nach Kriterien des Unterscheidens im Ununterscheidbaren, also im Müll, zu begründen.[3] Orientierung hierfür bieten unter den Müllwerkern von heute insbesondere Archäologen, Materialkundler und Museologen als Vertreter der zur Bedeutungsstiftung berufenen Wissenschaften. Aus Spuren des Alltagslebens lassen sich dann Rückschlüsse auf Kulturen ziehen, die sich durch Allmachtswahn selbst vernichtet haben oder als Ausdruck von Rebarbarisierung und anderen Fundamentalismen mutwillig zerstört wurden.

Alltägliche Sammelstelle für das Berliner Müllmuseum

Fininvest
Logik des apokalyptischen Denkens

Berlusconi macht klar: Kapitalismus ist Fininvest – so nannte er die Dachfirma seiner Unternehmungen. Die Auferstehung durch Untergang war und ist die probate Ideologie der Apokalyptiker. Also: Investieren wir freudig in unseren Untergang!
Die Logik des apokalyptischen Denkens ist gerade nicht auf das definitive Ende ausgerichtet, sondern auf die Begründung der Möglichkeit, dass jederzeit ein erneuter Anfang gemacht werden kann.[4]

Die heute bestvertraute Verschmelzung von Endzeitdenken in der Zerstörung und in der Vermüllung mit dem Appell »Weiter so bis in alle Ewigkeit« trägt den Alltagsnamen »Kapitalismus« und den Sonntagsnamen »schöpferische Zerstörung«, wie ihn 1942 der Nationalökonom Joseph Schumpeter in seinem Buch *Kapitalismus, Sozialismus und Demokratie* herausstellte.

Uns scheint es völlig selbstverständlich, etwas abzuräumen, zu vermüllen, zu entsorgen, um etwas Neues an seine Stelle zu setzen, von dem versichert wird, dass es seinerseits über kurz oder lang abgeräumt, vermüllt und endgelagert wird. Die Zyklen der schöpferischen Zerstörung werden immer kürzer, sodass heute einem Menschen im Laufe seines Lebens zugemutet wird, mehrmals den kompletten Umbau einer Stadt samt Restaurants, Theater oder Wohnungsinterieurs mitzuerleben.

Diese Beobachtung führte Hannah Arendt zum Erstaunen vor der Tatsache, dass die einstmals von den Griechen »Sterblinge« genannten Menschen zu den einzigen Trägern des Gedankens der Dauer wurden, während die von den Alten im Vergleich zu den Menschen als ewig und dauerhaft angesehenen Häuser, Städte, Lebensumgebungen wie Tal und Berg, in kürzester Zeit mehrfach umgestaltet werden konnten. Hannah Arendt sah die Umkehr von Sterblichkeit und Unsterblichkeit auf hervorragende Weise durch Rilkes Gedicht »Wunderliches Wort: die

Zeit vertreiben! / Sie zu halten, wäre das Problem« ausgedrückt. In der dritten Strophe heißt es dort:

»*Berge ruhn, von Sternen überprächtigt;*
– aber auch in ihnen flimmert Zeit.
Ach, in meinem wilden Herzen nächtigt
obdachlos die Unvergänglichkeit.«

Die kapitalistische Rechtfertigungsstrategie schöpferischer Zerstörung hat uns, worauf Rilke und Arendt verweisen, somit zu den ältesten menschlichen Vermutungen über das Verhältnis von Zeit und Ewigkeit zurückgeführt. Zeitenthoben sind demnach nur die begrifflich gefassten Gedanken und bildlich ausgedrückten Ideen, die beide die Orientierung der Menschen auf den Geist ihres Weltverständnisses verbürgen.

Die Kapitalistenparole »Fininvest«, scheinbar gerechtfertigt durch ihre Übereinstimmung mit der Logik der christlichen Orientierung auf die Apokalypse, führt jedoch in dem Maße, wie sie erfolgreich zu sein scheint, zum Widerstand gegen ihren Geltungsanspruch. Wie hemmungsloser Konsumerismus am Ende doch nur noch Widerwillen und Ekel erzeugt, so bewirkt der ebenso hemmungslose Hinweis darauf, dass man alles nur schaffe, um es zu zerstören, zur Flucht in die Überlegenheit gegenläufiger Ideale. Sie sind bereits überraschend erfolgreich, sogar unter dem herkömmlich altbackenen Namen »Die Linke«.

Jeder Hanswurst kann mit Kapital und sozialer Intelligenz die Welt mit Produkten vollstellen.[5] Obzwar hier und da Einwände gegenüber den Herren moderner Produktion laut werden, werden weiterhin die großen Schöpfergenies als Kulturheroen glorifiziert, die ohne Kontrolle ihres Tuns als Kreatoren des In-die-Welt-Bringens triumphieren. Bereits zu Zeiten, als man das Schöpferpathos noch hymnisch-naiv feiern konnte, war im Grunde klar, dass alles in die Welt Gesetzte auf irgendeine Weise neutralisiert werden müsse. Die große soziale Strategie des

Kriegführens diente zur Tarnung einer allgemein akzeptierten Form des Vernichtungswillens als psychologischer Motivation, die Freud mit dem Begriff »Todestrieb« umschrieben hatte.

Doch man ahnte bereits, dass dem In-die-Welt-Bringen von Artefakten immer ein Aus-der-Welt-Bringen entsprechen müsse. Sonst wäre die Balance zwischen Schöpfung und Erschöpfung nicht mehr gegeben und die Welt würde hoffnungslos verstopft, wie wir es unter den Zeichen allgegenwärtiger Vermüllung erleben.[6]

Zerstörungspflicht des Konsumenten:
Big dasher gegen *big spender*

Bei der Müllentsorgung und den zerstörerischen Konsequenzen weiterer Vermüllung für die verschiedenen Lebenssysteme enden alle großen politischen und gesellschaftlichen Verfügungs- und Machtphantasien – außer man hieße Berlusconi, der in Neapel den Unrat zum Gold der Mafia verwandelte. Sein Firmenimperium Fininvest bezeichnet also die generelle Absicht, aus Zerstörung Geld zu machen.[7] Nicht das In-die-Welt-Bringen, sondern das Aus-der-Welt-Bringen entpuppt sich als grundsätzliches Problem des Wohlstands der Massen. Wie wird man das Zeug wieder los, das für uns geschaffen wurde? Antwort: Durch Verbrauchen, was nichts anderes heißt als durch Zerstören und Vermüllen. Der Name für diese Berufung zum großen Zerstörer heißt »Konsument« (»*big dasher*«). Konsumenten sind diejenigen, die durch ihre Verschlingungs-, Vermüllungs- und Zerstörungsaktivität die Übermacht des in die Welt Gestellten weitestgehend zu neutralisieren haben.

Wir erinnern uns an die triumphale Auffassung des Schöpferischen in der alten Dichotomie des Kreatorgottes/Demiurgen und seines Pendants, nämlich des teuflischen Zerstörers, der in allen Mythologien für das Gleichgewicht von In-die-Welt-Bringen und Aus-der-Welt-Bringen zu sorgen hat. Bei diesem Teufel als dem nützlichen, dem guten Bösen handelt es sich offensichtlich um eine allen Menschen sinnvoll erscheinende Vermittlung von zwei Prinzipien, die im Deutschen mit Jöten und Hejeln lauten: Jeder sei sowohl ein Teil von jener Kraft, die stets das Gute will und doch das Böse schafft, wie ein Teil von jener Kraft, die unbedingt das Böse will und doch das Gute schafft. Auf dem gegenwärtigen Stand des industriellen Fertigungsprozesses ist dieser Zusammenhang als kreatives Recycling etabliert. Die Industrie berücksichtigt bei dem Entwurf der neuen Produkte bereits deren Bestimmung zum Recycling. Damit diese Bestimmung erreicht werden kann und zugleich profitabel ist, muss den neuen Produkten bereits mit Sollbruchstellen und Verfallsdaten der Übergang in den Status als kostbarer Müll vorgezeichnet werden.[8]

»Konsument« sollte als Ausbildungsberuf auf gleiche Weise anerkannt werden wie »Produzent«. Die professionellen Konsumenten hätten die Rolle des Auflösers, Zermalmers, Zerstörers oder eben Vermüllers zu übernehmen, um das Kernproblem aller konsumeristischen Aktivitäten adäquat behandeln zu können – die Neutralisierung des Geschaffenen qua Vermüllung. Daher lautet die Aufgabe an uns Zeitgenossen: Wir müssen zu professionellen Müllmännern werden, um auf sinnvolle Weise Vermüllung zu betreiben.

Aus dieser Einsicht entwickelten wir bereits Mitte der 1960er Jahre das Konzept zur Professionalisierung von Konsumenten, die zu lernen hätten, wie man Testzeitschriften, Wirtschaftsnachrichten, Strategien kommunaler Abfallwirtschaft sinnvoll für die eigenen Kaufentscheidungen und für die Formen des Umgangs mit den Produkten nutzt.[9]

Um den Gedanken der Professionalisierung der Konsumenten mit Blick auf die Einheit von In-die-Welt-Bringen und Aus-der-Welt-Bringen zu stärken, ihm also Bedeutung zu verleihen, haben wir Müllprozessionen durch deutsche Innenstädte durchgeführt (siehe Abb. S. 214-219) und vorgeschlagen, allen Müllmännern ein Ehrendoktorat zu verleihen und sie zu Mitgliedern der Akademien archäologischer Wissenschaften zu ernennen.[10] Denn als professionelle Müllwerker sind sie Archäologen und Theologen, die auf der Grundlage des Mülls Unterscheidungen gleichsam aus beruflichen Zumutungen hervorbringen.

Kathedralen für den strahlenden Müll – so ist Zukunft wahrscheinlich

Die folgenden Überlegungen gelten der Tatsache, dass wir Lagerstätten für die Resultate der schöpferischen Zerstörung, also Müllhalden, auf die gleiche Weise mitten in unseren Lebensräumen schaffen müssen, wie wir dort den Kräften der schöpferischen Hervorbringung Kultbauten widmen: Moscheen, Synagogen, Kathedralen. Es gilt also, Kathedralen für den Müll, für die Kultur begründende Kraft der Entsorgung zu schaffen – zumal dann, wenn der Müll aus seiner Beschaffenheit heraus eine Beachtung erzwingt, die wir bisher nur den Göttern entgegengebracht haben. Gemeint ist der atomar strahlende Müll.

Die kultische Hingabe an die Kraft des Hervorbringens, an die Kraft des Schöpfergottes steht im Zentrum jeder Kultur. Die Formen der Hingabe sind durch die Erfahrung geprägt, dass Menschen nur durch Verehrung bannen können, was sich durch keine andere Weise der Einflussnahme beherrschen lässt. Der göttliche Wille ist eben ein solcher, weil er nicht zum Willen der Menschen gemacht werden kann.

Alles, was unsere Kraft zur willentlichen Einflussnahme oder gar zur Beherrschung überschreitet, nennen wir Wirklichkeit. Wer nicht in der Lage ist, die Wirklichkeit anzuerkennen, wird in Allmachtsphantasien schwelgen, die selbst bei fürchterlichsten Folgen für unzählige Menschen, wie zum Beispiel durch Mord und Terror in KZs und GULAGs, vor allem Dummheit demonstrieren. Für die heutige Menschheit ist die mächtigste, weil gefährlichste Herausforderung durch die Wirklichkeit

Kathedralen für den strahlenden Müll
Theoretische Objekte nach Entwürfen von Winfried Baumann, 1986

im Umgang mit dem atomar strahlenden Müll gegeben, weswegen es notwendig wird, diese Macht der Wirklichkeit durch kultische Verehrung zu bannen. Leider werden die Versuche dazu immer noch in möglichst unzugänglichen Weltengegenden versteckt, obwohl längst alle wissen, dass sich das Problem nicht verstecken lässt. Deshalb wird die einzig vernünftige Reaktion auf die Zumutungen der atomar strahlenden Wirklichkeit darin bestehen, dass man in die Zentren des menschlichen Zusammenlebens auch Kultstätten für die Verehrung der destruktiven Kraft als Wirklichkeit baut. Mitten in die Gemeinden hinein sind die Kathedralen für den strahlenden Müll zu errichten und die Bevölkerung zu entsprechendem Dienst an der Bannung dieser Wirklichkeit zu erziehen. Müllkult hat gegenüber den bisherigen Gotteskulten einen unübersehbaren Vorteil. Kulturelle Gotteskulte haben es auf höchstens

3.000 Jahre Verehrungsdauer gebracht. Im Vergleich dazu stiften die Kathedralen für den atomar strahlenden Müll kultische Fürsorgepflicht für den Zeitraum von mindestens 50.000 Jahren Halbwertzeit. Müllverehrung ist also von unserer Gegenwart aus gesehen von größerer Wirkmächtigkeit als Gottesverehrung – zumindest wird im allergünstigsten Falle Gottesverehrung nur solange gelingen wie die Müllverehrung. Denn wenn die kultische Bannung des atomar strahlenden Mülls nicht gelingt, wird es keine Menschen mehr geben, die ihren Göttern dienen könnten.

Im Unterschied zur permanenten Aufforderung der verschiedensten Kulturen, sich im Namen des Geltungsanspruchs ihrer Götter Religionskriege und Kulturkämpfe bis zum bittern Ende zu liefern, hat die kultische Müllverehrung den Vorteil, die Mitglieder aller Kulturen gleichermaßen zum Dienst an der Abtragung von Ewigkeitskosten menschlicher Schöpferkraft zu beteiligen, da vor der Gefahr der atomaren Strahlung alle Menschen gleich sind und ihre kulturell-religiösen Bekenntnisse unerheblich werden. Müllverehrung hat also den stärksten uns bisher bekannten Zwang zur Entwicklung einer einheitlichen Weltzivilisation jenseits aller Kulturen zur Folge. Welcher Zweck stünde höher als die Bannung der Gefahr eines Untergangs der Menschheit? Also würden die Kathedralen für die Verehrung des atomar strahlenden Mülls als Kultstätten die höchste Auszeichnung unter allen konkurrierenden Kultstätten zugesprochen erhalten müssen.

Vor diesem Ereignishorizont begreifen wir erst die Dimensionen des Konsumerismus: Wirklichkeitsangemessenes Konsumieren hieße, das eigene Handeln als Beitrag zur Befreiung der Welt vom Allmachtswahnsinn der Produzenten zu verstehen. Neuartig in der Kulturgeschichte der Menschheit ist die Dimension der zerstörerischen Kräfte des menschlichen Schöpfergenius. Diese Dimension lässt sich als bisher beste Entsprechung zu den Begriffen »Ewigkeit« oder »Uchronie« werten. Die kultische Bannung der strahlenden Zerstörungskraft würde zum ersten

Mal in der Menschheitsgeschichte eine von niemandem zu verleugnende Orientierung all unseres Handelns und unserer Verhaltensweisen auf Ewigkeit stiften. Die nannte man bisher das Reich Gottes.

Unsere Verpflichtung auf Bewahrung des Mülls für Minimum 50.000 Jahre Halbwertzeit macht jetzt bereits alles zeitliche Handeln zu einer Verwirklichung von Ewigkeit. Wir stiften Ewigkeit. Die feuilletonistischen Gepflogenheiten, unsere Zeit als kurzatmig, neuigkeitssüchtig, ereignisflüchtig, oberflächlich, relativistisch und haltlos darzustellen, erweisen sich vor den Anforderungen an unsere Wirklichkeitstauglichkeit, also der Akzeptanz einer realistischen Zeitperspektive von 50.000 Jahren, ihrerseits als Ausdruck von Haltlosigkeit und weltflüchtigem Kulturrelativismus.

Vorbildlich agieren bereits Atomphysiker als zeitgemäße Tempeldiener in strikter Erfüllung der Vorschriften für den rituellen Umgang mit der tödlichen Kraft.[11] Um unversehrt in die Nähe der strahlenden Kraft zu gelangen, beachten diese Priester höchst artifizielle und exakt abgestimmte Annäherungsmodulationen, die im Umgang mit dem Tod verheißenden Material notwendig sind. Damit Zukunft wahrscheinlich wird und die potentielle Zerstörung des genetisch verankerten Reproduktionsprogramms des Lebens verhindert werden kann, sind also bestimmte Formen der fürsorglichen Verehrung des endzeitgelagerten radioaktiv strahlenden Mülls zu entwickeln. Wenn es uns nicht gelingt, die tödliche Wirklichkeit einzuhegen, also die Natur, vor allem auch die Natur des Menschen zu besänftigen, haben wir keine Chance, ein bereits drohendes Schicksal abzuwenden.

Seit 1986 arbeite ich mit dem Künstler Winfried Baumann an der Entwicklung von Modellen für Kathedralen des strahlenden Mülls.[12] Sie orientieren sich an den Proportionsschemata des Kölner Doms, der Aachener Pfalzkapelle, der Hagia Sophia, der großen Al-Aksa-Moschee beziehungsweise entsprechenden Synagogenbauten – das heißt an architektonischen Würde- und Pathosformen. Die Kathedralen für den

211

strahlenden Müll erfüllen alle Anforderungen der Sicherheitstechnik, übertreffen sie aber gerade durch das Sichtbarmachen des Atomkults, dessen entscheidendes Problem ohne jeden Zweifel die Endlagerung des atomaren Mülls darstellt.

Baumanns Containments sind so ausgelegt, wie das zehn Jahre nach unseren Initiativen auch amerikanische Künstler und Wissenschaftler forderten, etwa Don DeLillo, der in seinem Roman *Unterwelt* Müllhalden als Zentrum, als Sacrum, als Allerheiligstes jeder zukünftigen Zivilisation einforderte.[13]

Aber unsere Konzepte entwickeln nicht nur Bezüge zu zukünftigen Zivilisationen. In der Kulturgeschichte wird auf vielfältige Weise von Versuchen berichtet, durch Bauten die menschliche Verpflichtung auf Ewigkeit zum Lebenszentrum zu erheben. Ein anschauliches Beispiel hierfür bietet der Entschluss zum ersten Bau eines Tempels in Jerusalem durch König David und seinen Sohn Salomon. Bis zur Zeit Davids transportierte das jüdische Volk das Heiligtum stets in einem tragbaren Reise-Schrein. Das Heiligtum bewahrte die Zeichen des Bundes, den Gott mit dem Volk Israel schloss, vor jedem äußeren zerstörerischen Einfluss. Der bewegliche Schrein, die Mobilie, musste zur Immobilie als Tempel werden, weil dadurch ein besseres Containment für das Bündniszeugnis geboten werden konnte. Er bot auch Schutz gegen die zerstörerische Kraft des intellektuellen Zweifels und der ungewollten Häresie.

Wir bieten mit den Kathedralen für den Müll die zeitgemäße Definition des ausgegrenzten Bezirks, also eines Templum-Bereichs, zu dem Zutritt nur durch einen portalartigen Einlass mit besonderer Lizenz gewährt wird. Beim Übertreten der Schwelle des Tempels hochgefährlicher Kulturaktivitäten müssen die *rites de passage*, eine Verwandlung der Eintretenden vollzogen werden. Sie bekennen, jeden Mutwillen, alle Eigenmächtigkeit zu unterlassen. – Dante spricht im »Inferno« seiner »Göttlichen Komödie« im Geiste christlicher Demutsdeklarationen beim Eintritt in die Vorhölle: »Lasst fahren alle Hoffnung, die ihr hier eintretet«. Wählten wir das entsprechende Motto für den Eingang in die Kathedrale des strahlenden Mülls, so lautete die Übersetzung des Dante-Mottos: »Jeder, der hier eintritt, hat alle noch so geringen Zeichen von Eigenmächtigkeit oder Willkür zu unterlassen. Hier gilt's den Tod!« Unter dem Motto »Hier gilt's der Kunst«, der heiligen Schöpferkraft, der alle Naturwirklichkeit übergipfelnden *techné* wurde die Welt zur Müllhalde, die sich stündlich vergrößert, denn in immer kürzeren Takten werden schöpferische Leistungen des Menschen auf den Müll geworfen.

Für den Dienst in den Tempelbezirken sollte eine Art von »Schweizergarde der Kathedralen für den strahlenden Müll« gebildet werden, die sich regelmäßig zu »Gott und Müll«-Prozessionen durch die Zentren der Städte versammelt, wie wir sie 2006 im Rahmen des »Lustmarschs durchs Theoriegelände« vorgegeben haben. Diese sogenannte »Memorialmiliz«, die »*militia coelestis*« der antizipationskräftigen Müllverehrer folgte dem Vorbild der Sängerscharen der alttestamentarischen Tradition des Königs David und wurde somit zum lebendigen Ausdruck der »Gott und Müll«-Hoffnung. Als Bestandteil der »Gott und Müll«-Aktionen huldigte sie natürlich auch der antikrömischen Göttin der Zivilisation begründenden Kanalisation, der *Cloaca Maxima*.[14]

In summa, als Müllmänner der Geschichte demonstrieren wir die Fähigkeit, im Anderen uns selbst zu sehen, nämlich das Häufchen Elend, das bisschen Müll, den Rest mit oder ohne Spur. Der Müllkult hat bereits Folgen für unseren Alltag, wie die Häufung von Spurenarchäologie in den Krimis der TV-Programme beweist: Jedes Staubkörnchen kann radioaktiv strahlen, jeder Vogelschiss kann H5N1 enthalten und jede Zigarettenkippe die DNA des Täters. Es gilt also, den Hohepriestern des Müllkults in Quarantänestationen, in kriminologischen Instituten, in den Endzeitlagerungsstätten mit Respekt zu begegnen und den Gesang der Memorialmilizen zu üben.

»Gott und Müll«-Prozession der Memorialmiliz mit Ritualgewändern, Baldachin und Mülltempel, 2006: Die Teilnehmer folgten im rituellen Wechselgesang dem mit einer Tempelverkleidung versehenen Müllwagen durch die Zentren der Städte: »Bei Don DeLillo, Winckelmann, Unterwelt, Überwelt, Diesseits, Jenseits, Abseits, Eintreten!«

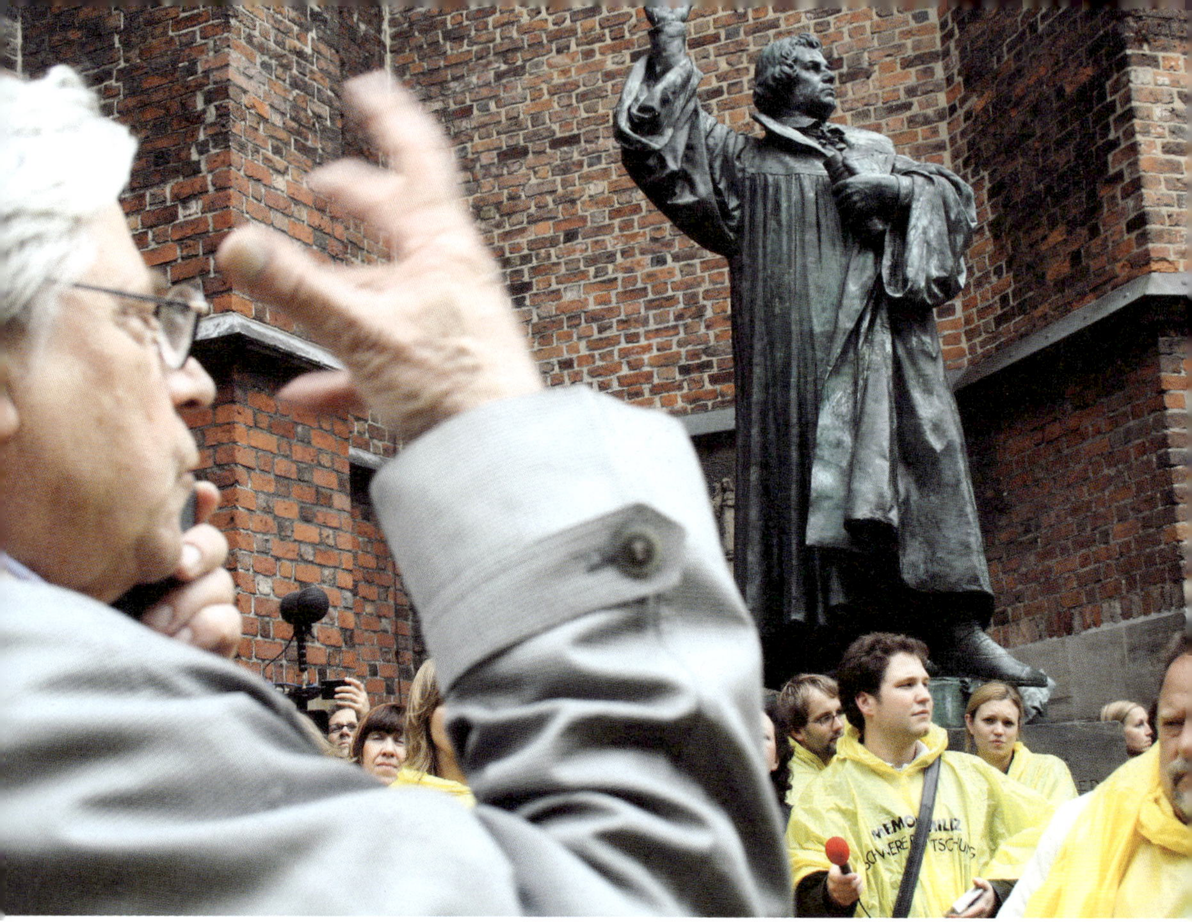

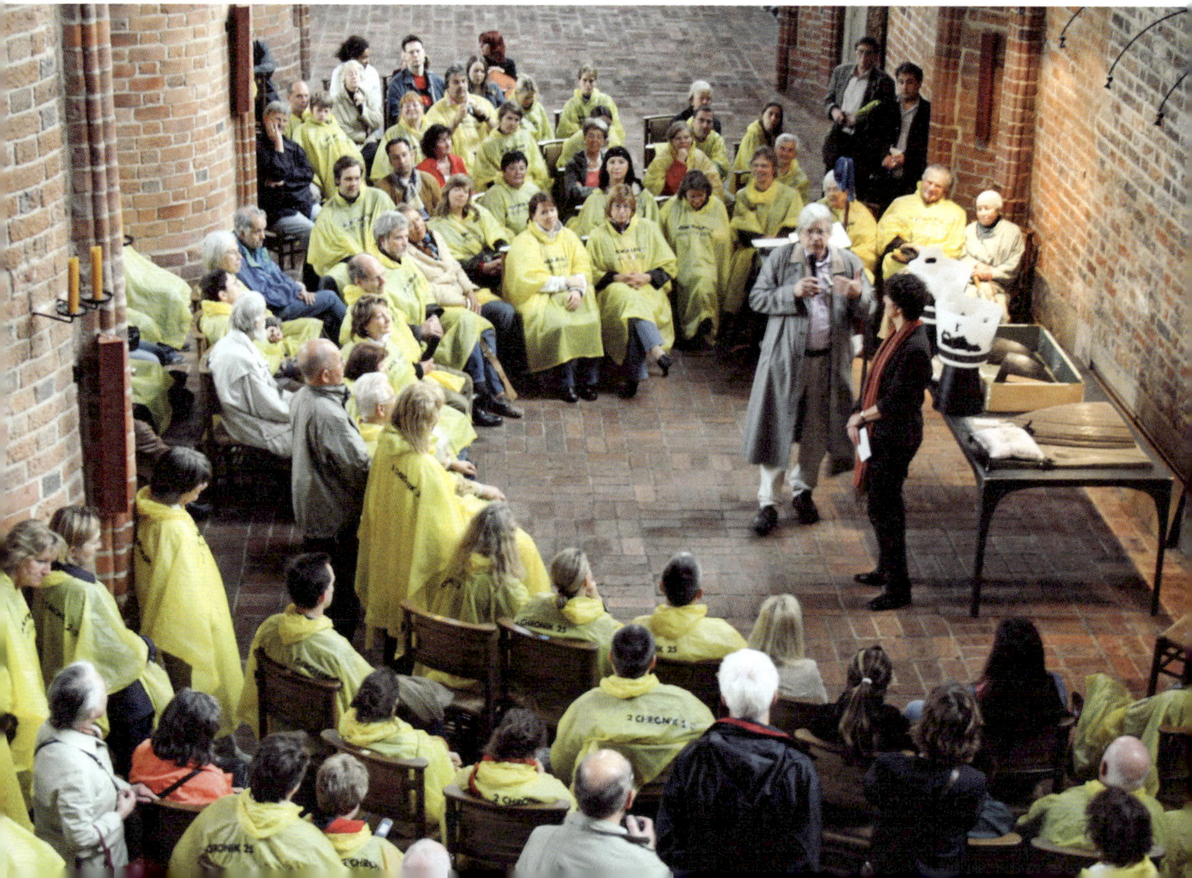

Die Memorialmiliz in der Marktkirche Hannover, 2006

IV

Der verbotene Ernstfall und die Ethik des Unterlassens

Die Befreiung von Ideologien, die mit Todesüberwindung oder anderen Übermenschlichkeiten werben, gelingt nur dann, wenn wir die Sensation des Normalen propagieren und das Scheitern als Vollendung begreifen. Das Einüben des etruskischen Lächelns führt in die gute Unendlichkeit: Wer nach dem Vorbild der Zivilisationsheroen das Glück der Wiederholung in den Ritualen des Alltags schätzen gelernt hat, ist in der Lage, den Moment auf Dauer zu stellen. Die Ewigkeit des Augenblicks wird möglich durch die Kunst des Unterlassens. Diese Form der Erfahrung innerweltlicher Transzendenz führt in den *anderen Zustand*, wie Musil ihn erkannte.

Selbstfesselungskünstler Odysseus gibt das Beispiel

Im berühmten Odysseus-Kapitel ihrer *Dialektik der Aufklärung* beschreiben Max Horkheimer und Theodor W. Adorno die Bedeutung der Homerischen *Odyssee* für die Entwicklung des europäischen Selbstverständnisses und den Heroismus von Tatmenschen.[1] In der *Odyssee* wird geschildert, wie eines Tages der unter größten Anstrengungen heimwärts navigierende Odysseus von den Verführungen zum Wohlleben bedrängt wird. Er ahnt, dass es für ihn und seine Mannschaft das Ende bedeuten würde, wenn sie dem nachgäben.

Er verteilt Ohrenwachs, um diese schwachen Menschen vor der Verführung zu schützen – heute wäre das der Schutz vor dem Propaganda-Gesang der Reklame und des Konsums.[2] Er selbst lässt sich an den Mast des Schiffes binden und lauscht den betörenden Gesängen der Sirenen. Odysseus ist damit der erste Selbstfesselungskünstler, also der erste Mann des Abendlandes, der die Beherrschung der Natur an sich selbst demonstriert. Damit bietet er das entscheidende Beispiel für das heutige Verfahren der gelungenen Entdeutschung.

Er hindert sich durch Selbstfesselung daran, den Impulsen des Triebes und des Verlangens nachzugeben. Der Gewinn dieses Umgangs mit sich selbst ist ein zivilisatorisches Modell: Nicht direkte Reaktion auf Reize, sondern Sublimation, Aufschub und Ersatz durch kulturell bedeutsame Taten bilden die Orientierungsziele eines zivilisierten Menschen.

Mehrere Kapitel der *Odyssee* sind dieser Verpflichtung zur Zivilisierung gewidmet. Eines der berühmtesten ist die Kirke-Episode. Als der Besatzung des Schiffes das Trinkwasser ausgeht, begeben sie sich aus schlichter Not an Land und treffen dort auf die Landesherrin, die sofort versucht, den Helden in ihren Bann zu ziehen. Odysseus will unbedingt weiter nach Ithaka, doch Kirke verhindert das, indem sie seine Besatzung in Schweine verwandelt. Seiner Seeleute beraubt, kann er als Kapitän allein nicht fliehen. Er muss viele Jahre lang Liebesdienste verrichten, bis

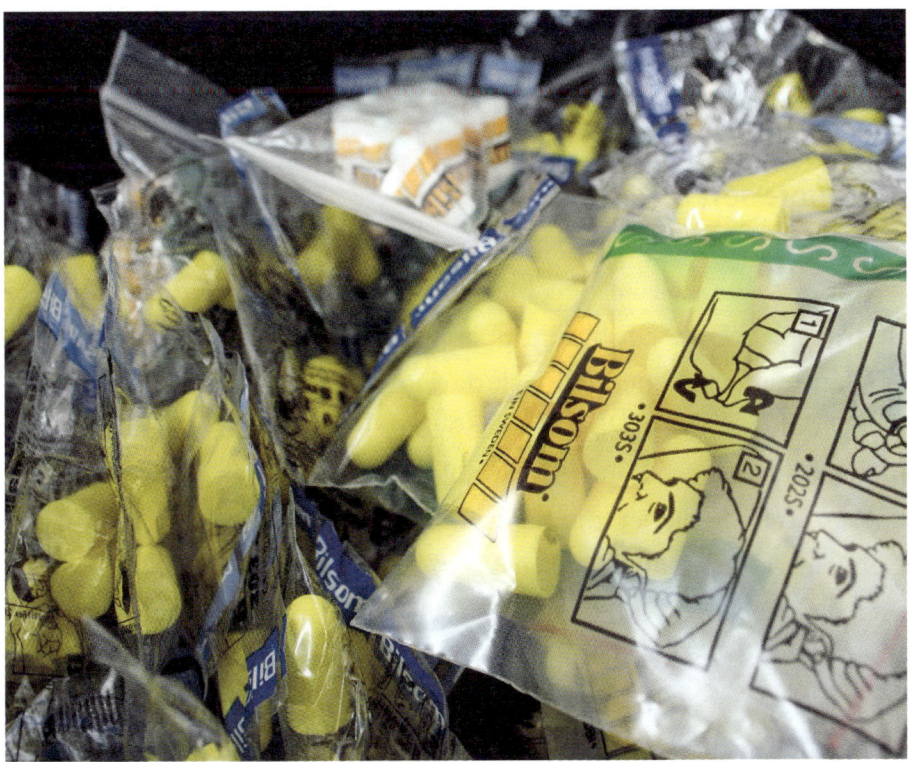

Selbstfesselungswerkzeug: Odysseus erfindet Ohropax.

Kirke ein Einsehen hat. Als er nun seine Mannschaft dazu aufruft, sich in Menschen zurückzuverwandeln, lehnen die einstigen Seemänner ab: Ein Schweinedasein sei schließlich viel lustvoller als das mühevolle Menschendasein.³ Diese Urerfahrung der Europäer ist heute erneut von großem Interesse: Die Deutschen weigern sich, aus ihren Sesseln herauszukommen und sich den Anforderungen des Lebens zu stellen. Stattdessen sagen sie sich: Wir leben in einem überaus angenehmen Zustand. Keine Ideologie, keine Religion, kein Gedicht stellt mehr eine Zumutung dar, da sie schlicht nicht mehr wahrgenommen werden. So leben auch wir in Saus und Braus, anstatt uns in Menschen zurückzuverwandeln. Das konsumeristische Leben mit Sozialversicherungsgarantie ist so herrlich bequem. Es ist viel einfacher, sich als Konsumschwein im »säuischen Behagen an der Kultur« zu suhlen, als Unbehagen an der Kultur zu entwickeln, also kritikfähig zu werden, vor allem aber kritikfähig gegen sich selbst.

Die Schweizer erfinden den »verbotenen Ernstfall«

Wie Odysseus sich an den Mast fesselte, haben sich die Schweizer seit Mitte des 17. Jahrhunderts außenpolitisch und seit Anfang des 19. Jahrhunderts innenpolitisch darin geübt, Konflikte unter Vermeidung tödlicher Ernstfälle zu bewältigen.⁴ Ich habe dieses Verfahren als »Theorem des verbotenen Ernstfalls« bezeichnet. Mit der Anwendung dieser Strategie haben die Schweizer ein großartiges Beispiel für die Selbstfesselung geliefert. Die Vermeidung des Ernstfalls hat inzwischen Chancen, als allgemein ethisches Prinzip anerkannt zu werden: Der *Ernstfall* des Krieges als Angriffs-, Durchsetzungs- oder Machtbehauptungskrieg wird nicht mehr toleriert. Der »verbotene Ernstfall« bildet den bisherigen Höhepunkt der Zivilisationsgeschichte. Selbst

Panzersperren: Ästhetik des Widerstands. Der Schweizer Oberstdivisionär Bachmann bekundete 1998 öffentlich auf der Tagung »Kultur und Strategie, Kunst und Krieg«, dass Bazon Brock mit dem »Theorem des verbotenen Ernstfalls« alle zukünftigen Verteidigungsstrategien formuliert habe, die als erste die Schweizer anwandten.

große Nationen mussten von Fall zu Fall, zum Beispiel nach dem Dreißigjährigen Krieg, nach dem Scheitern von Napoleons Russlandfeldzug oder nach den desaströsen Weltkriegen erkennen, dass die *ultima ratio* als systematisiertes Töten in großem Maßstab, also in Kriegen, keineswegs auch *ultima sapientia*, also der Weisheit letzter Schluss, ist. Sogar die Amerikaner erkannten bis vor kurzem die Null-Tote-Doktrin an, die besagt, dass Armeen dafür da sind, Frieden zu erzwingen und nicht, Krieg zu führen.[5]

Insofern das Töten die *ultima ratio* des existentiellen Ernstfalles ist, also die Irreversibilität schlechthin, ist das Verbot des Ernstfalls gleichbedeutend mit dem Gebot von Reversibilität, also von Folgenlosigkeit.

Die Schweizer fühlten sich angesichts dieser Erkenntnisse jeweils in der Annahme bestätigt, es sei ökonomisch, politisch und moralisch besser, das heißt ergiebiger, nicht auf dem tödlichen Ernstfall zu beharren. Es sei vielmehr geboten, seine Durchsetzung zu vermeiden und so durch Unterlassen zu erreichen, was ohnehin mit Gewalt zu erzwingen selbst den Siegern in einer tödlichen Auseinandersetzung bei aller Macht kaum gelingt.

Mit dieser Einstellung zum Krieg und den entsprechenden Urteilen über die Effektivität der Durchsetzung der *ultima ratio* nahmen sie eine Maxime altrömischer Staatskunst wieder auf, die lautete: »Wenn man in Frieden leben will, muss man sich gegen jederzeit drohende Konflikte mit den Nachbarn wappnen, damit die gar nicht erst auf den Gedanken verfallen, ihre Interessen mit Gewalt durchsetzen zu können.« Wer sich wappnet, muss einsichtig, das heißt intelligent, also strategisch planen. Er muss zum einen wissen, dass mit all seiner Macht nichts getan ist, wenn ihm eine gleich starke oder stärkere Macht entgegentritt; und er muss intelligent genug sein, sich nicht in naivem Wunschdenken auf einen Sieg einzustellen, sondern stets mit der eigenen Niederlage zu rechnen. Erst dann ist es notwendig und wird es möglich, strategisch zu denken. Das äußerste Ziel einer solchen Strategie ist es,

— sich einerseits so klein zu machen, dass man im Konflikt der Großen zu einer *quantité négligeable* wird,
— andererseits in dieser Kleinheit ungreifbar zu werden durch Untertauchen in verwirrendem Gelände mit der Möglichkeit, nach Guerrilla-Manier von Fall zu Fall unkalkulierbare Bedrängnisse anzudrohen,
— sich als nützlicher Idiot den kämpfenden Parteien anzudienen, bei deren tödlichen Ernstfalldemonstrationen behilflich zu sein und ihre Interessen auf die große Beuteaussicht abzulenken.

Angesichts der Bedrohung durch den Herrschaftswillen Adolf Hitlers und seiner Panzerverbände, des militärischen Instruments zur Durchsetzung des deutschen Vormachtstrebens, fragten sich die Schweizer, wie sie ihre Selbständigkeit erhalten könnten. Die Antwort gab der General Henri Guisan, der zwei grandiose Analogien in Dienst zu stellen vorschlug. Zum einen sollten in Analogie zum Schweizer Käse die Berge durchlöchert werden, damit sich Armee und Bevölkerung bei Gefahr in die Aushöhlungen zurückziehen konnten; zweitens sollten in Analogie zum bekanntesten Schweizer Schokoladeriegel Panzersperren gebaut werden. Mit Toblerone-Riegeln aus Zement ließen sich alle Zugänge von den Ebenen in die Berge sperren. Die Militärs erkannten im Bemühen um höchste Effizienz, dass Toblerone-Schokolade als eiserne, letzte Reserve der Ernährung und damit der Selbsterhaltung verwendbar ist, da deren Inhaltsstoffe durchaus geeignet sind, Menschen über lange Zeiträume ausschließlich mit diesem Nahrungsmittel am Leben zu halten.

Die Schweizer verfügten auch über eine Tradition der Vermittlung von universalem Gestaltungsmodernismus und Patriotismus. Erinnert sei an die 1918 von Karl Moser für die Stadt Basel entworfene Antoniuskirche, die das Prinzip technischer Rationalität bei der Planung militärischer Behausung (Bunkerbau) mit der spirituellen Begründung christlicher Kult-

Antoniuskirche von Karl Moser in Basel

bauten verband. So wurden der Bunker als Schutzraum im Trommelfeuer der Waffen und die Stahlbetonkirche als Schutzraum gegen die Versuchung des Geistes durch Machtwahn zu einer Einheit.[6] Junge Schweizer waren Feuer und Flamme für diese Verknüpfung von Beton und Geist, der für Architekten nur als Form ansprechbar ist. Einer ihrer hoffnungsvollen Repräsentanten war der junge Max Bill. Er diente in den Kräften der Schweizer Selbstverteidigung. Als abstrakt ungegenständlicher Maler erregte er das Interesse seiner Vorgesetzten, die, wie die meisten Bürger, meinten, derartiges Gepinsele stelle nicht etwas Konkretes dar, sondern verhülle wohl eher in undefinierbarem Form-Farbgemenge, was hinter ihnen steckt – also eine perfekte Camouflage. So lag der Gedanke nahe, die jungen Abstrakten nach dem Beispiel von Bill zur Bemalung von Verteidigungseinrichtungen einzusetzen. Bis heute haben Reste dieser Übermalungsaktion als Tarnung überlebt und die Abstrakten machten Karriere als Kleider-, Wand- und Möbelbezugsstoffgestalter. Seit diesem Nachweis militärischer Nützlichkeit von moderner Kunst war man in der Schweiz sogar bereit, Kunstwerke zur Kreditsicherung anzunehmen. Ein schöner Triumph der Modernisten, allerdings um die Wahrheit erkauft, dass ungegenständlich abstraktes Malen in die Geschichte des Dekors und des Ornaments gehört und nicht als Ausdruck des Ringens von Künstlerseelen um existentielle Letztbegründungen gilt.

Neutralität und produktive Indifferenz

Die wichtigste Einsicht, die in der Schweiz aus solchen Überlegungen der Stärke des Schwächeren entwickelt wurde, lautete aber, sich niemals zur Parteinahme, weder für die Verfolger noch die Verfolgten, hinreißen zu lassen. Die Schweizer kannten nur allzu gut aus eigener Gewaltrechtfertigung der Opferrolle, wie leicht, das heißt gutwillig oder mit Kalkül, sich Gelegenheiten für derartige Rechtfertigung herstellen lassen. Bezogen auf den Umgang der Schweizer mit ihren künstlerischen Avantgarden, hieß das, keinen Vorwand dafür zu bieten, dass Künstler aus der grundsätzlichen Ablehnung ihrer Positionen den Beweis gewinnen konnten, ihre Arbeiten seien so ungeheuerlich bedeutsam, weil sie mit rigiden Maßnahmen befeindet würden. Auch das wieder ein Zeichen zivilisierten Verhaltens, weder pro noch contra Partei zu ergreifen, also sich weder durch überwältigende Zustimmung zur Verbrüderung hinreißen zu lassen, noch durch vermeintlich prinzipienstarke Ablehnung den starken Kerl herauszukehren. Neutral zu sein, als Zeichen des bestens balancierten Ausgleichs zwischen erkannter Abhängigkeit und Autonomiestreben, ermöglichte es den Schweizern, nicht nur deshalb eine Künstlerposition für bedeutend halten zu müssen, weil sie von den Gegnern des Künstlers bekämpft wird, und umgekehrt Künstlerwerke nicht schon deshalb für bedeutungslos zu halten, weil niemand gegen sie energisch einschreitet. Die Schweizer demonstrierten produktive Indifferenz; unter Avantgardisten ist das die Position Duchamps.[7] Die Vermeidung von Deklarationen der Zustimmung oder Ablehnung erzeugt allgemein den Eindruck von Unbestimmtheit. Dies ist die Voraussetzung für opportune Anpassung als Camouflage wie für die produktive Steigerung von Vieldeutigkeit und Vielwertigkeit, von Ambivalenz und Ambiguität. Wenn Neutralität nur durch die Balance zwischen Abhängigkeit und Selbständigkeit erreichbar ist, dann erlaubt es Unbestimmtheit, sich gegen jede Eindeutigkeit als Beschränkung des Möglichen zur Wehr zu setzen – erst recht gegen fundamentalistische Erzwingung von Eindeutigkeit. Mit derartigen Erzwingungsstrategien der rigiden Eindeutigkeit hatten die Schweizer mahnende Erfahrung gemacht, als ihre protestantischen Glaubensreformer sie mit ganz und gar eindeutigen Tugendgeboten terrorisierten. Da weiß man, was man an vermeintlich theologischer und philosophischer Unschärfe hat, nämlich Möglichkeiten zur Umgehung des tödlichen Ernstfalls, also zur Vermeidung von heroischer Dummheit; da nimmt man gern die kleinen Dummheiten in Kauf.

Träumt die Vernunft von Idealen, schafft sie Monster

Heutzutage möchte man uns mit aller Gewalt einreden, dass die Künstler auf Radikalität verpflichtet werden sollten. Hier zeigt sich abermals der Postfaschismus als Demokratie, wie Adorno ihn vorausgesehen hatte.[8] Gerade unter Intellektuellen, Künstlern und leider auch Wissenschaftlern ist heute der Faschismus wieder gang und gäbe.

Anlässlich der Diskussion über die Absetzung von Mozarts »Idomeneo« im September 2006 auf Grund von möglichen Einwänden der Islamisten trafen sich in Berlin einige Herrschaften, unter ihnen auch der damalige Intendant des Hamburger Thalia Theaters, Ulrich Khuon. Der Intendant hat sinngemäß geäußert: »Ja, aber die Kunst hat doch die Pflicht, Unruhe zu stiften und zu stören!«

Alle Menschen, die jemals selbst den Terror erlebt haben, würden so etwas nicht einmal denken, auch wenn sie es der eigenen Schwiegermutter gegenüber häufig behaupten möchten. Auch wer Terror nicht selbst am eigenen Leibe erfahren hat, weiß dennoch, dass heute jeder beliebige Hanswurst an irgendeiner Straßenecke mit etwas Dynamit jeden beliebigen, terroristisch inszenierten Ausnahmezustand herstellen kann – das ist wirklich keine Kunst! Der höchste Ausdruck von Kunst bestünde in der Eichung an der Folgenlosigkeit und an der Rückrufbarkeit als Programm, wie man es bereits im Bereich der Ökologie belohnt, wenn für bestimmte Produkte der Blaue Engel oder der Grüne Punkt vergeben wird.

Folgenlosigkeit lässt sich auch und gerade im Spiel einüben: Im Unterschied zum Ernstfall des Nichtspiels wird im Kinderzimmer erfahrbar, wie wünschbar es wäre, Handlungsfolgen beliebig widerrufen zu können oder auch den Spielverlauf für ungültig zu erklären und Wiederholungen vom Start weg zu ermöglichen. Auch versteht jedes Kind, dass man Regelverstöße vermeiden, also Regeln anerkennen sollte, da sonst das Spiel nicht zustande kommt. Widerrufbarkeit, Wiederholbarkeit und Modifizierbarkeit sind entscheidende Kardinalpunkte für jedes Zivilisierungsprogramm. Kriterium des zivilisierten Handelns ist das Erreichen größtmöglicher Reversibilität, also Widerrufbarkeit von Handlungskonsequenzen. Statt Unruhe und Zerstörung in die Welt zu setzen, könnte sich die Kunst ebenfalls die Vermittlung von Folgenlosigkeit und Unterlassen zur Aufgabe machen.

Als ich 1957 in die Schweiz kam, hatte ich den Krieg noch vor Augen: das Leben in Ruinen, das tägliche Rechnen mit dem Außerordentlichen, die Zerschlagung aller gesellschaftlichen Vermittlungsformen, Verbindlichkeiten und Institutionen. Ich erinnerte mich noch daran, wie innerhalb von wenigen Stunden mein gesamtes Lebensumfeld dermaßen drastisch verwandelt wurde, wie es kein Künstler mit noch so vielen Bühnenbildmillionen hätte bewerkstelligen können. Erheben Künstler als Kinder wohlstandsverwahrloster Zeiten die Forderung, die Gesellschaft habe sich ihren künstlerischen Vorstellungen anzupassen, während der Rest der Welt hungert, von Krieg und ständigem Terror der Kultur- und Religionskämpfe überzogen wird, so erteilen Schweizer den Ansprüchen dieser gnadenlosen Konkurrenten Gottes eine Absage. Denn, so wollen wir glauben, die einzig zivilisierten Repräsentanten der Menschheit im Sozialverband sind die Schweizer. Die Schweizer wissen aus eigener schmerzlicher Erfahrung, dass der Normalfall für einen zivilisierten Menschen die eigentliche Leistungsgrenze darstellt. Wer den Weltlauf bewertet, erkennt, dass die souveräne Leistung einer Gesellschaft nur darin bestehen kann, den Normalfall zu garantieren. Doch diese Erkenntnis war bisher nur in der Schweiz durchsetzbar.

Geschichte des Nicht-Geschehenen

Den höchsten Attraktivitäts- und Aufmerksamkeitsgrad erzielt man durch die Anhäufung von Toten in großem Stil. Bis auf den heutigen Tag lautet daher der Generativitätsquotient der herkömmlichen Geschichtsschreibung: Wie viele Lebende hat jemand aus der Welt gebracht? Jemand, der nur zwölf Menschen ermordet hat, erhält nicht einmal eine Fußnote in der Kriminalitätsstatistik. Bei hunderttausend Toten dagegen wird es interessant. Wirklich geschichtsbuchwürdig erweist man sich erst ab einer Million Toten; dauerhaft etabliert ist man ab einer Summe von sechs bis dreißig Millionen, einem Hitler, Stalin oder Mao ebenbürtig.

Die Konsequenz aus dieser verhängnisvollen Ökonomie der Aufmerksamkeitsverteilung wäre darin zu sehen, endlich eine Geschichte zu etablieren, in der als Großtat gefeiert wird, was sich nicht ereignet hat.[9] Das Verhindern ist eine viel größere Leistung als das Realisieren irgendeiner noch so großen Idee. Wer den Bau eines hässlichen Hotelkomplexes verhindert, stellt wirklich Erfindungsreichtum und kommunikationsstrategische Begabung unter Beweis – ein Faktum, das endlich anerkannt werden müsste. Man sollte sich in Erinnerung rufen, dass auch die Zehn Gebote im Grunde Gebote des Unterlassens sind. Die Aufforderungen zum Unterlassen lauten: Du sollst nicht ehebrechen, du sollst nicht stehlen, du sollst nicht töten usw. Wenn uns allen gleichermaßen bewusst wäre, dass die Ethiken aller Zivilisationen auf Unterlassungsgeboten beruhen, dann sollte das in der Wertschätzung historischen Geschehens dazu führen, statt Religionsstifter und Kriegsherren diejenigen zu ehren, die keine Schlachten schlugen. Schreiben wir also eine Geschichte des Unterlassens! Zeigen wir den Gottsucherbanden aller Herren Länder, was es heißt, Europäer und Christ zu sein, indem wir unsere Leistungsfähigkeit im Unterlassen demonstrieren!

Die Sensation des Normalen

Wie die Schweizer gezeigt haben, gilt längst, dass nicht mehr derjenige souverän ist, der den Ausnahmezustand erzwingt. Souverän ist nur noch, wer den Normalzustand garantiert.

Trotzdem rangieren immer noch Personen und Personengruppen als Souveräne an erster Stelle, denen es gelingt, wie der Staatsrechtler Carl Schmitt es formulierte, über den Ausnahmefall, über die Außerordentlichkeit, über das große Ereignis zu bestimmen. Deshalb wollen wir für eine Umorientierung von der Feier der Glorie des Außerordentlichen hin zur Würdigung der Sensation des Normalen eintreten. Dazu gehört auch eine Würdigung derjenigen, die nach allgemeinem Verständnis mit der Bewahrung der zivilisatorischen Grundsicherung des Alltagslebens beauftragt sind wie Feuerwehrleute, Müllmänner, Sanitäter, Polizisten oder die Einsatzkräfte des Technisches Hilfswerks und des Roten Kreuzes. Sie sind für eine Gesellschaft die Garanten, dass überhaupt das Normal-Null der Ereignislosigkeit gewährleistet werden kann.

Es gilt sich zu fragen, was wir den Leuten schuldig sind, die dafür Sorge tragen, dass morgens die Milch im Kaufladen steht und das Brot beim Bäcker zu holen ist, dass man gefahrlos über die Straße gehen und ankommen kann, wo man will, ohne dass sich jemand im Auftrag großer theologischer oder sonstiger Rechtfertigungssysteme berechtigt fühlte, eine andere Person umzubringen oder zumindest zu beschädigen.

Die extreme Leistung der Zivilisationsheroen zeigt sich in ihrer Unverzichtbarkeit für die Aufrechterhaltung des Normalfalls, die nicht immer auch mit einer entsprechenden gesellschaftlichen Würdigung verbunden ist. Ein wichtiges Beispiel dafür ist die Müllabfuhr. Obwohl deren Tätigkeit in der Hierarchie der Kulturschöpfer so niedrig rangiert, dass sich für eine derartige Arbeit niemand mit ausgewiesener Berufsqualifikation zur Verfügung stellt, wirkt sich der Ausfall der Müllabfuhr sofort lähmend auf das gesamtgesellschaftliche Geschehen aus. Darin zeigt sich ein krasses Missverhältnis hinsichtlich der Bedeutung der Arbeit und ihrer öffentlichen Anerkennung. Würde der Regierungspräsident, der Oberbürgermeister oder ähnlich hochrangiges Personal streiken, berührte diese Tatsache das Leben einer Großstadt in keiner Weise. Wenn aber die Müllabfuhr oder die Feuerwehr streiken, dann zerfällt das Zusammenleben der Menschen unter halbwegs antizipierbaren Bedingungen.

Unter den Zivilisationsagenten der westlichen Welt sind in besonderer Weise, nicht zuletzt durch die großartige Schilderung Klaus Theweleits in *Männerphantasien*, gerade die Krankenschwestern hervorzuheben, die nach der Schlacht von Solferino 1859 zum ersten Mal geschichtlich werden. Wie seit Tausenden von Jahren akzeptiert, weil unvermeidbar, lagen tagelang Verwundete beider Seiten hilflos auf dem Schlachtfelde. Florence Nightingale kam wie Henri Dunant auf den Schlachtfeldern zu dem Schluss, man müsse die Menschen allesamt als gleich betrachten. So beschlossen beide, sie auch gleich zu behandeln – »*tutti fratelli*« – jenseits ihrer Uniform, Nationalität oder kulturellen Zugehörigkeit. Da die von Henri Dunant bei Solferino herbeigerufenen Frauen alle auf dem Schlachtfeld Liegenden als »Brüder« ansprachen, sahen die Verwundeten in den Frauen »Schwestern«. Bis zum heutigen Tag werden helfende Frauen als Schwestern angesprochen. Dieser Begriffsgebrauch wurde umso schneller populär, als es eine mönchische und eine politische Tradition der Entwicklung von »Brüderlichkeit« gab, in die selbstverständlich die »Schwesterlichkeit« einbezogen war, zumal die Gründung des ersten Ordens der in Gemeinschaft lebenden Mönche von einem Geschwisterpaar um 520 auf dem Monte Cassino ins Leben gerufen worden war: von Benedikt von Nursia und seiner Schwester Scholastika. Die Geschichte der Schwesterlichkeit mit dem Höhepunkt der ersten Organisation von Hilfskräften durch Florence Nightingale sollte als Datum in der Geschichte des Feminismus besonders gewürdigt werden. Aus dem Beispiel der Schwestern von Solferino entwickelte Henri Dunant den

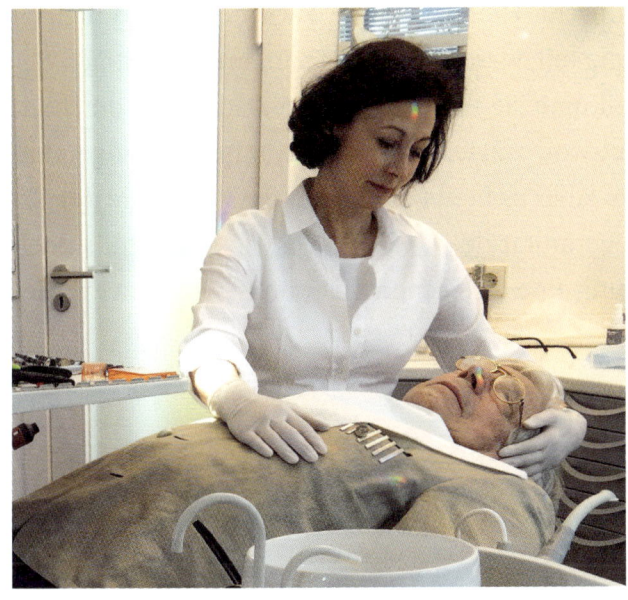

Zivilisationsheroine im Einsatz für die Sensation des Normalen

Gedanken an eine internationale Organisation der Hilfe und des Beistands für Kriegsopfer wie generell für Menschen in Notfallsituationen – das Rote Kreuz, das auf diese Weise die Bewegung der Zivilisierung während der Kriege symbolisiert.

Nach den Krankenschwestern sollten in der Reihe herausragender Agenten der Zivilisierung die Herbergsleiter herausgehoben werden. Sie traten in den frühen Karawansereien den wilden Rabauken und herumrotzenden Lümmeln entgegen und baten sie, nicht auf den Boden zu spucken, nicht die Finger in die Soße zu stecken und nicht in die Ecke zu urinieren. Herbergsväter waren Zivilisationsheroen, die den Naturburschen in ihren wilden Antrieben der Entäußerungskraft beizubringen hatten, dass ein zivilisierter Mensch nur derjenige sei, der derartige Machtgesten unterlässt.[10] Was besagt schon eine Machtdemonstration, bei der jemand mit einer Kalaschnikow Dutzende von Menschen in ein paar Sekunden niedermäht, gegenüber dem Bemühen, das Leben der Menschen zu erleichtern?

Feuerwehr und medizinische Helfer nehmen zwar bei uns an nahezu jeder Kulturveranstaltung teil, werden aber nicht in ihrer objektiven Bedeutung gewürdigt, weil man sie für völlig selbstverständlich erachtet. Seit sich Terroristen weltweit zu Herren der Lage aufgeschwungen haben, gilt das nicht mehr. Aber es bleibt zu hoffen, dass die Stille der Ereignislosigkeit, die Souveränität des Unterlassens, des Nichttuns doch noch als höchste Erfüllung eines ethischen Anspruchs geschätzt und belohnt wird.

Intervento minimo – die Feier des Nicht-Ereignisses

Die historisch hoch stehenden Gegenbewegungen gegen den Aktionismus bildeten die Zen- und die Hindu-Religionen sowie bei uns die Mystiker. Sie legten es stets darauf an, im Bewusstsein der Zeitgenossen die Würde der Stille, die Großartigkeit des Nichteingreifens oder wenigstens des *intervento minimo*, des kleinstmöglichen Eingriffs, zu würdigen, anstatt dem *intervento massimo*, dem pompösen Eingreifen, mit allen Mitteln zu huldigen. *Intervento minimo* bedeutet, mit einer Minimalbewegung etwas zu wenden. Einen tausend Jahre unbewegt ruhenden Stein umzudrehen, ist eine Sensation für jemanden, der noch weiß, was Ereignishaftigkeit bedeutet.

Der Flügelschlag eines Schmetterlings oder das Umblättern einer Seite sind Formen des *intervento minimo*; obwohl es natürlich Gewürm geben mag, das sich selbst durch einen sanften Spaziergänger gestört fühlt, aber bei dem entschuldigt man sich als spirituell sensibler Buddhist oder Hinduist durch Glöckchen am Armgelenk oder an den Schuhen, damit es rechtzeitig Reißaus nehmen kann.[11]

Inzwischen haben wir angesichts weltweiter permanenter Kulturkämpfe allen Anlass, uns daran zu gewöhnen, dass die höchstrangigen

Anordnung von Himmler, SS-Stiefel zur Warnung des Getiers vor den marschierenden Soldaten mit Glöckchen auszustatten. Theoretisches Objekt, 1967

Leistungen einer Zivilisation in der Sicherung des Friedens bestehen. Frieden heißt die Feier des Nicht-Ereignisses. Frieden existiert nur, wo es niemand nötig hat, sich in irgendeiner Weise hervorzutun, etwas Beliebiges in auffälliger Weise so zu behaupten, dass aus der Entgegnung ein Konflikt entsteht. Frieden ist die Souveränität der Möglichkeit, still in einem Zimmer zu sitzen, wie es bei Pascal heißt.[12] Nur derjenige ist souverän und normal ethisch funktionstüchtig, der es versteht, ohne den ständigen Drang zum Außerordentlichen zu leben, weil er Phantasie genug besitzt, die aufgeilenden Attraktionen gedanklich zu produzieren, für seinen Gefühlshaushalt zu nutzen und sie dann auf sich beruhen zu lassen.

In der modernen Kunst begegnen wir in Marcel Duchamp demjenigen Künstler, der durch den Übergang von der Bewertung großartiger und einmaliger Leistungen auf Leinwand oder Bühne hin zur Würdigung des Unterlassens herausragende Einsichten gewährte. Duchamp ermöglichte die Anerkennung des Verzichts auf künstlerische Werktätigkeit. Dennoch will heute jedermann seine künstlerische Selbstentäußerung als Maler oder Bildhauer einer Öffentlichkeit präsentieren. Allein in Deutschland gibt es zehntausende eingetragene, nämlich bei Finanzämtern registrierte Künstler. Was soll es da noch bedeuten, auch zu pinseln, auch zu bildhauern und auch zu schauspielern? Wir rühmen daher alle diejenigen, die soweit zivilisiert sind, dass sie den Wert des Unterlassens im Bereich der Wissenschaft und der Künste zugunsten einer neuen Orientierung auf die Bedeutung des menschlichen Handelns als Unterlassen darstellen. Niemand weiß, was im absoluten Sinne gut, wahr oder schön ist. Wir wissen aber alle genau, was es zu unterlassen gilt an unguten, unwahren und unschönen Handlungen.

Wenn wir uns hier nun erstmalig offiziell als Anwärter auf die Ehrenmitgliedschaft als Dichter und Künstler bei der Feuerwehr und bei der Polizei bemühen, dann in dem hoffenden Bewusstsein, dass sich auch Polizei, Feuerwehr und Ärzteschaft bei ihren Interventionen zu Wasser, zu Lande und in der Luft langsam ihrer eigenen Würde bewusst werden und sich deswegen nicht mehr so rigide zeigen müssen, wie das häufig der Fall ist. Ein Polizist in der Würde desjenigen, der den Normal-Null-Fall des Nicht-Ereignisses garantiert, ist eigentlich in keiner Hinsicht mehr, selbst für empfindlichste Künstler, der Ausdruck einer zwingenden Macht oder Autorität.

Wir feiern die Hausmeister in den Museen, das Reinigungspersonal, die Polizisten, die Krankenpfleger, die Straßenbahnschaffner, die Müllabfuhr als Souveräne der Normalität. Im Zuge der Entwicklung einer neuen Kulturhierarchie der Bedeutungen sollten sie auf den Schild der öffentlichen Wahrnehmung gehoben werden. Als Einübung in ein derartiges Würdigen lobe ich bei Preisvergaben stets diejenigen, die den Preis nicht bekommen, aber die Bedingung der Möglichkeit einer Auszeichnung darstellen. In Ausstellungen oder Theatern sollte man diejenigen beglückwünschen, die nicht mehr schreiben, malen oder spielen müssen. Leider gibt es noch keinen Kult für die Würdigung des Unterlassens.

Dada oder der Tempel innerweltlicher Transzendenz

Durch die strikte Vermeidung des Ernstfallpathos und des Ernstfallheroismus zog die Schweiz im besonderen Maße zivilisierte Menschen an, die aus jenen Ländern flohen, die jedem Bürger Gottesgehorsam, Gefolgschaftsverpflichtung oder Machtstreben mit radikaler Todesbereitschaft abverlangten. Im Jahr 1916 entwickelte sich in Zürich im Protest gegen die Schlachten als Schlachtfestorgien vor Verdun eine Kunstbewegung im Kontext des Theorems vom verbotenen Ernstfall. Die historische Leistung des Dadaismus bestand in der Zielsetzung, die Fixierung der Ernstfallheroen auf Gott oder das Schicksal, also auf transzendente Größen, zu zerschlagen. Um nicht in banalen Relativismus oder gar Wertenihilismus zu verfallen, ersetzten die Dadaisten programmatisch das übermenschlich Absolute durch ein allen geläufiges, für Menschen typisches Kernstück aller Beziehungen zwischen ihnen, nämlich die Kommunikation des Alltags. Das zielte darauf, dass Menschen gezwungen sind, sich auch dann in natürlichen oder sozialen Umgebungen zu behaupten, wenn sie die Bedingung der Möglichkeit des Lebens nicht verstehen. Man kann nicht mit der Fortsetzung der Lebensprozesse warten, bis man deren Funktionslogiken als Ursache-Wirkung-Verhältnisse und dergleichen zu simulieren in der Lage ist. Man kann nicht erst entscheiden, wenn man alle entscheidungsrelevanten Faktoren genauestens studiert und die Gesamtsituation in allen Hinsichten verstanden hat. Zu solchem Verstehen gehörte nämlich das experimentelle Überprüfen des behaupteten Verständnisses, wie das etwa in den Naturwissenschaften die Regel ist. Im Leben gibt es keine Experimente. Sich auf Kommunikation einlassen zu müssen, anstatt Verstehen zu erzwingen, führt zu der bemerkenswerten Erfahrung, um nicht zu sagen zu der Belohnung, dass die Verständigung ohne Verstehen gerade durch eine Vielzahl von Missverständnissen, Unklarheiten im Ausdruck und das Fehlen jeglichen Konsenses in der Kakophonie der Meinungen besonders erfolgreich ist, also die Kommunikation produktiv werden lässt.

Demzufolge galt es, das fest gefügte Korsett der Konventionen, die Normativität des Bürokratischen oder juristischer Textarchitekturen zum Unfug zu entwickeln, in letzten Lockerungen auf dem Schüttelrost des Gelächters. Den Unfug, den die Dadaisten trieben, sortierten sie nach Graden der Befremdung, später Ver-Fremdung genannt. Je größer das Befremden durch den Unfug, desto lohnender die Herausforderung, sich dem Chaos gewachsen zu zeigen.

Den Zeitzeugen der Schlachten vor Verdun, die bei ungeheurem Material- und Menscheneinsatz zu keinerlei grundsätzlicher Veränderung der Ausgangsposition führten, musste der Sinn dieser Sinnlosigkeit erst mühsam und peu à peu von den Dadaisten eröffnet werden.

Die expressionistischen Lyriker und Dramatiker waren ja gerade vom Gegenteil getragen, nämlich dem Wissen, dass sich das Weltende, zumindest das des Bürgertums, mit unabweislicher Macht in Szene setzte. Aber bereits die Konfrontation mit Absurditäten in der Entäußerung des höchsten Führerwillens ließ es nicht mehr zu, ein Strafgericht Gottes (»Gott strafe England!«) oder homosexuelle Dekadenz (»Der Kaiser tanzt mit Eulenburg und Leutnants im Tutu durch den Schlosspark von Liebenberg«) oder den Niedergang des Bürgertums für den Schrecken von Verdun verantwortlich zu machen; selbst untere Chargen wurden mit der Zumutung nicht fertig, akzeptieren zu müssen, dass auf beiden Seiten der Front behauptet wurde, der eine christliche Gott in unverbrüchlicher Einheit mit Sohn und Weltgeist sei mit ihnen und der Sieg ihrer Waffen durch Gottes Gnade gesichert.

Derartige Zumutungen an den Verstand überwältigten umso mehr, als Kaiser und Generalstab keine andere Begründung für ihren Siegesoptimismus geben konnten als den Willen Gottes und die in der deutschen Geschichte immer wieder fatale Durchhalteparole »Wir werden siegen, weil wir siegen müssen!« Es leuchtet ein, dass es die Selbsterhaltungspflicht jedes Menschen erforderte, sich vor derartigem Ausdruck höchster geistiger Erleuchtung der Weltenführer im Namen Gottes zu bewahren, indem man sich verrückt werden ließ.

Die Bezugsquellen für die dadaesken Aktionen sind die Berichte der Psychiater aus den Krankenhäusern, in denen verrückt gewordene Soldaten behandelt wurden. Zahllose Berichte schildern die auffälligen Ausbrüche verwundeter und schwer traumatisierter Krieger, die durch anhaltendes Trommelfeuer, Gasangriffe und Grabenkrieg dermaßen unter Druck gesetzt worden waren, dass ihnen nur eine dadaeske Reaktion als allerletzte Rettungsmaßnahme übrig blieb. Indem das Gehirn, von den Stamm- und Zwischenhirnfunktionen genötigt, einen Teil der reflexiven Schleifen zwischen Psyche und Soma kappt, kann das schiere Überleben des Organismus gesichert werden.

Dada als Synthese von Antike (Scheibenwelt) und Renaissance (Standei):
Haut sie in die Pfanne!

Um das zu akzeptieren, hatten die Dadaisten, angeführt vom Kulturphilosophen Hugo Ball, eine Art Synthese zwischen Zustimmungslehre von Kardinal Newman und Ja-Sage-Pathos von Nietzsches *Zarathustra* entwickelt, die eine kulturelle Begründung für den Selbsterhaltungstrieb der Organismen lieferte.¹³ Sich selbst erhalten kann nur, wer bereit ist, zur Welt Ja zu sagen – gerade dann, wenn deren Zumutungen jeden Vernunftbegabten in den Irrsinn treiben. Irrsinn ist die extremste Ausprägung der Lebensbejahung. Auf die dadaistische Feier des Ja-Sagens zum Unfug als aufgehobener Fügung geht das Mythologem zurück, Dada habe seinen Namen aus dem russischen Wort für Ja von Lenin selbst erhalten. Denn Lenin wohnte Spiegelgasse 6, in der Nachbarschaft des Cabaret Voltaire, Spiegelgasse 1, und man kann sich ohne weiteres vorstellen, dass der große Apokalyptiker die spektakulären Aktionen der anarchistischen Clowns besuchte und sich dort vor den Lautgedichten, die Hugo Ball im Kostüm des Kardinals Newman vortrug, vor Vergnügen auf die Schenkel klopfte – unter fortwährender prustender Bekundung seines Wohlgefallens stieß er »da, da, da!« hervor und gab damit dem Unfug seinen programmatischen Namen.¹⁴

Dada als Hochzeitsphilosophie des Ja

Es ist schon längst geboten, den Dadaismus als eine Zustimmungslehre, sprich, eine Hochzeitsphilosophie zu würdigen. Bei der Hochzeit stellt sich für den Bräutigam und die Braut die zentrale Frage nach dem Ja-Sagen. Beide Parteien wissen von vornherein, dass sie im Grunde nicht wissen, wozu sie am Altar ihr Ja-Wort geben. Das ist der tiefere Sinn des Hochzeits-Ja als einer kulturell vermittelten und institutionell abgesicherten Form der Unerfahrbarkeit, der Unerwartbarkeit, der Nichtantizipierbarkeit dessen, was kommt, das Einverständnis zu signalisieren. Der Dadaist, als ewiger Bräutigam und wahrer Heros des Ja, bekundet also, den Irrsinn zu ertragen, den Wahnsinn walten zu lassen und das Lächeln der Etrusker einzuüben.

Überwindung der Todesideologien – Scheitern als Vollendung

Marmortafel zur Markierung extemporaler Zonen, 2006

Uchronie
Ewigkeitsmanagement

Das menschliche Leben unterliegt zwei Regimes: dem Regime der Zeitlichkeit und dem Regime der Ewigkeit. Im ersten Regime regiert unbeeinflussbar die Zeit – nach Stunden und anderen kalendarischen Strukturen. Das zweite Regime versucht, der Endlichkeit etwas entgegenzusetzen und die Spuren des menschlichen Lebens der Zeitfurie des Verschwindens zu entziehen. Orte zur dauerhaften Bewahrung dieser Spuren des Lebens sind Tempel, Archive und Museen. An diesen Orten der Vergegenwärtigung gelingt es, Artefakte als Speicher von Erinnerungen und Informationen auf Dauer zu stellen. Auf diese Weise können sie uchronisch werden.

Der Begriff Uchronie bedeutet im Zeitlichen das, was Utopie im Räumlichen heißt. *U-topos* verweist auf ein »nirgendwo, an keinem Ort«. Utopie ist seit der europäischen Aufklärung nicht mehr eine auf die Macht der Phantasie beschränkte, sondern eine jederzeit und überall gegebene Realität. Die Utopie als Nirgendort oder Ortlosigkeit liegt nicht im Jenseits, sondern ist auf der Weltkarte als ein Überall lokalisierbar, denn wie der Volksmund sagt: »Nirgendwo ist überall«.[1] Ein Beispiel für einen utopischen Ort gibt die Hotelarchitektur des Hilton-Konzerns. In der ganzen Welt öffnet man als Kunde der Hotelkette die stets nach links schwingende Tür, betritt das immer gleich gestaltete Zimmer, betätigt den Lichtschalter rechterhand und geht ins Bad, wird links den Haken zum Aufhängen des Mantels vorfinden. Die je spiegelbildliche Verkehrung erzwingt keine grundsätzliche Umorientierung. Überall auf der Welt begibt sich der Gast in die immer gleiche anonyme Gewohnheit, wird dadurch sogar psychologisch stabilisiert und verspürt nicht mehr die Anstrengung, sich ständig erneut in einer fremden Umgebung orientieren zu müssen. Er wird durch das stets gleiche Mobiliar und die wiederkehrenden Zeremonien im Frühstücksraum auf Reisen nervlich geschont und vermeidet so gleichermaßen, in den Hotels der Welt wirklich heimisch werden zu müssen. Ob in Hamburg, in Chicago oder in Zürich – immer wird man im Hilton auf das gleiche Programm stoßen, nämlich die Erfüllung des Nirgendwo.

Wenn die Utopie das Nirgendwo im Überall verwirklicht, so realisiert die Uchronie die Nirgendzeit als Niemals in jedem Augenblick: *U-chronos* ist (synonym zum Begriff der Ewigkeit) die aus der Zeit herausgenommene Gestalt, Form, Idee, die nicht durch den rasenden Wandel der Zeit berührbar sind.[2] Das mögen anthropologische Konstanten sein oder schlechthin Sachverhalte (Ideen), die seit unvordenklichen Zeiten als gleichbleibend behauptet werden.

Die Faust'sche Formel für Uchronie lautet: »... Werd' ich zum Augenblicke sagen: Verweile doch! Du bist so schön!« Die Ewigkeit stellt sich als Erfahrung der Unzeitlichkeit des Moments heraus, worin sich die Lehren aller Weisheitsschulen der westlichen Welt, aber auch des Zen-Buddhismus, des Taoismus und des Konfuzianismus bestätigen und einander sogar ergänzen im Hinblick auf die Fähigkeit, Zeitenthobenheit im Augenblick zu empfinden. Meditierende finden in diese Fähigkeit zurück, die Kindern spielerisch und von Natur aus gegeben ist. Die Selbstvergessenheit im Spielen oder Meditieren ist eine eigentümliche Leistung des Gehirns. Während der völligen Konzentration auf einen Gegenstand oder eine Vorstellung werden andere Einflüsse abgeschattet und für Momente wird der Zustand innerer Abgeschiedenheit erreicht. Zeitlos gibt man sich einem Gegenstand ungeteilter Aufmerksamkeit hin. Dieser Philosophie der uchronischen Erfassung des Augenblicks entspricht unsere heutige Ewigkeitsvorstellung. So wie die Utopie im Überall, so wird die Uchronie in jedem Augenblick realisiert.

In Robert Musils berühmter Episode mit dem Titel »Atemzüge eines Sommertages«, an der er bis in seine letzten Lebensstunden hinein gearbeitet hat, liegen die Geschwister Ulrich und Agathe im Garten auf Liegestühlen aus Segeltuch, die sie parallel zueinander ausgerichtet haben, und schauen nach oben. Plötzlich sehen sie – obwohl es ein Sommernachmittag ist, dessen Ereignislosigkeit man genießt –, wie gegen den Hintergrund des ungetrübten Himmels, in dessen Leere hinein, weiße Blütenblätter von den nebenan stehenden Kirsch- und Apfelbäumen ganz langsam von einem Windhauch mitgenommen werden. Der Garten wird zum Tempel innerweltlicher Transzendenz, darin ein Zustand der Ewigkeit im Augenblick fasslich wird. Der wunderlich eintretende »Andere Zustand« (Musil) ist vertraut aus der Erinnerung an die kindliche Selbstvergessenheit im Spiel, in der die Ebene der Zeitlichkeit zu Gunsten eines Standpunkts der Ewigkeit gewechselt wird.

Die Methoden, in diesen »Anderen Zustand« zu gelangen, sind an die Erfahrung der Zyklizität, des Jahreszeitenkreislaufes, des Spannung-Entspannung-Schemas, der Dramaturgie des Erreichens verschiedener Lebensalter oder von Beginn, Handlung und Happy End gebunden. Alles Glück will Ewigkeit. Ein Kompromiss zwischen dem flüchtigen Moment und der ersehnten ewigen Dauer ist in der Immanenz der Ritus zyklischer Wiederholung.[3] Gelegenheit zum Wiederholen, also zur Glückserfahrung, bieten die Feiern der geschlossenen Zyklen wie Geburtstage oder öffentliche Feste. Für Kinder sind langweilige Sonntagnachmittage im Sommer der Inbegriff von Ewigkeit. Für adulte Westeuropäer bietet ein Museumsbesuch eine ähnliche Erfahrung.

Recording-Systeme als Auferstehungsmaschinerie

Ließ sich das Auferstehungskonzept früher nur gebunden an religiöse Überzeugungen durchsetzen, gibt es heute zivilisationsstrategische Methoden, damit Totes wieder lebendig werden und Vergangenes wieder vor Augen treten kann. Recording-Systeme ermöglichen ein Festhalten der flüchtigen Lebensspuren, die damit »aus dem Dunkel des gelebten Augenblicks« (Ernst Bloch) jederzeit hervorgeholt werden können.

Mit der Anwendung von Recording-Systemen kann Vergangenes und Abwesendes beliebig oft aktualisiert werden.[4] Die religiöse Wiederauferstehungshoffnung erfüllt sich in der realen Erfahrung der jederzeit möglichen Rückkehr durch Verwandlung von Irreversibilität = Vergänglichkeit in Reversibilität = Ewigkeit. Die Technik des Recording realisiert Ewigkeit schon innerweltlich als prinzipiell mögliche ewige Wiederholung. Das ist die zeitgemäße Version der von Nietzsche tröstlich versicherten »ewigen Wiederkehr des Gleichen«.

Die Betätigung von Record-, Rewind- und Repeat-Tasten verschränkt Technik und Theologie miteinander. In der Maschinenfunktion erfüllt sich das Ritual, in der Wiederholung der gespeicherten Daten der Kult. Auferstehung als Wiedererweckung ist das Resultat der Vereinigung von Ritual und Kult. Jeden Tag können uns die tote Marlene Dietrich oder der tote Adolf Hitler als aktueller Wahrnehmungsanlass vor Augen treten. Inzwischen ist so gut wie jedermann ökonomisch wie intellektuell in der Lage, durch Nutzung der entsprechenden Technologie zur immer umfassenderen Wiederholbarkeit von Lebensäußerungen beizutragen. Ziel bleibt es, alle simultan in bestimmten Lebensgemeinschaften zu bestimmten Zeiten geäußerten Formen des Lebendigseins komplett reproduktionsfähig zu speichern. Das wäre die Erfüllung eines Anspruchs auf Demokratisierung von Auferstehungshoffnung (theologisch gefasst), Ewigkeitsgarantie von Archiven, Bibliotheken und Museen (wer schreibt, der bleibt) und Wiederkehrversprechen (à la Nietzsche).

Ein künstlerisches Beispiel dafür ist die Arbeit »Passage« von Nam June Paik. Mit ihrer Gestaltanalogie zu den Triumphbögen, die man vornehmlich Feldherren von römischen antiken Zeiten bis zu Napoleon und darüber hinaus – Gottseidank häufig nur als ephemere Festdekoration – erbaute, drückt Paik ganz unmittelbar die Feststellung aus, dass Ereignisreportagen im Fernsehen vorrangig im Sinne des Triumphs derer genutzt werden, deren politisch/unternehmerische Handlungen Gewicht durch ihre TV-Verbreitung erhalten. Welches Gewicht? Die bis heute unübertroffene Inschrift eines Triumphbogens zielt auf Konstantin den Großen und verkündet: »*instinctu divinitatis, mentis magnitudine*« habe der große Kaiser, der erste Förderer des Christentums als einer Religion im Römischen Imperium, seine historischen Taten vollbracht, also durch sein Gespür für das Göttliche und die Kraft seines Geistes.

Heute wird der Instinkt für das Göttliche platterdings als Wille zur Herrschaft über Suchmaschinen und Reproduktionsrechte manifest, und die Kraft des Geistes sorgt für entsprechende *software* und *contents*. Wem das gelingt, der feiert einen ewigen Ostersonntag. Ihn kann die Drohung mit dem Tode nicht mehr schrecken, denn der Tod ist überwunden. Eine kleine Ungewissheit, ob man dieser Versicherung tatsächlich bedenkenlos glauben kann, gilt für Christen wie für die Auferstehungsmaschinisten. Für Letztere besteht sie darin, schon einmal die Erfahrung gemacht zu haben, dass neu entwickelte Soft- und Hardware nicht mit ihren Vorgängern kompatibel sind, weshalb heute unvorstellbare Datenmengen der frühen Mondfahrten seit Armstrongs märchenhaftem Fazit »Ein kleiner Schritt für den Menschen, ein Riesensprung für die Menschheit« nicht mehr lesbar sind. Es ist deshalb alles daranzusetzen, die Kompatibilität von Systemen und deren nachhaltige Verfügbarkeit nicht nur der Menschheit, sondern den einzelnen Menschen zu garantieren. Das wäre eine lohnende Aufgabe für eine Ewigkeitskommission bei den Vereinten Nationen.

Trinity

Carl Schmitt zeigte, dass alle moderne Technologie nichts anderes ist als säkularisierte Theologie. Das heißt, Technologie kann nur dann als zivilisatorisch modern gelten, wenn sie mindestens eine, besser noch sehr viele kulturell-theologische Grundlagen menschlichen Überlebens vergegenwärtigt.

Nam June Paik, Triumphbogen »Passage«, 1986
In Erinnerung an das römische Beispiel des Kaisers Konstantin
»durch Instinkt für das Göttliche und Geisteskraft«
gilt es zu wirken.

Warum ist die von Carl Schmitt gebotene Option so interessant, technisch genau das zu realisieren, was theologisch vorgedacht worden ist? Mit einigen Einschränkungen und Ausnahmen kann man doch zur Diskussion stellen, dass die Moderne dort *expressis verbis* mit dem Anspruch auf Zivilisierung, nicht Barbarisierung der Kulturen auftritt, wo sie sich als innerweltliche Anverwandlung von Religion versteht. Ein Weg zu solcher Anverwandlung wurde durch die wissenschaftliche Beschäftigung mit den Religionen und den sie tragenden Kulturen beschritten. Mit der Herausbildung von Theologien hat die Säkularisierung dazu geführt, dass Menschen sich die Wirkungspotentiale der Naturgesetzmäßigkeiten und der Götter angeeignet und profanisiert in den Kontext des Alltags übersetzt haben.

Die Technologie des Atombombenbaus kann in dieser Hinsicht als Höhepunkt der Arbeit mit den Carl Schmitt'schen Theorien angesehen werden. Anfänglich mochte es merkwürdig erscheinen, dass der Erbauer der ersten Atombombe, Robert Oppenheimer, sein Projekt »Trinity« nannte. Vorschnelle Europäer vermuteten, es sei die christliche Trinität gemeint. Oppenheimer hat sein Trinitätskonzept der Weltöffentlichkeit 1945 buchstäblich, nämlich als Programmtext zugänglich gemacht. Daraus ging hervor, dass er mit der Namensgebung auf die hinduistische Trinität von Brahma (Schöpfung), Vishnu (Bewahrung) und Shiva (Zerstörung) Bezug nehmen wollte.[5] So fern ist das der christlichen Trinität jedoch wieder nicht, da ja auch der Gottessohn das Gesetz des Todes aller Individualität repräsentiert. Wie man aber am Schicksal großer Spezies und Gattungen, wie etwa den Dinosauriern, erkennt, sind nicht nur Individuen dem Tode verfallen. Man könnte glauben, dass in den Zeiten des Kalten Krieges des Öfteren daran gedacht wurde, durch Einsatz aller verfügbaren ABC-Waffen herauszufinden, ob schließlich, gut hinduistisch, tatsächlich das Nirwana als Ende allen Lebens in unserem Kosmos anzunehmen sei oder die christliche Hoffnung bestätigt wird, dass das Prinzip Leben selbst nicht verloren gehen werde.

Anfang der 1980er Jahre sah es zum Beispiel so aus, als ob es unter der Regierung des US-Präsidenten Reagan als ausgemacht gelte, dass Atomwaffen zu Werkzeugen der Heilsgeschichte auserwählt seien, mit deren Hilfe es gelingen dürfte, die Apokalypse als Voraussetzung der Wiederkehr Christi und des Himmlischen Reiches zu erzwingen. Die aktiven Herren Generäle und Minister wetteiferten miteinander um die Beantwortung der Frage Christus oder Shiva. Die Militärs rechneten aus, dass trotz Overkill-Kapazität im Ernstfall nicht die völlige Auslöschung allen Lebens garantiert werden kann. Damit unterblieb die Auslösung des Ernstfalls und Reagans Innenminister James Gaius Watt, der die Apokalypse herbeiführen wollte, wurde entlassen. Beide Parteien haben damit ihre Rolle als Protagonisten der Moderne erwiesen, indem sie sowohl für technologische als auch für heilsgeschichtliche Entwicklungen in säkularisierter Form eingetreten sind.

Et in Arcadia ego

Im Umgang mit dem eigenen Ernstfall, dem Tod, gibt es Erfahrungswerte für die Orientierung auf die Uchronie. Sie wirken wie Übersetzungen aus dem Unendlichen ins Endliche, aus dem Religiösen ins Zivile, aus dem Himmlischen ins Irdische, aus dem Sakralen in die Profanität. Sie leiten dazu an, mithilfe der Kunst des Unterlassens Nachhaltigkeit, also wenigstens eine kleine Ewigkeit ins menschliche Leben zu bringen. Diese Anweisungen lauten beispielsweise: »*et in arcadia ego*«, »*meno impera*«, »*ars gratia artis*« oder »*arte et amore vincono il tempo*«.

Die berühmte Ansage »*et ego*« leitet den Betrachter gewissermaßen zum Ausgangspunkt von Visionen der Uchronie. Das dem Tod in den Mund gelegte »*et ego*« gilt nicht nur auf dem Friedhof, sondern prinzipiell überall. Sogar im Elysium, in den weltlichen Paradiesen der ewigen Feriensehnsucht, der Strandspaziergänge und Bergwanderungen meldet der Tod sich zur Stelle. Die Formulierung *et ego* scheint jedenfalls Arkadien zu gelten, wie es die Gemälde des Malers Nicolas Poussin darstellen – eine Landschaft nördlich von Sparta, in der alles in friedliches Licht getaucht ist, wo man nur Honig aus den Waben zu saugen braucht und keine Konflikte herrschen.

Selbst dort steht man unter den Verdikten der Zeitlichkeit und des Todes. So lautet die Kernanweisung für die Bedeutung der Dinge im Weltlichen und Faktischen: Alle Technologie und alle Verständigungsversuche erhalten ihre diesseitige Bedeutung ausschließlich aus der Drohung des Todes. Die uchronischen Techniken sind als Verfahren vor dem Hintergrund der Endlichkeit unserer irdischen Verhältnisse zu bewerten.

Die weise Vorwegnahme der Erfahrung des Todes ist das Gegenteil von fundamentalistischer Auferstehungshoffnung, für die der Tod gerade nicht zählt, nicht erlitten wird, sondern im Gegenteil süß und ehrenvoll sein soll. Immerhin ist die kulturelle Todesbereitschaft seit unvordenklichen Zeiten die entscheidende Grundlage des Überlebens aller Kulturen *dulce et decorum est pro patria mori*: Für das Vaterland, für die Kultur, für den Gott, die sich allesamt durch die Behauptung von uchronischer Dauer legitimieren, zu sterben, soll zu wahrer Erfüllung verhelfen. Dem entspricht eine ins Extreme getriebene Erwartung an die uchronische Dimension, nämlich, sich besonders schnell, umstandslos und ohne Einspruch in die Ewigkeit zu katapultieren, wie es die Märtyrer zu erreichen wünschen. Dass Islamisten ausgerechnet mit dem »Teufelszeug« der westlichen, imperialistischen Technik dem Heil zu dienen glauben, ist weit mehr als eine Karikatur, sondern die Wahrheit der Moderne. Denn generell ist ja Technik nur angewandte Theologie und damit Re-Formulierung und Reaktivierung der Gewissheit, dass wir mitten im Leben dem Tode verfallen sind.

Et in Arcadia nobis
Sarkophagdeckel mit Inschriften
Theoretische Objekte, 2006

Arkadische Landschaft »Bacchanal der Andrier« von Nicolas Poussin, 1628-30

Arte et amore

Die Anleitung »*arte et amore vincono il tempo*« ist auf dem Grab des Schweizer Malers Giovanni Segantini auf dem Friedhof in Maloja zu lesen. Mit diesem Motto klingt die Gewissheit des Überdauerns an, die sich ganz bewusst frei macht von der Absolutheitserzwingung der Kulturen und Religionen.[6]

In der wörtlichen Übersetzung bedeutet die Inschrift zum einen: durch »*arte*«, Kunst, und »*amore*«, Liebe, besiegen wir die Zeit. Etwas angemessener übersetzt, lautet sie: Durch Werkschaffen und leidenschaftliche Bindung an andere Menschen können wir das Vergehen in der Zeit, die Todesdrohung bewältigen. Es ließe sich ebenfalls herauslesen, dass wir durch die Erfahrung der Vollendung im Werkschaffen und durch die hingebende Fürsorge für andere Menschen der Furie

256

des Verschwindens zu trotzen vermögen. »*Il tempo*« heißt ja nicht nur »Zeit«, sondern bezeichnet natürlich im Italienischen auch »*tempestà*«, das dräuende Unwetter, das zerstörerische Moment göttlichen Zorns in Gestalt von Donner und Blitz. Das Walten der Zeit wird seit vierhundert Jahren in der allegorischen Gestalt des »Father Time« vorgestellt und dargestellt: ein geflügelter Alter mit Sense, Stundenglas und kleinen Instrumenten, mit denen er Blitze schlagen kann und Feuer entzündet, also Schrecken verbreitet und Zerstörung bewirkt.

Dem zerstörerischen Wüten der Zeit entgehen wir durch die Befolgung einer klaren Anweisung, die man am besten mit dem auf Willy Brandt zurückgehenden politisch wirksam gewordenen Begriff als »*compassion*« (lateinische Version der Einheit von griech. Sympathie und Empathie) übersetzt, was ebenfalls *amore* bedeutet. Was wir sind, sind wir nur durch andere. Die Beziehung zu ihnen ist die Grundlage unseres Selbstverständnisses. Wer ein stabiles soziales Beziehungsgefüge entwickelt, wird niemals unter der Furie der Sinnentleerung und der psychischen Deformation leiden. Das Leben wird durch die Aufgabe sinnvoll, bestimmte Ziele oder Interventionen zu erreichen. Deshalb sind wir gezwungen, den Zumutungen des übermächtigen Waltens der Zeit, des Schicksals, der Natur Stabilität und Ordnung gewährende Kräfte entgegenzusetzen. Dazu gehört die Entwicklung von Anschauungsformen des Erhabenen, die es möglich erscheinen lassen, in der Konfrontation mit dem Schrecklichsten, der Auslöschung menschlichen Lebens, zu bestehen.

Das ist umso gewichtiger, als man mit aller Ordnungsmacht niemals in der Lage sein wird, die großen Weltprobleme zu lösen, beispielsweise das Problem der individuellen Sterblichkeit zu beheben. Man wird bestenfalls durch *amore*, durch das leidenschaftliche Zueinanderhinwenden, in der wechselseitigen Anerkennung der Beschränktheit, des Nichtwissens, des Nichtkönnens die Chance wahrnehmen, aus dem Regime der Zeitlichkeit in das Regime der Ewigkeit überzutreten. Nur durch die kompassionierte Anbindung an andere Menschen kommen wir der Unsterblichkeit näher.

Ars gratia artis

»Kunst ist der Dank der Kunst« wäre eine Trivialübersetzung. Im präziseren Sinne lautet der Gedanke: »Das Gelingen ist der Lohn der Anstrengung«. Dieses Motto repräsentiert die Fähigkeit, einem Projekt, einer Vorstellung, einem Plan zu folgen, beispielsweise aus Holzblöcken mit *arte*, mit Kunstfertigkeit, einen Stuhl werden zu lassen.

Dass es kein vollendetes Werk gibt, hat Pablo Picasso gezeigt. Er konnte als der größte Gestalter des 20. Jahrhunderts so viele einzelne Organisationsmuster für Bild- und Raumverhältnisse auf der Leinwand (im Falle des Films »Le Mystère Picasso« von Henri-Georges Clouzot auf einer Glaswand) produzieren, wie er wollte; er demonstrierte nur, dass mit dem Aufhören der Arbeit an einem Werk sofort der Wunsch nach dem Beginn eines neuen geweckt wird. Jeder Künstler hat zu wissen, wann sein Werk einen Zustand erreicht hat, von dem an keine der vielfältigen Optionen des Weiterarbeitens und des Optimierens mehr verfolgt werden sollte. Der Profi hat schon längst aufgehört, wo Dilettanten im unablässigen Hinzufügen die Vollendung erzwingen wollen, während ihnen in Wahrheit nur die Kraft zum Aufhören fehlt. (In der Beschränkung zeigt sich erst der Meister ...)

Wird einer Vorstellung in der Produktion oder in der Rezeption Gestalt verliehen, so ist die Voraussetzung für dieses Geschehen grundsätzlich ein dialogisches Verhältnis. Der appellative Charakter einer jeden Gestaltfindung sollte sich nicht gegen Andere richten. Schmiedet jemand todbringende Waffen, schließt er die erhellende Erfahrung des dialogischen Verhältnisses aus. Im Gegenteil, er überlässt sich allmählich der Wahnidee seiner Bestimmungskraft, wie im »Macbeth« und in der »Orestie« demonstriert. In der Tragödie zieht die rücksichtslose und monomane Durchsetzung eigener Positionen Gatten-, Vater- und Kindsmord nach sich. Wenn man sein dialogisches Potential hingegen in Leidenschaft für andere Menschen transformiert, vermag das Werkschaffen die Sinnhaftigkeit in der Vollendung als Beschränkung zu garantieren. Denn das Gelingen selbst ist der Lohn für die Mühe – das ist der Sinn des *ars gratia artis*.

Meno impera

Zur Bewahrung der Lebens- und der Schaffenskraft gehört ein gewisser Machtverzicht, wozu »*Meno impera*« anhält. Im wortwörtlichen Sinne heißt dies soviel wie »weniger herrschen«. Damit ist gemeint: Versuch es nicht mit Gewalt! In Italien ist diese *impresa* sogar auf Klosettbrillen zu lesen, wo die Übersetzung »Nicht pressen« zur Vorbeugung gegen Schlaganfälle gemahnt. Als wesentlich besser und in vielen Fällen geeigneter erweist es sich, bei der Umsetzung eigener Impulse Geduld aufzubringen. Geduld heißt auf Lateinisch *patientia*. Auf Erden sind wir alle ein Leben lang dazu verurteilt, Patienten zu sein. Man lernt das in Notarztwagen und in Klinikbetten, aber noch viel nachhaltiger in Wartezimmern, Schulräumen, bei Geschäftsordnungsdebatten, Jubiläumsfeiern. Charakteristisch für das Patient-Sein, sprich, das Geduldig-Sein, ist es, an die Grenzen der eigenen Geduld zu stoßen.

Wie selbst das Patient-Sein erlernt werden will, ist wunderbar in der Figur des Hans Castorp im *Zauberberg* ausgearbeitet. In Thomas Manns Roman erlebt man die Entwicklung eines jungen Mannes, der eine Karriere als Patient macht. Der Klinikchef auf dem »Magic Mountain« erkennt Hans Castorps spezifische Begabung und Anlage zum Patient-Sein, die wesentlich ausgeprägter ist als die seines ebenfalls im Sanatorium weilenden Vetters. Denn dieser drängt darauf, wieder ins tätige Leben als Militär zurückzukehren. *Meno impera* bedeutet also die Unmöglichkeit, die eigene Vollendung mit Gewalt zu erreichen.

Meisterschaft der Reduktion
oder: Unsterblichkeit durch Unterlassen

Die chinesische Legende vom großen Meister Hu demonstriert den Zusammenhang von Unsterblichkeit und Unterlassen sehr anschaulich. Der chinesische Kaiser wollte vom weithin gerühmten Hu ein Werk erwerben. Der Meister sagte großzügig zu, aber, so seine eigene Bedingung, erst, wenn es gelungen sei. Es verging ein Jahr. Der Kaiser fragte: »Hat übrigens der Meister Hu schon seine Arbeit abgeliefert? Denn wir haben ihn schon reichlich mit Hühnern und Ochsen belohnt für seine einjährige Arbeit.« Man zog aus, um Nachricht einzuholen. Dem Künstler Hu war sein Werk noch nicht gelungen, wie er sagte, er müsse weiter trainieren, sich als Künstler zu vollenden. So ging die Zeit ins Land. Daraus wurden zehn Jahre, zwanzig Jahre. Als der Meister nach dreißig Jahren immer noch nichts zu zeigen hatte, beschloss der Kaiser, persönlich seine Aufwartung zu machen, nachdem alle seine Gesandten stets unverrichteter Dinge zurückgekommen waren. Weil er annehmen musste, dass er wohl bald sterben werde, wollte er noch erfahren, worin denn die Vollendungsanstrengung des größten Bildschreibers (Kalligraphen) bestand und wie ein gelungenes Werk aussieht.

Der Kaiser ging also ins Studio des Meisters und sagte: »Mein lieber Meister Hu, wir sind beide schon sehr alt und müssen noch unser Geschäft abschließen. Zeigen Sie mir jetzt das Werk, für das ich Sie all die Jahrzehnte bezahlt habe.« Da antwortete der Meister: »Da Sie nicht mit mir zusammen darauf warten wollen, bis ich meinem Anspruch auf Meisterschaft genüge, muss ich mich eben Ihrem Diktat beugen.« Er holte ein großes Blatt hervor, befestigte es an der Wand, nahm Pinsel und Tusche und vollführte eine einzige elegante Bewegung. Der Kaiser rief erstaunt: »Was ist denn das? Das hätten Sie doch jederzeit machen können! Warum haben Sie mir nicht schon vor dreißig Jahren so ein Blatt gegeben? Ich hätte es ohne weiteres anerkannt und sogar bezahlt.«[7] Da antwortete Hu: »Ich habe dreißig Jahre lang geübt, damit mir diese einfache Geste tatsächlich gelinge. In jüngeren Jahren wollte ich immer noch etwas hinzusetzen, ein wenig gekräuseltes Wasser oder eine Formation Wolken andeuten. Ich brauchte diese Zeit, um die Vollendung mit dieser einen Geste zu erreichen. Die Handgriffe des Schreibens sind leicht zu erlernen und jeder Schüler beherrscht sie sehr schnell. Um aber keinen Gebrauch von ihnen zu machen, damit ein einmaliges Werk gelinge, benötigt man eine lange Zeit.« Hu sprach es, ging auf die Wand zu und verschwand in seinem eigenen Bild. Der Pinselstrich erschien jetzt als Kontur des zarten Körpers eines Weisen. Der chinesische Kalligraph ist im Zeitrahmen des eigenen Lebens verschwunden. Er selbst, seine persönliche Vollendung, ist sichtbar in sein Bild eingegangen.

Wir können uns auf diese Legende beziehen, um zu begreifen, dass Vollendung nur in der asketischen Tugend des Unterlassens erfahrbar ist. Damit wird prinzipiell allen Ethiken widersprochen, die uns nahelegen wollen, was wir zu tun hätten. Diese Ethiken sind als rein axiomatische Setzungen, also als bloße Vereinbarungen und Willkürakte leicht in Frage zu stellen. Wenn man dagegen Ethiken als Anleitung zum Unterlassen formuliert, dann widersprechen sie sich nicht mehr selbst. Die christlichen Ethiken sind mit ihren Aufforderungen zum Unterlassen (»Du sollst nicht...«) gerade nicht durch Verbote begründet, sondern laufen auf Gebote der Verzichtleistung hinaus. Alle Ethik ist eine Ethik des Unterlassens. Man denke an Wilhelm Busch: »Das Gute – dieser Satz steht fest – ist stets das Böse, was man läßt.« Eine Ethik der Erfüllung von Vorschriften führte zu nichts anderem als zu fundamentalistischem Tugendterror.

Epilog:
Das Beginnen liegt im Ende

Wir müssen lernen, dass die Zukunft nicht vor uns liegt, dass wir sie vielmehr als eine in der Gegenwart sich realisierende und bewährende Annahme begreifen. Es gilt also, das jetzige Leben vollständig unter der Annahme möglicher Alternativen zu verstehen. Wer die Beziehung zwischen Realität und Potentialität kennt, weiß aber, dass es ohne Unterlassen kein zielgerechtes Realisieren gibt. Schließlich kann immer nur eine der Möglichkeiten realisiert werden, aber die abstrakt vorhandene Vielzahl der Möglichkeiten ist dabei für das Handeln von größter Bedeutung. Literarischen Niederschlag hat dieses Prinzip, aus der *potentia*, der bloßen Möglichkeit heraus zu operieren, in Robert Musils Roman *Der Mann ohne Eigenschaften* gefunden.

Möchte man etwas über die Zukunft erfahren, so sieht man sich die vergegenwärtigte Vergangenheit in den Museen, Bibliotheken und Archiven an. Denn alle Gegenwart ist vormalige Zukunft, auf die die Gesellschaften vor uns zugesteuert sind. Für die Menschen um 1500 war 1600 die Zukunft. Und für die Menschen von 1648/49 ist 1600 Vergangenheit, allerdings mit ungeheuer gegenwärtigen Wirkungen als Resultaten des Dreißigjährigen Kriegs.

Geschichtsbewusstsein und biographische Evidenz folgen den gleichen Regeln. Ausschlaggebend dafür, wie man gegenwärtig lebt, ist die Frage, auf welche Weise man seine eigene Vergangenheit, seine Biographie, präsent hält. Das Gegenwärtig-Halten ist wiederum an bestimmte Zukunftsannahmen gebunden. Je nach Selbstverständnis erwartet man etwa den Triumph des Humanismus, den Untergang des Abendlandes oder die Seligkeit des ewigen Lebens.

Scheitern
als Vollendung

Viele Zeitgenossen fragen, wie sich ihr gegenwärtiges Dasein mit den absehbaren Entwicklungen der Weltgesellschaft in den kommenden Jahrzehnten vermitteln lässt. Lehrreich sind die Vorgaben von Seiten der Künstler. Sie wissen aus eigener Erfahrung, dass Biographien aller Art vor allem an Strategien des Scheiterns gebunden sind. Künstlern wie Samuel Beckett gelang es, aus dem Scheitern als Grundlage der Existenzerfahrung Formen der Vollendung hervorgehen zu lassen. Beckett formulierte die Aufforderung: *Ever tried. Ever failed. No matter. Try again. Fail again. Fail better.*[8]

Wenn Wirklichkeit nur das ist, was wir auf keine Weise dem eigenen Willen unterwerfen können, dann ist Scheitern der psychologisch wichtige Beweis, dass man sich in seiner Arbeit mit der Wirklichkeit konfrontiert hat. Demzufolge ist das psychoanalytische Konzept der Reifung einer Person an die Befähigung geknüpft, mit Enttäuschungen, Kränkungen und Versagensängsten, kurz, dem Scheitern, fertig zu werden – ohne Verdrehung ins Gegenteil, ohne Verdrängung aus dem Bewusstsein oder Schuldzuweisung an Dritte. An das Konzept der Reife durch Einüben des Scheiterns schließt der Status des Schicksalspatienten an. Wer die Erfüllung seiner Wünsche nicht erzwingen kann, sei dankbar für die Erfahrung des Wirklichen. Schicksalspatienten können Geduld entwickeln, deren Logik darin liegt, den eigenen Wunschvorstellungen zu widerstehen. Zur Berufung des Menschen gehört es, sich zur Geduld gegenüber dem Verlangen nach Dauer, Unverletzlichkeit und dem großen Gegenüber auszubilden. Dem entspricht die nietzscheanische Forderung nach Entdeutschung.

Apokalyptischer Optimismus

Dass Vergangenheiten und Zukünfte in der Gegenwart wirksam sind, können wir gut am Kreditwesen studieren. Seit dem 15. Jahrhundert unterstützen Kredite einen Handel, der seine Resultate antizipiert. Hat man die Verkaufsergebnisse richtig vorhergesagt und binnen fünf Jahren einen bestimmten Gewinn erzielt, so hat sich die Zukunft mit Hilfe dieses Kredits realisiert. Dieses Verständnis ist grundlegend für die westliche Moderne: Vergangenheiten und Zukünfte haben nur dann Realität, wenn sie sich innerhalb der Dimension der Gegenwart als aktuelle Wirkfaktoren ins Spiel bringen lassen.

Das Leben ist eine einzige Krediteröffnung. In der Gegenwart seines Wortes gewährt der göttliche Schöpfer seiner Christenheit das Leben als einen Kredit zur Gewinnung des Heils (so auch Sloterdijk in *Zorn und Zeit*).

Johannes von Patmos schildert apokalyptische Verfahren als Methode der Zeitverkürzung.[9] Führte man den Gedanken zu Ende, so müsste von einem apokalyptischen Denken ausgegangen werden, das Anfang und Ende in Eins setzt, indem es jegliches Enden antizipiert und es als Zielpunkt des Beginnens bereits in das *initium* aufnimmt. Wenn Augustin sagt »*initium ut esset, creatus est homo*«, dann formuliert er die menschheitsgeschichtlich so bedeutsame Leistungsfähigkeit des Gehirns unserer Gattung, in einer für sie extrem gefährlichen Welt zu überleben. Die Kraft zum Anfangen hat nur, wer alles antizipiert, was tödlich schief gehen kann. Durch das Training der Kraft der Antizipation, des Vorwegnehmens und des Vorausleidens in Form der Empathie, wachsen die Chancen, die realen Gefahren aus dem Selbstlauf der Natur zu bestehen. Nur radikalster Pessimismus vermag den Optimismus zu begründen; alle anderen Argumente wären nur Umkleidungen phantasiearmer Naivität oder von Vogel-Strauß-Politik. Apokalyptisches Denken vermittelt die rücksichtslose Kritik aus der Gewissheit des Endens mit dem begründeten Optimismus, gerade durch die Antizipation von tödlicher Gefahr dem Unheil doch noch entgehen zu können. Nur wer radikal kritikfähig ist, vermag die vernünftige Begründung seines Lebensoptimismus zu entwickeln. So gilt die Dialektik des apokalyptischen Denkens: Wer anfangen will, muss das Ende schon hinter sich haben.

Folgenreichste Anleitung dazu bietet mit höchster theologischer Raffinesse der Kreuzestod des Gottessohnes, der mit der Ostersonntagsauferstehung ein für allemal bewies, dass wir nicht dem Gedanken eines definitiven Endes ausgeliefert bleiben, sondern uns auf die Möglichkeit des immerwährenden Beginnens verlassen dürfen. Das aber würde heißen: Entdeutschung gelingt in der Anerkennung dessen, was für alle Menschen gilt.

learning by crying
learning by lying
learning by buying
learning by trying
learning by sighing
learning by dying

Erinnerungen an das Leben als Baustelle

Das einmal Getane wäre nicht lehrreich, wenn man es ohne vorausgehende Bewertung der Resultate immer erneut wiederholen müsste. Unter allen Gesichtspunkten ist es höchst sinnvoll, Lernen gerade auf Antizipation statt auf Realvollzug des Handelns zu stützen, denn *learning by dying* ist eine wenig versprechende Aktionsform. Noch in unserem Begriff des Verhaltens steckt der Appell, Halt zu machen vor der realen Erfahrung, indem man sich die Konsequenzen bewusst macht und damit eine sinnvolle Haltung einnehmen kann. Wir lernen auf der Ebene

Babies
Kinder
Konsumenten
Ingenieure
Patienten
durch Sterben unsterblich

der bewussten Antizipation und nicht auf der viel zu riskanten Ebene der Realerfahrung. Aus dieser Fähigkeit generieren Individuen ihre Autorität als Autoren, und das heißt, aus ihrer Autorschaft von Antizipationen, von Wünschen, Vorstellungen und Erinnerungen. Sie eröffnen gegenüber der sehr beschränkten Realerfahrung den Horizont der Möglichkeiten, vor allem den der Utopie – in dem Sinne, dass diese Möglichkeiten Kriterien zur Kritik an den grausamen Wahrheiten der Natur- und Lebensgesetze darstellen.

Anmerkungen

Anmerkungen Seite 4-59

1 »Putins Hass, Putins, (...) ja man muss sagen, Feindschaft geht gegen das westliche demokratische Modell. (...) Und da war ich ja auch nicht blauäugig (...) ich weiß noch sehr, wie ich oft mit Leuten gesagt habe, ihr wisst, dass er Europa zerstören will. Er will die Europäische Union zerstören, weil er sie als Vorstufe zur Nato sieht.«, Angela Merkel bei ihrem Auftritt im Berliner Ensemble am 7.06.2022, organisiert vom Aufbau-Verlag mit dem Spiegel-Journalisten Alexander Osang.

2 Stalin war seit seiner frühesten Ernennung zum Kommissar für die Volkstumsfragen sehr bewusst, dass der Sozialismus als Staatsdoktrin nur so lange ungefährdet bleiben würde, wie mit allen Mitteln sichergestellt werden konnte, dass die religiös-kulturellen Differenzen der zahllosen Kultur- und Religionsgemeinschaften in der Sowjetunion unter strikter Kontrolle gehalten werden könnten. Das dritthöchste Kultzentrum des Islam, zu dem sich die Kaukasusvölker der SU überwiegend bekannten, war die Al-Aksa-Moschee in Jerusalem; dort huldigte man dem Abdruck des rechten Hinterhufs von Mohammeds Ross im Akte des Aufstiegs gen Himmel. Schukow in Analogie zu diesem Ereignis zu präsentieren, war mehr als riskant; mit Schukow verschwand auch das 1946 fertiggestellte Gemälde seines historischen Triumphes aus den Schauräumen des Museums.

3 Brock, Bazon: »Der Deutsche im Tode«. In: ders., *Die Gottsucherbande. Ästhetik gegen erzwungene Unmittelbarkeit.* Köln 1986, S. 65 ff.

4 Zu Manns Bekenntnissen eines Unpolitischen: »Er berief sich auf die ›Innerlichkeit‹, die machtgeschützte – jene Formel fand sich erst später ein – er bestand darauf: ›Ich will nicht Politik. Ich will Sachlichkeit, Ordnung und Anstand. Wenn das philisterhaft ist, so will ich ein Philister sein. Wenn es deutsch ist, so will ich denn in Gottes Namen ein Deutscher heißen, obgleich das in Deutschland nicht Ehre bringt.‹ Nichts, nahezu nichts ließ er aus, was sich hernach im Katalog der ›Volksgemeinschaft‹ wiederfand.« In: Harpprecht, Klaus: *Thomas Mann. Eine Biographie.* Reinbek bei Hamburg 1995, S. 415.

5 Siehe dazu auch Bazon Brock: *Noch ist Europa nicht verloren. Kritik der*

kabarettistischen Vernunft, Bd. 2. Berlin 2020.

6   Siehe Kapitel »Musealisierung als Zivilisationsstrategie«.

7   Der »Lustmarschs durchs Theoriegelände« war ein Action Teaching von Bazon Brock in Form einer Wanderausstellung mit Besucherschulen in 11 der bedeutendsten Museen Deutschlands, Österreichs und der Schweiz.

8   »Der Begriff deutsch steht selbst unter Deutschen keineswegs fest. Hervorragende Führer haben sich vergebens bemüht zu definieren, was eigentlich deutsch sei. Sie widersprachen einander alle. Fichte kam dem Problem am nächsten. Deutsch sein heißt originell sein, fand er. Und da er Lutheraner war, bedeutete das, die Originalität bestehe im Bruch mit der Tradition, in jenem stets neu und von vorn Beginnen, das den Kanon verneint, statt ihn auszubauen, das den Gedanken bekämpft, kaum daß er gefunden ist. Deutsch sein heißt quer zu der Menschheit stehen; deutsch sein heißt alle Begriffe verwirren, umwerfen, beugen, um sich die ›Freiheit‹ zu wahren. Deutsch sein heißt babylonische Türme errichten, auf denen in zehntausend Zungen der Eigensinn Anspruch auf Neuheit macht; deutsch sein heißt renitente Systeme voller Sophistik ersinnen, aus einfacher Furcht vor Wahrheit und Güte.« Ball, Hugo: Formen der Reformation, S. 129 f. in: Bernd Wacker (Hg.): *Dionysius DADA Areopagita. Hugo Ball und die Kritik der Moderne.* Paderborn, München, Wien, Zürich, 1996, S. 226, Fußn. 51.

9   Dazu die Übersetzung von Heils-, Grals- und Sinnsuchern als *quester/questioner legend*; die angelsächsische Tradition vermag die Artuslegende (ein Yankee am Hofe König Artus') nicht mit der Sozialbiographie des weisen Toren, des Hofnarren, Eulenspiegel oder Schwejk, zu verbinden.

10 In der »Frühlingsfeier« (1759) des Goethe-Vorläufers Klopstock findet sich der Leser als derjenige angesprochen, der das Erlebnis religiöser Erhebung selbst noch im »Frühlingswürmchen« erblickt: Gott ist überall – und wir sind selbst ein Ausstrom des Göttlichen: »Da der Hand des Allmächtigen // Die größeren Erden entquollen, // Die Ströme des Lichts rauschten und Siebengestirne wurden, // Da entrannest du, Tropfen, der Hand des Allmächtigen!« in: Klopstock, Friedrich Gottlieb: *Klopstocks Werke in einem Band* (=Bibliothek der Klassiker). Berlin, Weimar 1979, S. 45 f. Klopstocks erlebnis-

lyrische Ode kehrt in *Die Leiden des jungen Werther* wieder; zuvor jedoch feiert Werther in dem ersten Brief an den Freund die pantheistische Verschmelzung mit der allumschließenden Herrlichkeit der Natur: »Wenn das liebe Tal um mich dampft, und die hohe Sonne an der Oberfläche der undurchdringlichen Finsternis meines Waldes ruht, und nur einzelne Strahlen sich in das innere Heiligtum stehlen, ich dann im hohen Grase am fallenden Bache liege, und näher an der Erde tausend mannigfaltige Gräschen mir merkwürdig werden; wenn ich das Wimmeln der kleinen Welt zwischen Halmen, die unzähligen, unergründlichen Gestalten der Würmchen, der Mückchen näher an meinem Herzen fühle, und fühle die Gegenwart des Allmächtigen, der uns nach seinem Bilde schuf, das Wehen des Allliebenden, der uns in ewiger Wonne schwebend trägt und erhält.« in: Goethe, Johann Wolfgang von: *Die Leiden des jungen Werther*. In: ders., Werke (=Hamburger Ausgabe), Bd. 6, München 1998, S. 9.

11 Siehe Kapitel »Uchronie – Ewigkeitsmanagment«.

12 »Lucius Burckhardt, seinerzeit Vorsitzender des Deutschen Werkbunds, wollte die denkfaule und moralingeschwängerte Diskussion um die ›gute Form‹ endlich mit der Wirklichkeit designerischer Hochleistung konfrontieren. Er legte zwischen die zu preisenden Objekte wie Hans Holleins Tee- und Kaffeeservice oder die Imitate früher Wagenfeld- oder Marianne Brandt-Entwürfe eine Heckler & Koch-Waffe. Da Burckhardt Mitglied der Jury war, durfte er seinen Produktvorschlag auch ausführlich begründen. Das gelang so überzeugend, dass die Juroren den höchsten Preis dem Waffendesign hätten zuerkennen müssen, was aber politisch völlig inkorrekt gewesen wäre. Ein Ausweg aus dem Konflikt ließ sich nicht finden: Der Preis wurde über viele Jahre nicht vergeben.« – Bazon Brock: »Dulce et decorum – Die Zuckerwaffen der Kata Legrady. Ein Beitrag zur experimentellen Kulturgeschichtsschreibung.« In: *Kata Legrady: Smart Pistols*. Hrsg. von Peter Weibel, Berlin: Distanz, 2014, S. 161.

Anmerkungen Seite 60-105
I Der Widerruf des 20. Jahrhunderts ist die Zukunft Europas
Selbstfesselungskünstler gegen Selbstverwirklichungsbohème

1 Die Wohnung ist für Menschen nicht nur eine Heimat oder ein Zuhause, sondern auch eine Bühne des inszenierten Lebens, ein Anschauungsfeld für die Realisierung der eigenen Biographie oder, wie es bei Carl Hentze heißt, ein »Weltort der Seele«. Das Modell Heimat wurde 2006 für das Action Teaching »Lustmarsch durchs Theoriegelände« in eine ganze Reihe von Containments übersetzt, in denen vielfältige Artefakte und Kunstwerke aus meinem Wuppertaler Wohnzimmer zu einer Inszenierung zusammengestellt wurde. Da ich nicht die ganze Welt in mein Wohnzimmer einladen konnte, trug ich es im Medium einer Ausstellungspräsentation hinaus in die Welt: »Sein [Joseph Conrads] Werk ist wie ein möbliertes Zimmer, in dem sich Leser aus allen Zeiten zu Hause fühlen« (in: Frankfurter Allgemeine Zeitung, 1. Dezember 2007, Nr. 280, S. 36). Interessante und auffällige Objekte sollten als Anlässe und Vorschläge für das Theoretisieren und für das sinnende Anschauen einer Lebens- und Ideengeschichte zu verstehen gegeben werden. Damit nahm ich die Idee zu einer Demonstration in der Stadthalle Hannover wieder auf: Im Juni 1967 stellte ich dort die Wohnung des ortsansässigen »Film heute«-Redakteurs Werner Kließ aus. So konnten die Leser seiner Artikel ihn gewissermaßen in seinem Zuhause besuchen, um Interesse an dem Zusammenhang zwischen seinem Wirken als öffentlicher Person und seiner Privatsphäre zu entwickeln. Das demonstrative Zusammentreffen des Privaten mit der Privatisierung des öffentlichen Raums kennen wir ansonsten leider nur als Besetzung von Straßen und Plätzen mit Bier- und Würstchenbuden, die spannende Themen eher vermissen lässt.

2 Mann, Thomas: »Beim Propheten.« In: ders., *Erzählungen*. Frankfurt am Main 2005, S. 355 ff. Helmut Bauers Schwabing-Buch zeigt in einer Abbildung das Haus in der Destouchesstraße 1. Im Atelier im vierten Stock fanden die Treffen, Lesungen und Proklamationen der George-Schüler statt. In: Bauer, Helmut: *Schwabing. Kunst und Leben um 1900*. Münchner Stadtmuseum 1998, S. 66.

3 Mann, Thomas: *Doktor Faustus. Das Leben des deutschen Tonsetzers Adrian Leverkühn, erzählt von einem Freunde*. 31. Aufl., Frankfurt am Main 1999, S. 483.

4 Im 34. Kapitel des Romans wird die gesamte Ideologiegeschichte seit Albrecht Dürers Zeiten aufgerufen. Es weist im Kern eine außerordentlich beziehungsreiche Erschließung des Komplexes »Deutschaschern« auf, wie

ich das Thomas Mann'sche »Kaisersaschern« nenne, um mit dem Verlust jenes Kerngebiets des ottonischen Reiches auch den endgültigen Verlust der deutschen Reichsidee nach dem Zweiten Weltkrieg anzusprechen; Thomas Mann erschrieb den Doktor Faustus und dessen Heimatstadt Kaisersaschern in eben der Nachkriegszeit. Deutschaschern umreißt ungefähr die Zentrale des ottonischen Kernlandes, das sich um Magdeburg, Halle, Wernigerode und Quedlinburg bis ins thüringische Erfurt und Weimar erstreckte. In Erfurt steht rudimentär die älteste Synagoge des Kontinents, es ist also der Ort, an dem man Neu-Jerusalem gebaut hat, was heute aktuell wird: Wenn die Juden in Palästina nicht mehr leben können sollten, weil sie durch die arabischen Kräfte überrannt werden, sind sie auf Europa zurückverwiesen. Es ist nicht unwahrscheinlich, dass das neue Jerusalem wieder bei Erfurt liegen wird, wo die Synagoge schon einmal vor tausend Jahren Anlass zur Spekulation über ein neues Zentrum der Heilsgeschichte als Weltgeschichte bot; siehe Brock, *Barbar als Kulturheld*, S. 342 ff.

5 Arnold Schönberg hat den Antisemiten Wagner mit seinem Welterlösungsgetue, seinen Reichsgründer-, Eroberer- und Religionsstifterphantasien spiegelbildlich in seiner Kompositionslehre nachgebaut mit dem gravierenden Unterschied, ein derartiges Unternehmen als Jude zu wagen. Solange es um Musik, um die Bühne und das Theater geht, mag man das alles für interessant befinden. Sobald man es aber vom Theater auf den Königs- oder Heldenplatz überträgt, hört der Spaß der Kunst auf.

6 Die französischen Offiziere wollten junge Mädchen in ihre Zelte locken – Zelt heißt auf Französisch »tente« und »Visitez ma tente« lautete die Einladung der Offiziere. Wenn die Mädchen aufgeklärt wurden, hieß es in der deutschen Bevölkerung: Mach' keine Fisimatenten, lass' dich nicht von einem Offizier verlocken, in sein Zelt zu gehen, denn dann bist du verloren. Also wurden im Karneval Fisimatenten vorgeführt.

7 Zum Gesamtzusammenhang »Wahnmoching«, siehe Franziska Gräfin zu Reventlow: *Herrn Dames Aufzeichnungen oder Begebenheiten aus einem merkwürdigen Stadtteil*. Roman. München 1969.

8 Ludwig Derleth: »Die Proklamationen«. In: ders.: *Das Werk*, Bd. 1, *Das Frühwerk*. Hrsg. von Dominik Jost Verbindung in mit Christine Derleth.

Bellnhausen über Gladenbach (Hessen) 1971, S. 43-89, hier S. 75.

9 Siehe zum Gesamtzusammenhang: Zelinsky, Hartmut: *Richard Wagner, ein deutsches Thema. Eine Dokumentation zur Wirkungsgeschichte Richard Wagners 1876-1976*. Berlin, Wien 1983.

10 Die bisher wenig hervorgehobene Verbindungslinie zwischen Hitler und Disraeli ist zu berücksichtigen: »Hitler, der ›illegitime Sohn‹ Disraelis! In keiner Hitlerbiographie – Gisevius, Bullock, Toland, Fest, auch bei Haffner nicht – wird die Filiation Disraeli-Hitler auch nur erwähnt. Dabei ist sie das für Genese und Struktur der zur ›nationalsozialistischen Weltanschauung‹ radikalisierten ›deutschen Ideologie‹ sicher bedeutsamste geistesgeschichtliche Faktum. An ihm läßt sich ablesen, was man den Identifikationsmechanismus in der deutsch-jüdischen Beziehung nennen könnte.« In: Sombart, Nicolaus: *Die deutschen Männer und ihre Feinde. Carl Schmitt – ein deutsches Schicksal zwischen Männerbund und Matriarchatsmythos*. München, Wien 1991, S. 285.

11 1845 veröffentlicht Disraeli *Sybil oder Die beiden Nationen*. Er erwog die Allianz von Arbeiterklasse und Aristokratie zur Rettung der Welt vor dem Vernichtungskapitalismus, wie sich das auch Lasalle als Koalition mit Bismarck vorgestellt hatte. Die zwei Nationen sind natürlich die Tories und Whigs. Disraeli wurde zum ersten Mal 1868 Premier. Seine wichtigen Amtszeiten (1874 bis 1880) fielen in die Bayreuth-Periode. Er ist als Figurencharakter wie Wagner zu kennzeichnen: Schuldenmacher, Dandy, Kostümfetischist, Attitüdencharmeur; die zeitgenössische Schmähung als Affe auf dem Bauch von John Bull ließe sich auch auf Wagners Verhältnis zu Ludwig anwenden. Wie Wagner propagierte er, dass die Krone die Einheit von Adel und Volk in Wohlfahrt und fester Traditionsverpflichtung garantiere. Kennzeichnend ist das Faszinosum des Künstlers in politischer Mission (wie später bei Wilhelm II., Stalin, Mussolini, Hitler). Wie Premierminister Gladstone bei seiner Kritik an Disraeli, geadeltem Earl of Beaconsfield, zeigt, ist der Aspekt der vulgären Geltungssucht eines literarisch wenig bedeutsamen Karrieristen in diesem Fall unübersehbar. Die Übertragung von Romanzen auf die Politik, also die politisch soziale Inszenierung von Hirngespinsten, die als Kunstwerke bedeutsam sein mögen, stellt in der Realisierung bestenfalls Riesenspielzeuge für allzu Phantasiebegabte her.

12 Wagner greift zur Pathosformel von der »Erlösung durch die Kunst« und deklariert große Kulturträume: »Die Politik müsse zum großen Schauspiel werden, der Staat zum Kunstwerk, der Künstler an die Stelle des Staatsmannes treten, verlangte er; die Kunst war Mysterium, ihr Tempel Bayreuth, das Sakrament die kostbare Schale arischen Blutes, das dem gefallenen Amfortas Genesung geschenkt und die in Klingsor verkörperte Gegenkraft von Judentum, Politik, Sexualität unter die Trümmer des Phantasieschloßes verbannt hatte.« Fest, Joachim C.: *Hitler. Eine Biographie*. Berlin 1973, S. 523.

13 Wagner, Richard: »Das Judentum in der Musik.« In: Zelinsky, *Richard Wagner*, S. 20; vgl. Wagner, Richard: *Gesammelte Schriften und Dichtungen*. Leipzig 1888.

14 Brief Wagners an den Freund Theodor Uhlig. In: Strobel, Gertrud; Wolf, Werner (Hrsg.): *Richard Wagner – Sämtliche Briefe, Band III – 1849-1851*, Leipzig 1975, 460 f.

15 »Die Deutschen, sagt man, sind, was Höhe des Kunstsinns und des wissenschaftlichen Geistes betrifft, das erste Volk in der Welt. Gewiß; nur gibt es sehr wenige Deutsche.« In: Schlegel, Friedrich: *Kritische Fragmente*. In: ders., *Werke in einem Band*. Wien, München 1971, S. 22. [Die Bibliothek der Klassiker, Bd. 23]

16 »Wenn man den Deutschen die Neigung nachsagt, alles, was sie beschäftigt, gedankenschwer in Systeme zu bringen – und vor allem: zur Weltanschauung zu machen, dann ist diese Eigenschaft nicht einem besonderen, nicht weiter erklärbaren und unveränderlichen Nationalcharakter zuzuschreiben, sondern den Bedingungen ihrer Geschichte, ihrem Abgeschnittensein von politischer Praxis und Erfahrung Jahrhunderte hindurch. [...] Doch solchen Konsequenzen weit voraus, als Ausdruck wie als Kompensation der blockierten Praxis, entstand eine theoretische Tiefenschärfe, eine philosophische Radikalität, die einen beispiellosen Abbruch geistiger Traditionen bewirkte. [...] Karl Marx, selbst zum Theoretiker einer blockierten und eben darum revolutionär entworfenen Praxis bestimmt, hat in seiner ›Deutschen Ideologie‹ den Sachverhalt sarkastisch kommentiert.« In: Graf von Krockow, Christian: *Die Deutschen in ihrem Jahrhundert 1890-1990*. Reinbek bei Hamburg 1990, S. 239.

17 Heine, Heinrich: *Zur Geschichte der Religion und Philosophie in Deutschland*.

Drittes Buch. Frankfurt am Main 1968, S. 240.

18 Siehe Brock, Bazon; Giersch, Ulrich; Burkhardt, François: *Im Gehen Preußen verstehen. Ein Kulturlehrpfad der historischen Imagination.* Hrsg. vom Internationalen Design Zentrum Berlin e.V. Berlin 1981. Schliemann verlegte den Troja-Schatz dorthin, wo sich 1945 Troja im brennenden Nichts auf die gleiche Weise realisierte, wie es schon historisch im Jahre 1260 v. Chr. untergegangen ist. Vgl. ebd., die »Topographie des Terrors« im Kap. »1. Station Grenzgebiet / Leipziger Str. 3 und 4.«

19 Ritter-Schaumburg, Heinz: *Die Nibelungen zogen nordwärts.* 6. Aufl., München, Berlin 1992.

20 Siehe Kapitel »Die neuen Gottsucherbanden und ihre Vorbilder«.

21 Siehe Zelinsky, Hartmut: *Sieg oder Untergang: Sieg und Untergang. Kaiser Wilhelm II., die Werk-Idee Richard Wagners und der ›Weltkampf‹.* München 1990.

22 Brock, Bazon: »Kunst auf Befehl. Eine kontrafaktische Behauptung: War Hitler ein Gott?« In: Brock, Bazon; Preiß, Achim (Hg.): *Kunst auf Befehl? Dreiunddreißig bis Fünfundvierzig.* München 1990.

23 Zur Entwicklung des Entartungsbegriffs, siehe Clair, Jean: *Die Verantwortung des Künstlers. Avantgarde zwischen Terror und Vernunft.* Aus dem Französischen von Ronald Voullié. Köln 1998, S. 66, Anm. 2.

Anmerkungen Seite 106-149
II Die neuen Gottsucherbanden und ihre Vorbilder

1 »Wenn unsere abstrakten Bilder in einer Kirche hingen: man brauchte sie am Karfreitag nicht zu verhängen. Die Verlassenheit selber ist Bild geworden. Kein Gott, keine Menschen mehr sind zu sehen. Und wir können noch lachen, statt vor Bestürzung in den Boden zu versinken? Was bedeutet das alles? Vielleicht nur das eine, daß die Welt im Zeichen der Generalpause

steht und am Nullpunkt angelangt ist. Daß ein universaler Karfreitag angebrochen ist, der außerhalb der Kirche in diesem besonderen Fall stärker empfunden wird als in ihr selbst; dass der Kirchenkalender durchbrochen und Gott auch zu Ostern am Kreuze gestorben bleibt. Das bekannte Philosophenwort ›Gott ist tot‹ beginnt ringsum Gestalt anzunehmen. Wo aber Gott tot ist, dort wird der Dämon allmächtig sein. Es wäre denkbar, daß es, so wie ein Kirchenjahr, auch ein Kirchenjahrhundert gibt und daß auf das unsere der Karfreitag und genauer die Todesstunde am Kreuze fällt.« In: Ball, Hugo: *Flucht aus der Zeit*. Luzern 1956, S. 162.

2 »Hitler war ein vollendeter Schauspieler, doch wie konnte er in sich selbst eine so unerschütterliche Siegesgewissheit wecken, daß er damit auch andere, nicht zuletzt die Generäle, zu überzeugen vermochte? Ein Teil der Antwort liegt zweifellos in seinem tief verwurzelten Glauben an die Macht des Willens. Dies war die Stunde der Wahrheit, und wieder und wieder betonte er, daß zuletzt derjenige die Oberhand behalten werde, dessen Willenskraft die stärkere, dessen Ausdauer die größere sei. Seine Hauptsorge in den ihm verbleibenden eineinhalb Lebensjahren war deshalb der Schutz seiner Willensstärke vor allen Einflüssen, die geeignet gewesen wären, sie zu beeinträchtigen. Das zeigte sich auch in seiner wütenden Weigerung, die ihm vorgelegten Zahlen über die Stärke der sowjetischen Truppen und den Umfang der sowjetischen Rüstungsproduktion zur Kenntnis zu nehmen. Stalin sei, so beharrte Hitler, am Ende seiner Reserven; seine Armeen seien zu erschöpft, um weiter in der Offensive bleiben zu können; und es sei Unsinn, unmöglich – so belehrte er Manstein –, daß die Russen 57 neue Divisionen aufgestellt hätten: Es sei nichts als Defätismus, solchen Zahlen Glauben zu schenken. Das war der Tenor seiner Kritik an den Stabsoffizieren. Immer wieder warf er ihnen vor, sie belögen ihn und stellten den Gegner absichtlich stärker dar, als er sei, um ihren Mangel an Mut und Siegeswillen zu verbergen.« In: Bullock, Alan: *Hitler und Stalin. Parallele Leben.* Berlin, 1991, S. 1059 f.; vgl. Brock, Bazon: »Deutschsein. Die normative Kraft des Kontrafaktischen.« In: ders., *Barbar als Kulturheld*, S. 820 ff.

3 Schivelbusch, Wolfgang: *Die Kultur der Niederlage. Der amerikanische Süden 1865. Frankreich 1871. Deutschland 1918.* Berlin 2001.

4 »Sie gaben sich mehr die Miene distanzierter Beobachter, und als ›enorm wischtisch‹ faßten sie die allgemeine und schon deutlich hervortretende Bereitschaft ins Auge, sogenannte kulturelle Errungenschaften kurzerhand fallen zu lassen, um einer als notwendig und zeitgegeben empfundenen Vereinfachung willen, die man, wenn man wollte, als intentionelle Re-Barbarisierung bezeichnen konnte.« In: Mann, *Doktor Faustus*, S. 491.

5 Zur Selbstbezüglichkeitsmethode in der Moderne, Richard Wagners Konzept »Erlösung dem Erlöser«, Lenins »Erziehung der Erzieher« und Heideggers »Führung der Führer«, siehe Kapitel »Selbstfesselungskünstler gegen Selbstverwirklichungsbohème«.

6 »So fügt sich eines zum anderen: Der wirkliche Wert, die Aufgabe und der Lebenssinn des Menschen, wie alle seine Kulturleistungen, bestehen darin, daß er sich im Dienste herrscherlicher und geheiligter Institutionen opfert, sich ›konsumieren‹ läßt. Jede Ablösung von den Institutionen setzt die libertären, egalitären und humanitären Tendenzen in Gang, die unaufhaltsam der Entartung und dem Verfall, dem Untergang der Kultur zutreiben. [...] Und Rettung bietet nur noch eine die Zerstörung zerstörende Gewalt. Punkt um Punkt zeigt sich damit Gehlens Theorie als Bestätigung jener Entscheidungs- und Entschlossenheits-Ideologie der zwanziger Jahre, die wir in Beispielen dargestellt haben – auch oder gerade in der Form, die sie in Hitlers ›Mein Kampf‹ annimmt. Es liegt wenig an Etikettierungen, aber wenn man in diesem Zusammenhang vom Faschismus spricht, dann hat Arnold Gehlen in seinem Werk eine, nein: die faschistische Theorie entworfen und vollendet, auf dem allerhöchsten Reflexionsniveau, das sie überhaupt zu erreichen vermag. Ihr Verdienst ist es, daß sie aus der conditio humana, aus den Bedingungen des Menschseins, Möglichkeiten des Unmenschlichen, die Antriebe zur Vernichtung der europäischen Vernunft erklärbar macht. Der Wahn aber, dem sie zugleich verfällt, hat mit einer historischen Verblendung zu tun: Die Chance zu freiheitlichen Institutionen, wie sie in westlichen Demokratien entstanden, bleibt völlig außer Betracht. Damit enthüllt sich diese Theorie als eine Sonderform der Ideologie, die das deutsche Drama gleichsam nachinszeniert.« Krockow, *Die Deutschen in ihrem Jahrhundert*, S. 340.

7 Siehe Kapitel »Vergleiche Dich! Erkenne, was Du bist!«.

8 Zum Abraham-Isaak-Motiv in der Kunstgeschichte der Renaissance siehe *Heinen, Ulrich*: »Der Schrei Isaaks im ›Land des Sehens‹. Perspektive als Predigt – Exegese als Medienimpuls. Abrahams Opfer bei Brunelleschi und Ghiberti (1401/02).« In: *Isaaks Opferung (Gen 22) in den Konfessionen und Medien der Frühen Neuzeit*. Hg. v. Johann Anselm Steiger und Ulrich Heinen. Berlin, New York 2006, S. 23–152. [Arbeiten zur Kirchengeschichte; 101]

9 Beim Opfervollzug ist man auf das christliche Altargeschehen verwiesen, das sich stets rein symbolisch vollziehen soll. Bei der symbolischen Handlung kommt es nur noch auf den »Kunstgriff der Vergegenwärtigung« an: »Sie lässt etwas, was nicht mehr ist, was kein Hier und Jetzt mehr hat, dennoch wiederkehren – abgelöst von seiner singulären physischen Präsenz: als deren Echo, Zitat, Abzug, Vervielfältigung, Extrakt. Was wiederkehrt, ist nicht die Sache selbst, sondern ihr ›Geist‹, nur daß dieser Geist noch weit davon entfernt ist, verselbständigt als Dämon, Gespenst oder Gott vorgestellt zu werden. Seine Vorstellung ist vielmehr seine Darstellung, seine Performance. ›Geist‹ wird im Opfervollzug, im ritualisierten kollektiven Herfallen über bestimmte Menschen und Tiere, ausgeführt. Er ist zunächst nichts von der Aufführung Abgelöstes, aber die Aufführung selbst ist der Beginn jenes Sich-Ablösens vom Hier und Jetzt, [...].« – Türcke, Christoph: »Gott – inexistent, aber unbeweisbar.« In: Blume, Anna (Hg.): *Beiträge zur Phänomenologie des Heiligen und der Religion*. Freiburg, München 2007, S. 115. [Neue Phänomenologie; 9]

10 Siehe die »Marseillaise der Reformation«: das Lied »Ein' feste Burg ist unser Gott«, in: Heine, *Zur Geschichte der Religion und Philosophie in Deutschland*, S. 80 f.

11 Im Artikel »Stunde der Wahrheit« in der »Neuen Zürcher Zeitung«, 7./8. Juli 2007, Nr. 155, S. 47, fällt in einem Gespräch mit Imre Kertész der in diesem Kontext treffende Ausdruck »Opferkonkurrenz«.

12 »Der Nationalsozialismus lebt fort und bis heute wissen wir nicht, ob bloß als Gespenst dessen, was so ungeheuerlich war, dass es am eigenen Tode noch nicht starb, oder ob es gar nicht erst zum Tode kam, ob die Bereitschaft zum Unsäglichen fortwest in den Menschen wie in den Verhältnissen, die sie umklammern. Ich möchte nicht auf die Frage neonazistischer Organisatio-

nen eingehen. (...) ich betrachte das Nachleben des Nationalsozialismus in der Demokratie als potentiell bedrohlicher denn das Nachleben faschistischer Tendenzen gegen die Demokratie. Unterwanderung bezeichnet ein Objektives; nur darum machen zwielichtige Figuren ihr come back in Machtpositionen, weil die Verhältnisse sie begünstigen.« – Theodor W. Adorno: »Aufarbeitung der Vergangenheit«, Radio-Ansprache, 1959. Thomas Mann spricht in einem Brief an den von ihm später als NS-Spitzel verdächtigten Journalisten Kiefer am 26. Oktober 1933 einen Gedanken an, den manch ein Zeitgenosse heute auch akzeptieren könnte, wenn man wirklich die politische Situation bedenkt: »Das Heilmittel, das dem ganzen Spuk von heute ein katastrophales Ende bereiten und eine neue Welt aus sich erstehen lassen würde, kann man aus individueller Menschenschwachheit nicht wünschen – und doch wünscht man es heimlich, trotz der Gewißheit, darin mit unterzugehen.« Gemeint ist offensichtlich der zu entfachende Bürgerkrieg zwischen Linken und Rechten in Deutschland. Ähnlich argumentiert Thomas Mann 1949 ff. gegenüber den Nationalchauvinisten der USA, geführt von McCarthy.

13 Dass die Gegenwehr in der Demokratie ziemlich sinnlos ist, erfuhr ich im Januar 1987 nach einer mehrstündigen Besucherschule zur Eröffnung der Anselm Kiefer-Ausstellung in Chicago. Mein Vortrag endete mit der Schlussbemerkung: »Es ist eine Tragödie, dass sich die israelische Armee bei der Reaktion auf die zweite Intifada zu Maßnahmen gezwungen sieht, unter denen gerade Juden in extremer Weise zu leiden hatten.« Daraufhin: Pöbelhafte Reaktionen von angeblichen jüdischen Kunsthändlern im Zuhörerraum, die es einen Skandal fanden, am Vorgehen der israelischen Armee (Teeren und Abbrennen von Wohnhäusern) auch nur die leiseste Kritik zu üben. Seither war mir klar, dass diesen Personen weder an Humanität noch historischer Gerechtigkeit gelegen ist. Sie treiben ein banales Machtspiel mit den angeblich heiligsten Gütern nach bekannten historischen Mustern. Ich hatte mich seit 1959 und 1965 stets gegen derartige Einsichten von Seiten Adornos oder Leibowitz' mit aller Kraft gewehrt; ihnen dann doch Weltkenntnis zugestehen zu müssen, bedaure ich bis heute.

14 »Später fragte Augstein mich nach dem Fortgang der Hitlerbiographie, und als ich womöglich etwas allzu deutlich durchblicken ließ, daß mir nach nunmehr vier Jahren die Arbeit daran zusehends schwerfalle, unterbrach

er mich ungeduldig: ›Hören Sie bloß auf! Ich kann das Gejammer nicht hören! Nur der Klischee-Autor jammert. Der wirkliche Autor dagegen tut das Nötige.‹ Dann fügte er hinzu: ›Und bitte! Nur kein Gewinsel über die Last der deutschen Geschichte! Darin wetteifern doch schon die vielen Esel ringsum! Stellen Sie sich einmal vor, wir hätten diese verdammte Geschichte nicht! Nicht Luther und nicht Friedrich, Bismarck nicht und nicht die ganze Bagage bis hin zu Hitler!‹ ›Was fingen wir an?‹ fuhr er fort, ›So, wie es war, hat jeder von uns Stoff für drei Leben und sogar noch ein paar mehr. Nicht auszudenken, daß wir Franzosen wären mit diesem einen Napoleon! Und davor und danach nur eine Handvoll glänzender und meist erbärmlicher Chargen wie Herzog von Orléans, den dritten Napoleon oder diesen Vorstadtchauvinisten Poincaré! Auch die Italiener sind nicht besser dran, die sich immer gleich um fünfhundert Jahre zurückbesinnen müssen, um auf einen attraktiven Bösewicht zu stoßen! Oder sogar, am schlimmsten vielleicht, nein! Bestimmt am schlimmsten: Holländer zu sein!‹ Er jedenfalls habe stets einen Vorzug darin gesehen, als Deutscher gerade dieser Generation anzugehören: ›Zu jung, um sich von den Nazis korrumpieren zu lassen, aber alt genug, um die interessante Sache dauernd mit sich herumzuschleppen.‹ Nach ein paar Wortwechseln setzte Augstein noch hinzu: ›Die Generation nach uns wird sich mit der Inhaltsleere abmühen müssen und am Ende an der Langeweile zugrunde gehen. Alles, was ich von ihr weiß und beobachte, nötigt mich zum Bedauern. Anders als Sie und ich hat sie kein Lebensthema! Sie wird sich eines erfinden müssen! Und wer weiß, was dabei herauskommt?‹ Natürlich war bei dem und allem, was Augstein sonst noch dazu sagte, viel von dem ›positiven Zynismus‹ im Spiel, dessen er sich gern rühmte. Was aber seine Vorhersage angeht, hatte er, wie wir als Zeitgenossen der Spaßkultur und des Event-Getues wissen, mehr recht, als irgendwer damals ahnte.« In: Fest, Joachim: *Begegnungen. Über nahe und ferne Freunde.* Reinbek bei Hamburg 2004, S. 358 f.

Anmerkungen Seite 150-181
III Musealisierung als aussichtsreichste Form der Zivilisierung von Kulturen

1 Siehe dazu u.a. Brock, Bazon: »Hagia Sophia muss Museum bleiben«, in: Die

Welt, 23.01.2019; und »Warum wir Erdogan danken sollten« [abgedruckt u.d.T.: »Sophias Welt. Von 1453 bis heute: Warum Musealisierung der einzig sinnvolle Weg ist, die permanenten Kulturkämpfe einzuhegen.«], in: Die Welt, 14.07.2020.

2 Siehe Brock, Bazon: »Zur Rekonstruktion einer zeitgemäßen Kunst- und Wunderkammer.« In: *Le Musée sentimental de Cologne*. Hg. v. Daniel Spoerri. Köln 1979, S. 18–27.

3 Seit Schülerzeiten versuchte ich mir klar zu machen, wie man durch bloßes Maulhalten zu einem Weisen werden könne, denn Lateinlehrer Naumann hielt offenbar die Sentenz »si tacuisses philosophus mansisses« in ihrer Bedeutung für so selbstverständlich, dass er uns keine Erklärung für die Behauptung geben zu müssen glaubte. Wie Boëthius in seinen *Tröstungen der Philosophie* angibt, gilt es, auf Kränkungen und Schmähungen als wahrer Philosoph nicht zu reagieren; wienerisch: gar nicht erst ignorieren.
Die Methode gilt offensichtlich nicht nur zum Beweis von philosophischer Charakterbildung, sondern ebenfalls zur Begründung von Tiefsinn schlechthin. Denn es heißt ja »et at tacites deduxit Pallas sacros«, also: Pallas offenbart die Heiligtümer nur dem, der bereit ist, im Staunen sprachlos zu werden, oder: die Göttin schafft uns Seelenkraft dadurch, dass wir lernen zu schweigen. Mich haben diese Begründungen von Tiefsinnigkeit immer wütend gemacht, zumal die Schweigenden ihre Überlegenheit, also Weisheit, durch ein mokantes, herablassendes Lächeln zu bekunden pflegen. Die vor Staunen Sprachlosen unter den Museumsbesuchern stellten sich am Ende der Gespräche in der Besucherschule als die Dümmsten, aber Anspruchsvollsten heraus. Sie forderten alle denkbaren Informationen, Erklärungen, Sinnstiftungen vor den Werken ein, um dann stets überlegen zu bekunden, dass dieses Wissen natürlich nicht im Geringsten der Großartigkeit des staunenden Schweigens vor den Meisterwerken gewachsen sei.

4 Siehe Brock, Bazon: »Wörlitz als Modell für das Gedächtnistheater des 20. Jahrhunderts«. In: ders.: *Barbar als Kulturheld*, S. 794ff.

5 Dieses Prinzip demonstriert das Bürstenpaar »Der häusliche Alltag als Philosophenschule« (theoretisches Objekt von Bazon Brock, 1975): Durch das instinktiv richtige Bürsten der schmutzigen Bürste entfaltet sich das Geheimnis

der Reflexivität. Unser Bürstenpaar mag man sich an die Garderobe hängen, damit man sich jederzeit darüber verständigen kann, wie der häusliche Alltag als Philosophenschule Orientierung bietet. Zu Hause bewährt sich »Reflexivität« als Zauberwort der Moderne: Im Bürsten der schmutzigen Bürsten zeigt sich täglich reinigende Selbstbezüglichkeit.

6   Der parabelhafte Film »Rashomon« von Akira Kurosawa zeigt diesen komplexen Zusammenhang zwischen dem äußeren Geschehen und dem inneren Erleben auf sehr prägnante Weise: Vier Personen sollen den gleichen Tathergang registrieren und dann berichten, was sie gesehen haben (im Falle »Rashomons« handelt es sich um einen Mord); die vier Zeugen des Verbrechens erzählen vier verschiedene Geschichten. Genötigt, dennoch einen Zugang zur Wahrheit zu entwickeln, beginnt erst der komplizierte Erkenntnisweg.

7   Brock, Bazon: »›Prillwitzer Idole‹ – Über die obotritischen Heiligtümer und ihre Faszination für die neuesten Bronzeskulpturen von Daniel Spoerri.« In: *Daniel Spoerri – Prillwitzer Idole. Kunst nach Kunst nach Kunst*. Staatliches Museum Schwerin 2006, S. 18 f.

8   Siehe Teil IV »Der verbotene Ernstfall und die Ethik des Unterlassens«. Siehe auch die Veröffentlichung zu retrograden Strategien, in: *Culture insurance no title no reception*. Hrsg. von Adalbert Hoesle. Köln 2006. Darin: Brock, Bazon: »Neuerungssucht und Ewigkeitsanspruch. Zur Endlagerung kultureller Gewissheiten«, S. 295 ff.

9   Zu diesen zwischen 1977 und 1982 entwickelten Theorien der Avantgarde und der Neophilie der Moderne siehe »Avantgarde und Tradition« in Brock: *Ästhetik gegen erzwungene Unmittelbarkeit*, S. 102–298.

10 Siehe Mulsow, Martin; Stamm, Marcelo (Hg.): *Konstellationsforschung*. Frankfurt am Main 2005.

11 Seit dem *Action Teaching* »Zeig dein liebstes Gut!« 1977 im Internationalen Design Zentrum Berlin und auf den umliegenden Straßen versuchte ich, eine ganze Reihe von Konstellationen als Einheit von Monstranz und Demonstranz aufzubauen. Ein weiteres Beispiel waren die »Gott und Müll«-

Prozessionen im Rahmen des »Lustmarsch durchs Theoriegelände«, 2006. Für eine Dokumentation dieser Aktionen siehe z.B.: Bazon Brock: *Theoreme. Er lebte, liebte, lehrte und starb. Was hat er sich dabei gedacht?* Hrsg. von Marina Sawall. Köln 2017, S. 294 f. u. S. 478 ff.

12 Siehe *Torquato Tasso* von J. W. v. Goethe, Fünfter Aufzug, Fünfter Auftritt.

13 Siehe die »Süddeutsche Zeitung« vom 8. Januar 2008, Beitrag von Joseph Weizenbaum (MIT) u.a. zur Metaphorisierung in den Wissenschaften: »Metaphern und Analogien bringen, indem sie disparate Kontexte zusammenfügen, neue Einsichten hervor. Fast all unser Wissen, einschließlich des wissenschaftlichen, ist metaphorisch. Deswegen auch nicht absolut.«

14 Brock, *Barbar als Kulturheld*, S. 287 f.

Anmerkungen Seite 182-199
**Kunst als Evidenzkritik –
Erkenntnisstiftung durch wahre Falschheit**

1 Zum Theorem des Fakens siehe auch: Brock, Bazon: »Fake – Fälschung – Täuschung.« In: ders., *Barbar als Kulturheld*, S. 577 ff.

2 Die »Frankfurter Allgemeine Zeitung« vom 14. Dezember 2007 berichtet über die Festnahme des 47 Jahre alten Kunstfälschers Shaun Greenhalgh und seiner über 80-jährigen Eltern. Sie hatten Experten des Art Institute of Chicago von der Echtheit einer Gauguin-Skulptur überzeugt und das British Museum zum Ankauf ihrer Fälschung bewegt: »Der Betrug flog auf durch einen Rechtschreibfehler in der Keilschrift auf einem assyrischen Relief (...) die Polizei fand bei der Durchsuchung der Sozialwohnung der Familie eine veritable Höhle Aladins, voll gestopft mit Materialien, Werkzeugen und gefälschten Kunstwerken (...) während Fälscher sich gewöhnlich auf ein Fach spezialisieren, schien Shaun Greenhalgh alles zu beherrschen, von altägyptischer Skulptur über römisches Silber und keltischen Schmuck bis hin zu Landschaftsgemälden der verschiedensten Epochen und einer Barbara-Hepworth-Plastik. Der Gesamtwert des Greenhalgh-Schatzes wird von der

Polizei auf 10 Millionen Pfund geschätzt. Womöglich gibt es Objekte aus dieser Herstellung, deren tatsächliche Provenienz niemals aufgedeckt werden wird.«

3 Fra Girolamo Savonarola in der Darstellung Luca Landuccis. Bd. I. *Ein florentinisches Tagebuch. 1450-1516. Nebst einer anonymen Fortsetzung. 1516-1542.* Köln, Düsseldorf 1978.

4 Burckhardt, Jacob: *Die Kultur der Renaissance in Italien. Ein Versuch.* Hg. v. Walther Rehm. Hamburg 2004, S. 517.

Anmerkungen Seite 200-219
Schöpferische Zerstörung

1 Siehe Kap. »Heinrich Schliemann und die ›deutsche Ideologie‹«. Siehe auch Brock, Bazon: »Aha-Clou-Erdverwertung! Alle Verwertung ist Haufenbildung. Zum Kulturlehrpfad der historischen Imagination«. In: Katz Ben Shalom, Yael: *Das Vermögen der Kunst.* Köln, Weimar, Wien 2008, S. 119-130.

2 Siehe Metzger, Rainer: *Buchstäblichkeit. Bild und Kunst in der Moderne.* Köln 2003; und Brock, *Ästhetik gegen erzwungene Unmittelbarkeit,* S. 83 und S. 167-173. Das Thema »Exploitation«, das Ausgraben, das Ausnutzen und das Ausbeuten: Aus der Tiefe des Vergessens Nachlässe zu heben, ist der Traum eines jeden Wissenschaftlers, der in alten Kisten auf dem Dachboden Schätze zu entdecken wünscht, um zum ersten einen Mythos zu entdecken und zum anderen das kollektive Unbewusste nutzbar zu machen: »Sowohl Mythos als auch Monotheismus waren für Mann säkularisierungsfähige Konzepte, die sich leicht in moderne, nachchristliche Verhältnisse übersetzen ließen. Die moderne Form eines Lebens im Mythos ist für Thomas Mann das Leben des Künstlers, der in Spuren uralter Traditionen geht und die Quellen seiner Kreativität aus dem Unbewußten bezieht. Seine Beziehung zum Unbewußten ist nicht kolonisatorisch wie bei Freud, (...) sondern eher exploitatorisch: das Unbewußte ist für ihn eine Ressource künstlerischen Schaffens.« In: Assmann, Jan: *Thomas Mann und Ägypten. Mythos und Monotheismus in den Josephsromanen.* München 2006, S. 207.

3 Siehe zu Fragen des Vergleichens nach Kriterien der Unterscheidung: Brock, *Ästhetik gegen erzwungene Unmittelbarkeit*, S. 15 ff. Zum Aspekt der Archäologie des Mülls in Zusammenhang mit den Museen als Zivilisationsagenturen: Als ich 1974 in der Uni Kassel in einer Veranstaltung von Lucius Burckhardt die Behälterwissenschaft einführte, habe ich *expressis verbis* bereits die Einheit von Museum als Behälter (= Müllcontainment) und andererseits Mülldeponien/Endlagerungsstätten des atomar strahlenden Mülls als Schatzhäuser der kulturellen und religiösen Letztbegründung konzipiert. Siehe Kapitel »Kathedralen für den strahlenden Müll« und Brock, Bazon: »Das Einzige, was Menschen in Zukunft gemeinsam haben werden, sind Probleme.« In: *Die Re-Dekade. Kunst und Kultur der 80er Jahre*. München 1990, S. 11 ff.

4 Siehe Epilog »Das Beginnen liegt im Ende«.

5 Siehe den Eintrag »Abfall« von Bazon Brock, in: Fliedl, Gottfried et. al (Hg.): *Wa(h)re Kunst. Der Museumsshop als Wunderkammer. Theoretische Objekte, Fakes und Souvenirs*. Frankfurt am Main 1997, S. 129.

6 Deswegen bot ich in Berlin 1965 ff. Kurse zur »Gymnastik gegen das Habenwollen« an, um gemeinsam die »Wegwerf-Bewegung« zu üben. Siehe »Das Blätterbuch – Gymnastik gegen das Habenwollen«. In: Brock, *Ästhetik als Vermittlung*, S. 997.

7 Wie dringlich der Anspruch auf eine Ausbildung der Bürger zu Müllexperten ist, zeigt eine Vielzahl von Nachrichten aus den Gefilden des schönsten Scheins: »Eine Schande für ganz Italien« titelte die »Süddeutsche Zeitung« vom 14. Januar 2008: Angesichts der Müllunruhen in Neapel wurde ein Müllnotstand ausgerufen. Die Müllkrise werde von der Camorra genutzt, um schnell an Aufträge zu kommen. Am 3. Juli 2008 heißt es in der »SZ« in einem Artikel über »Die Seele des Mülls«, das Müllproblem habe sich mittlerweile dermaßen verschärft, dass die Neapolitaner des Großeinsatzes von Psychologen bedurften, um den Bewohnern zu souveräner Behauptung gegen die Müllmächte zu verhelfen. Hinzugezogen würden die Zivilisationshelden von der freiwilligen Feuerwehr, des Roten Kreuzes und anderer Hilfsorganisationen, die in Zusammenarbeit mit den Neapolitanern den Müllnotstand zu bewältigen versuchten, indem sie seine Beseitigung als Geschäft der Mafia anerkannten.

8 Karl Valentin ist es gelungen, den karikaturistischen Erkenntniswert aus Nietzsches Diktum von der »Ewigen Wiederkehr des Gleichen« angesichts der konsumeristischen Funktionslogik der *schöpferischen Zerstörung* herauszustellen. Er hat das bestens bühnenreif werden lassen, indem er etwa alles kurz und klein schlug unter dem Ausruf »Euch werde ich die ewige Wiederkehr schon noch einbläuen!«, um dann die Feinmüllreste in einen Gral (als Einheit von Siegespokal und Urne) einzufüllen und unter den Geschäftsauslagen abzustellen, wo man die von ihm auf der Bühne genutzten Dinge zum sinnvollen Gebrauch, also zum Zerstören, üblicherweise zum Kauf anbietet. »Sie meinen, dergleichen habe Valentin tatsächlich vorgeführt?« – »Umso besser!« – »Und Alfred Jarry auch?« – »Na großartig.« – »Und die Dadaisten erst recht? Zum Beispiel Kurt Schwitters?« – »Ja doch, in solchen Werken ist etwas zu erfahren, über die Katastrophe der Schöpfung oder vom Eingeständnis, wie viel besser es wäre, daß es nichts gäbe.« – »Diesen Geist der Weltlosigkeit kann man im Innern der Werke als Sog der Entleerung verspüren, als mitreißende Auflösung in die ›Werklosigkeit.‹« In: Sloterdijk, Peter; Macho, Thomas: *Die Weltrevolution der Seele. Ein Lese- und Arbeitsbuch der Gnosis von der Spätantike bis zur Gegenwart.* Zürich, München 1993, Band 1, S. 54.

9 Mitte der 1960er Jahre begann ich sowohl mit der Professionalisierung der Konsumenten als auch der Rezipienten in »Besucherschulen«. Gemeinsam mit Peter Sloterdijk habe ich von 2010 bis 2013 den Studiengang »Der professionalisierte Bürger« zur Ausbildung von Kosumenten, Rezipienten, Patienten, Wählern und Gläubigen an der HfG Karlsruhe angeboten.

10 Während wir 2006 im Karlsruher ZKM und später in Leipzig den »Lustmarsch durchs Theoriegelände« präsentierten, streikte zeitgleich die örtliche Müllabfuhr, was wir durch unsere kleinen »Gott und Müll«-Prozessionen durch die Innenstädte unterstützten. Wir haben jedoch für die Müllabfahrer statt vierprozentiger Lohnerhöhung eben jene Statuserhöhung gefordert, die sie tatsächlich verdient hätten. Siehe zu den Prozessionen die DVD »Lustmarsch durchs Theoriegelände« (2008), die »Gott & Müll«-Märsche.

11 An der TU Clausthal gibt es seit einigen Jahren ein Institut für Endlagerforschung sowie Kurse zur Endlagerung radioaktiver Abfälle.

12 Brock, Bazon: »Gott und Müll.« In: *Kunstforum International, Theorien des Abfalls*, Bd. 167, Nov.-Dez. 2003, S. 42 f.; siehe auch Brock, Bazon: »Gott und Müll.« In: ders., *Re-Dekade*, S. 281 ff.

13 »[...] den giftigsten Müll isolieren, das ja. Dadurch wird er großartiger, bedeutungsvoller, magischer. Aber gewöhnlicher Hausmüll sollte in den Städten, wo er entsteht, gelagert werden. Bringt den Müll an die Öffentlichkeit. Die Leute sollen ihn sehen und respektieren. Versteckt eure Müllanlagen nicht. Baut eine Architektur des Mülls. Entwerft traumhafte Gebäude, um Müll zu recyceln, ladet die Leute ein, ihre eigenen Abfälle zu sammeln und an die Pressrampen und Förderbänder zu bringen. Lerne deinen Müll kennen. Und das heiße Zeug, die chemischen, die atomaren Abfälle werden zu einer fernen Landschaft der Nostalgie. Bustouren und Postkarten, jede Wette.« DeLillo, Don: *Unterwelt*. Köln 1998, S. 336; siehe: »Wir entwarfen und betreuten Landaufschüttungen. Wir waren Müllmakler. Wir organisierten Giftmülltransporte über die Weltmeere. Wir waren die Kirchenväter des Mülls in all seinen Wandlungen.« In: ebd., S. 122.

14 Brock, *Barbar als Kulturheld*, S. 195; siehe die Veröffentlichung: *Dionysos Hof 1:1*. Hrsg. von Paola Malavassi und Kasper König, Köln 2006, zur Aktion vom 1. Mai 2006 am Dionysos-Brunnen, die der Huldigung des Müllkults, des *Dionysos Zagreus* als des zerrissenen und wiederauflebenden Gottes, aber vor allem der Etablierung des Kölner »Orakels in residence« und des »Delphi-Clubs« diente.

Anmerkungen Seite 220-243
IV Der verbotene Ernstfall und die Ethik des Unterlassens

1 Siehe Kapitel Odysseus oder Mythos und Aufklärung. In: Horkheimer, Max; Adorno, Theodor W.: *Dialektik der Aufklärung. Philosophische Fragmente*. Frankfurt am Main 2002, S. 50 ff.

2 »Aber ich schnitt mit dem Schwert aus der großen Scheibe des Wachses / Kleine Kugeln, knetete sie mit nervichten Händen, / Und bald weichte das Wachs, vom starken Drucke bezwungen / Und dem Strahle des hoch-

hinwandelnden Sonnenbeherrschers.« In: Homer: *Ilias, Odyssee.* In der Übertragung von Johann Heinrich Voß, Hamburg 1781, München 1979, S. 605 (XII. Gesang, V 173-176).

3 Während der Lustmarsch-Präsentation im Haus der Kunst in München 2006 wurde dort eine Paul McCarthy-Ausstellung gezeigt. Unter den Exponaten fiel im Zusammenhang mit der Odysseus-Kirke-Episode die Skulptur eines offensichtlich träumenden, im Schlafe lachenden Schweins auf. Für die schöpferische Kraft des Künstlers gilt seit antiken Zeiten die Kraft zur Verlebendigung einer Darstellung. Sprichwörtlich ist der Bildhauer Pygmalion, der die von ihm geschaffene Marmorstatue eines jungen Mädchens zu seiner Liebhaberin erwecken will und daran scheitert. Durch McCarthys Skulptur des im Schlafe lachenden Schweins wurde aus Pygmalion Pig-Malion und damit das Problem des Odysseus sichtbar, seine schweinischen Gefährten zu überreden, sich in Menschen zurückverwandeln zu lassen.

4 Siehe Brock, *Barbar als Kulturheld*, S. 207-219.

5 »Wir benötigen ›Lernzeit für Zivilisierungen‹, d.h. ein starkes Bewußtsein für die Tatsache, daß immer unter Bedingungen des Ernstfalls geübt wird, um seinen Eintritt nach Möglichkeit zu verhindern.« In: Sloterdijk, Peter: *Zorn und Zeit. Politisch-psychologischer Versuch.* Frankfurt am Main 2006, S. 355 ff.

6 Eine solche hat Christian Boros in Berlin mit seinem Kunstbunker realisiert, in dem sich die Sammlung Boros besichtigen lässt: unten Kriegsikone (Bunker) – oben Modernitätsikone (Barcelona-Pavillon).

7 Siehe den Abschnitt »Produktive Indifferenz«, in: Brock, Bazon: »Die Forderung nach Schönheit ist revolutionär, weil sie das Häßliche gleichermaßen zu würdigen zwingt.« In: ders., *Barbar als Kulturheld,* S. 591.

8 Siehe Kapitel »Die neuen Gottsucherbanden und ihre Vorbilder«.

9 Brock, Bazon: »Die Geschichte des Nichtgeschehenen.« In: Crivellari, Fabio u.a. (Hg.): *Die Medien der Geschichte. Historizität und Medialität in interdisziplinärer Perspektive.* Konstanz 2004, S. 49ff.

10 Gerade Appelle an humanitäre Tugenden pflegen von der dringlichen Bitte begleitet zu werden, man möge alles in seiner Macht Stehende unternehmen, um...; an den Appell »Wir bitten Sie, alles in Ihrer Macht Stehende zu unterlassen« konnte man sich noch nicht gewöhnen, denn er wurde selten gehört.

11 »Himmler war von jeher empfänglich für unorthodoxes Denken jeder Art, angefangen von Naturheilverfahren und Kräuterkunde (jedes KZ mußte einen Kräutergarten unterhalten) über die Entschlüsselung geheimnisvoller Runenschriften bis hin zur Suche nach dem reinen arischen Typus durch Vermessung menschlicher Schädel. Eine seiner zahlreichen, ihn begeisternden Ideen war der Kampf gegen die Jagd, die er geächtet sehen wollte, weil jedes Tier ein Recht auf Leben habe.« Bullock, *Hitler und Stalin*, S. 859. Die Ideologen des Ariertums nahmen sogar in Kauf, dass für die Legitimation ihres eigenen Überlegenheitsanspruchs auf bisher völlig fremde Kulturen zurückgegriffen werden musste, etwa den Hinduismus. Himmler empfahl den SS-Männern, wie die heiligen weisen Männer bei den Hindus Glöckchen an die Stiefel zu montieren, um so den Respekt vor der Beseeltheit des Lebens auszudrücken. Die Beseeltheit war gedacht als Wiedergeburt von Menschen, also auch von eigenen Vorfahren in jedweder Gestalt anderen Lebens. Die Glöckchen an den Stiefeln der SS-Männer waren also Ausdruck der Begründung von Ahnenkult in der angenommenen Tradition der aus Indien stammenden Arier. Wagners Träume von Juden, die zu Würmern und Trichinen wurden, um seinen Leib zu zerfressen (siehe entsprechende Studien von Hartmut Zelinsky), entsprechen folglich den Beseeltheitsvorstellungen allen Lebens. Die Auflösung des Widerspruchs von beseelten Schädlingen und Nützlingen ergibt sich aus der Unterscheidung von Freund und Feind einerseits und dem Triumphalismus des natürlichen Lebens andererseits, das heißt der demonstrierten Macht des Stärkeren.

12 »Wenn ich mir mitunter vornahm, die vielfältigen Aufregungen der Menschen zu betrachten [...] so fand ich, daß alles Unglück der Menschen einem entstammt, nämlich daß sie unfähig sind, in Ruhe allein in ihrem Zimmer zu bleiben [...] Die Unterhaltung und die Zerstreuung des Spiels sucht man nur, weil man nicht fähig ist, [...] zu Hause zu sein.« (Blaise Pascal)

13 »Ruhm und Ewigkeit / [...] / Schild der Nothwendigkeit! / Höchstes Gestirn des Seins! / das kein Wunsch erreicht, das kein Nein befleckt / ewiges Ja des Sein's, / ewig bin ich dein Ja: / denn ich liebe dich, oh Ewigkeit! –« In: Nietzsche, Friedrich: *Kritische Studienausgabe,* Band 6. Hg. v. Giorgio Colli und Mazzino Montinari, München, New York 1999, S. 405.

14 Siehe Noguez, Dominique: *Lenin Dada.* Zürich 1989.

Anmerkungen Seite 244-267
**Überwindung der Todesideologien –
Scheitern als Vollendung**

1 Brock, Bazon: »Von der Notwendigkeit, ein historisches Bewußtsein auszubilden.« In: ders., *Barbar als Kulturheld,* S. 142 f. Zu den Versuchen, die Uchronie lokalisierbar zu machen siehe die Aktionen in München, Juli 2006, im Büro von Michael Krüger (Hanser Verlag), anschließend in Berlin, September 2006, am Bauhausarchiv und in der Volksbühne Ost: Verleihung der Marmortafeln mit der Inschrift „Extemporale Zone – Repräsentation der Ewigkeit in jedem Augenblick – Uchronie vor Utopie". Zum Konzept extemporaler Zonen siehe Brock, Bazon: „Deklaration zum 12.9.: Der Malkasten wird extemporale Zone." In: ders., Barbar als Kulturheld, S. 189 ff.

2 Siehe das Konzept der Uchronie bei Louis-Sébastian Mercier in der zweiten Hälfte des 18. Jhd. und hundert Jahre später bei Charles Renouvrier als »Topos der Geschichtschreibung«. In: Brock, Bazon: »Uchronische Moderne – Zeitform der Dauer.« In: ders., ebd., S. 165 f.

3 Zur Frage der Ewigkeit und der Unsterblichkeit siehe die von Platon im »Symposion« entwickelte Konzeption des Eros, in: Platon: *Das Trinkgelage oder Über den Eros.* Frankfurt am Main 1985, [208 c – 209 c], S. 77 f.

4 Ebenda, S. 168; Benjamin, Walter: *Das Kunstwerk im Zeitalter seiner technischen Reproduzierbarkeit.* Frankfurt am Main 1963, S. 16.

5 Brock, Bazon: »Heilsversprechen starker Männer der Wissenschaft und

Künste im Narrenspiegel.« In: ders., *Barbar als Kulturheld*, S. 300 f.

6 Das religiös Jenseitige und kulturell Einmalige gilt in seiner ganzen Exklusivität naturgemäß immer nur für diejenigen, die der betreffenden Kultur angehören. Nur die Gläubigen zählen zur jeweiligen Kultur, die Ungläubigen dagegen nicht: nur die zu unserem Stamm Gehörenden, nicht die anderen. In fast allen Kulturen heißt es: Wer zu unserer Kultur gehört, wird Mensch genannt, wer zu anderen Kulturen gehört, ist nicht Mensch, sondern Untermensch, Ratte, Laus, Parasit.

7 Denn Hu hatte eine wahrhaft meisterliche *line of beauty and grace* gepinselt. William Hogarth machte das Motiv der *line of beauty and grace* im 18. Jhd. zu einer sinnfälligen Weltformel, die auch auf den Verlauf des Canale Grande in Venedig anspielt, an dessen Linienführung sich die Einheit von Begnadetheit und Schönheit erfülle.

8 Siehe Brock, Bazon: »Zwei Wege zum Erfolg: Das heitere und das heroische Scheitern.« Vortrag im Busch-Reisinger-Museum, Harvard University, 17.9.1996. Englische Kurzfassung in: Celant, Germano (Hg.): XLVII *Esposizione Internationale d'Arte: La Biennale Venezia* (Katalog), Venedig 1997.

9 Koselleck, Reinhart: *Zeitschichten. Studien zur Historik*. Mit einem Beitrag von Hans-Georg Gadamer. Frankfurt am Main 2003, S. 184 f.

Bildnachweis

Wir haben uns nach bestem Wissen und Gewissen bemüht, alle Rechteinhaber ausfindig zu machen und zu kontaktieren. Sollten wir dennoch Inhaber von Urheber oder Verwendungsrechten übergangen haben, bitten wir diese um Rückmeldung an bazonbrock@bazonbrock.de.

Umschlagfoto vorn: Action Teaching »Gott und Müll-Prozession« von Bazon Brock im Rahmen des »Lustmarschs durchs Theoriegelände«, Frankfurt a.M. 2006, © Ulrich Klaus und Stefanie Hierholzer
Umschlagfoto hinten: Findling vor der Schlosskirche Liebenberg, beschriftet von Fürst Eulenburg 1919, © Bazon Brock

15-28	© Ulrich Klaus und Stefanie Hierholzer
29	Wassili Nikolajewitsch Jakowlew, Marschall Schukow, 1946. © Tretjakow Galerie, Moskau. Mit Genehmigung der Leitung der Tretjakow Galerie, 2005.
41-67	© Ulrich Klaus und Stefanie Hierholzer
71	Bernhard Johannes Blume, »Im Wahnzimmer«, 1984, © VG Bild Kunst / Foto © Staatsgalerie Stuttgart
79	© Ulrich Klaus und Stefanie Hierholzer
86-88	© Bazon Brock
89	oben: © Bazon Brock
89	unten: Foto: Linde Burkhardt, © Bazon Brock
92	oben: Das Areal des Forschungsprojektes »Kalkriese« 20 km nördlich von Osnabrück (Ausschnitt). © Varusschlacht im Osnabrücker Land GmbH – Museum und Park Kalkriese
92	unten: © Thomas Mayer
93	© Thomas Mayer
95	U.S. Army Signal Corps photograph. Photographer: Wescott. – National Archives and Records Administration; Photo #SC 194510 / Ho-hum via Wikimedia Commons
100-101	© Ulrich Klaus und Stefanie Hierholzer

104	© Stefan Kahlhammer; ORDENssekretariat.at via Wikimedia Commons
108	© IMAGO/Winfried Rothermel
110-111	© Ulrich Klaus und Stefanie Hierholzer
122	Albrecht Dürer, Selbstbildnis im Schlafrock, 1500. Alte Pinakothek München, CC BY-SA 4.0, URL: https://www.sammlung.pinakothek.de/de/artwork/Qlx2QpQ4Xq (Zuletzt aktualisiert am 18.10.2023)
123	Hyacinthe Rigaud, Louis XIV (1638 - 1715), roi de France. Collection de Louis XIV, Département des Peintures, INV. 7492 © 2010 Musée du Louvre / Angèle Dequier
124	Genrich Jagoda, 1912. Okhrana via Wikimedia Commons
136	Julius Schnorr von Carolsfeld, Die Opferung Isaaks, 1860. McLeod via Wikimedia Commons.
138-159	© Ulrich Klaus und Stefanie Hierholzer
162	Canaletto (Giovanni Antonio Canal), Venice: Piazza San Marco, 1756 © Museo Nacional Thyssen Bornemisza, Madrid
163	Der Pegel steht am Roten Wallwachhaus. Foto © Ludwig Trauzettel, Wörlitz
165	J. W. Kobold / G. W. Weise: Friedrichsplatz und Museum Fridericianum, kolorierter Kupferstich, 1789. Inventarnummer Slo 0104 © Stadtmuseum Kassel
172-179	© Ulrich Klaus und Stefanie Hierholzer
192-202	© Ulrich Klaus und Stefanie Hierholzer
203	Berlin Trash Can on Museumsinsel. Foto: David Whelan. Fae via Wikimedia Commons, CC0 1.0
209-225	© Ulrich Klaus und Stefanie Hierholzer
227	Antoniuskirche Basel. Sissacher via Wikimedia Commons, CC BY-SA 3.0 DEED, https://creativecommons.org/licenses/by-sa/3.0/deed.de#
235	© Martina Greiling
237-244	© Ulrich Klaus und Stefanie Hierholzer
250	ZKM	Zentrum für Kunst und Medien. © Nam June Paik
254-255	© Ulrich Klaus und Stefanie Hierholzer
256	Nicolas Poussin, Bacchanale à la joueuse de guitare, dit aussi La Grande Bacchanale, ca. 1627 – 1628. Collection de Louis XIV (acquis du duc de Richelieu en 1665), Département des Peintures, INV. 7296 © 2010 Musée du Louvre/A. Dequier - M. Bard

Inhalt

Germany: Zero Points. Ist Deutschland doch noch nicht verloren? 4
Die erzwungene Entdeutschung als unvermeidliche Enttäuschung 28
Zivilisation versus Kultur 35
Was Deutschsein einstmals bedeutete 42
Spiritualität und Ökonomie: Von Narren und Wandervögeln 44
Beseelte Technik: Rationalität und Animismus 50

I

Der Widerruf des 20. Jahrhunderts ist die Zukunft Europas 60
Selbstfesselungskünstler gegen Selbstverwirklichungsbohème 62
Fasching und Faschismus 65
Die britische Blaupause für das deutsche Wolkenkuckucksheim
als Zuchtanstalt 73
Heinrich Schliemann und die »deutsche Ideologie« 84
Hermann, Hermann, gib uns unsere Kultur zurück! 90
Nibelungentreue 95
Entartete Kunst – Erlösung durch Untergang 97
Das Ende der Selbstfesselungsstube BRD 99

II

Die neuen Gottsucherbanden und ihre Vorbilder 106
Karfreitagsphilosophie: Göttermord bleibt immer vergeblich 110
Credo quia absurdum 112
Was Säkularisierung tatsächlich bedeutet 117
Gottsucherbanden Imitatio Christi:
Golgatha – Nürnberg – Versailles – Moskau 121
Europa wieder im Kulturkampf? 130
Globalisierungswahn und Marktideologie 133
Einheit durch Verschiedenheit statt »melting pot« 134
Opferkonkurrenz 135
Der Faschist als Demokrat 146

III
**Musealisierung als aussichtsreichste Form
der Zivilisierung von Kulturen** 150
Wem die Stunde geschlagen hat: Europe fades away.
Noch ein Untergang des Abendlandes? 152
Europa als Freiluftmuseum der Welt 155
Kunst- und Wunderkammern: Das Zeigen des Zeigens 160
Beobachtung der Beobachtung 161
Sein heißt wahrgenommen werden 163
Avantgarde – Arrièregarde – Retrograde 166
Konstellationen bilden auf Fuge und Unfug 170
»Vergleiche Dich! Erkenne, was Du bist!« 177

Kunst als Evidenzkritik – Erkenntnisstiftung
durch wahre Falschheit 182
Erkenntnisstiftung durch kognitive Fakes 185
Schwindel als Kulturleistung 189
Mehr Scheinen als Seinen 191
»Pyramide der Eitelkeiten« 195
Die Fake-Philosophie *in nuce* 198

Schöpferische Zerstörung 200
Fininvest – Logik des apokalyptischen Denkens 204
Zerstörungspflicht des Konsumenten:
Big dasher gegen *big spender* 206
Kathedralen für den strahlenden Müll –
so ist Zukunft wahrscheinlich 208

IV
Der verbotene Ernstfall und die Ethik des Unterlassens 220

Selbstfesselungskünstler Odysseus gibt das Beispiel 222
Die Schweizer erfinden den »verbotenen Ernstfall« 224
Neutralität und produktive Indifferenz 228
Träumt die Vernunft von Idealen, schafft sie Monster 230
Geschichte des Nicht-Geschehen 232
Die Sensation des Normalen 233
Intervento minimo – die Feier des Nicht-Ereignisses 236
Dada oder der Tempel innerweltlicher Transzendenz 239
Dada als Hochzeitsphilosophie des Ja 243

Überwindung der Todesideologien –
Scheitern als Vollendung 244
Uchronie – Ewigkeitsmanagement 245
Recording-Systeme als Auferstehungsmaschinerie 247
Trinity 249
Et in Arcadia ego 252
Arte et amore 256
Ars gratia artis 258
Meno impera 259
Meisterschaft der Reduktion oder:
Unsterblichkeit durch Unterlassen 260

Epilog: Das Beginnen liegt im Ende 262
Scheitern als Vollendung 263
Apokalyptischer Optimismus 264
Anmerkungen 268

Bibliografische Information der Deutschen Nationalbibliothek
Die Deutsche Nationalbibliothek verzeichnet diese Publikation in der
Deutschen Nationalbibliografie; detaillierte bibliografische Daten
sind über http://dnb.d-nb.de abrufbar.

© 2024 Bazon Brock und
Schwabe Verlag, Schwabe Verlagsgruppe AG, Basel, Schweiz

Dieses Werk ist urheberrechtlich geschützt. Das Werk einschließlich seiner Teile darf ohne schriftliche Genehmigung in keiner Form reproduziert oder elektronisch verarbeitet, vervielfältigt, zugänglich gemacht oder verbreitet werden.

Textauswahl und Neuordnung: Marina Sawall
Lektorat: Linde Kapitzki, Marina Sawall
Grafische Konzeption: QART Büro für Gestaltung, Hamburg,
Stefanie Hierholzer und Ulrich Klaus
Grafische Mitarbeit: Bazon Brock, Stefanie Hierholzer, Ulrich Klaus, Marina Sawall
Gesamtherstellung: Lösch GmbH & Co. KG
Druck: BALTO print, Vilnius
Printed in the EU

Die Texte dieses Buches sind weitgehend der Publikation
»Lustmarsch durchs Theoriegelände. Musealisiert Euch!« (Köln 2008) entnommen.
© der abgebildeten Fotos und Abbildungen bei den Fotografen und Illustratoren

ISBN Printausgabe 978-3-7965-5101-7
ISBN eBook (PDF) 978-3-7965-5104-8
DOI 10.24894/978-3-7965-5104-8
Das eBook ist seitenidentisch mit der gedruckten Ausgabe und erlaubt Volltextsuche.
Zudem sind Inhaltsverzeichnis und Überschriften verlinkt.

Das Signet des Schwabe Verlags ist die Druckermarke der 1488 in Basel gegründeten Offizin Petri, des Ursprungs des heutigen Verlagshauses. Das Signet verweist auf die Anfänge des Buchdrucks und stammt aus dem Umkreis von Hans Holbein. Es illustriert die Bibelstelle Jeremia 23,29: «Ist mein Wort nicht wie Feuer, spricht der Herr, und wie ein Hammer, der Felsen zerschmeisst?»